Sport verstehen und gestalten

Helmut Digel

Ein Arbeits- und Projektbuch

rororo

Rowohlt

Die Serie *Schulsport Praxis* entsteht in Zusammenarbeit mit der Zeitschrift *sportpädagogik* des Erhard Friedrich Verlages, Seelze.

Originalausgabe

Lektorat Burghard König
Redaktionsassistenz und Layout Angelika Weinert
Umschlagentwurf Werner Rebhuhn (Foto: Peter Hurth)
Veröffentlicht im Rowohlt Taschenbuch Verlag GmbH,
Reinbek bei Hamburg, Mai 1982

Satz Times (Linotron 404)
Gesamtherstellung Clausen & Bosse, Leck
Printed in Germany
980-ISBN 3 499 17602 5

Inhalt

Einleitung

Versetzen wir uns für einen Moment in die Situation eines Bewohners eines fremden Gestirns, dem es vergönnt ist, als distanzierter Beobachter für ein paar Tage auf der Erde zu verweilen, und unterstellen wir ihm die gewiß etwas skurril anmutende Absicht, daß dieser Fremde sein besonderes Interesse all jenen Erscheinungsformen widmet, denen wir den Namen ‹Sport› gegeben haben.

Seine Aufmerksamkeit richtet sich also auf Stadionanlagen, Sporthallen, Fußballspiele, Leichtathletikwettkämpfe, auf trimmende Menschen im Wald, auf Autorennen etc. Ist er längere Zeit auf der Erde, fällt ihm möglicherweise ein Sportartikelgeschäft, das Haus des Sports des Deutschen Sportbundes, ein Sportamt einer Großstadt und die Sportgerichtsbarkeit auf. Sieht er Schachspieler, so hat er möglicherweise Zweifel, ob diese in einem Atemzug mit den Gerätturnern genannt werden können. Gibt es einen Zusammenhang zwischen Schachfigur und Reck, zwischen Pferderennen und trimmenden Menschen im Wald? – Solche und ähnliche Fragen könnte sich unser fremder Besucher stellen, ohne allerdings die Namen für die Aktivitäten und Geräte zu kennen, die wir nahezu selbstverständlich bei der Formulierung der unterstellten Fragen verwendet haben. Wie könnte nun aber der Fremde herausbekommen, daß all die genannten Aktivitäten, Einrichtungen und Geräte etwas mit dem zu tun haben, was wir Sport nennen? Wie kann es ihm gelingen zu erkennen, daß der Verkehr, den er in einer Großstadt beobachtet, kaum etwas mit Sport zu tun hat, das Fahren fast der gleichen Fahrzeuge auf einer ausgegrenzten Fläche hingegen eine Sportart darstellt? Warum ist das Rennen nach dem Zug, wenn man sich verspätet hat, üblicherweise nicht als Sport zu bezeichnen? Wenn man hingegen dieselbe Strecke auf einer Tartanbahn in einer bestimmten Zeit bewältigt, erhält man eventuell eine Goldmedaille, die die höchste Auszeichnung im Sport darstellt.

Allein das Lesen der Fragen genügt, um zu erkennen, daß nicht nur unser Fremder Mühen haben würde, Antworten auf derartige Fragen zu finden. Die Frage nach dem Wesen des Sports, danach, was den Sport von anderen gesellschaftlichen Phänomenen unterscheidet, was sein ‹Spezifisches› ist, hat eine lange Tradition, und die Antwortversuche sind ebenso vielfältig wie kontrovers. Dies hängt einmal mit der Vielfalt des Sports zusammen. Der Sport hat für die verschiedensten gesellschaftlichen Gruppen die unterschiedlichsten Bedeutungen (Broterwerb, Kompensation, Gesundheit, nationale Repräsentation etc.), und als Aktivität gliedert er sich in eine Vielfalt von Einzelaktivitäten und Erlebnissen auf. Zum anderen liegt dies daran, daß der Sport früher anders war als der Sport von heute, der sich wiederum von dem der Zukunft unterscheiden wird.
Wenn in diesem Buch dennoch nach den strukturellen Merkmalen des Sports, nach dem gemeinsamen Bauprinzip des Sports gesucht werden soll, das uns erlaubt, sportliche von anderen Aktivitäten hinlänglich zu unterscheiden, so deshalb, weil angenommen wird, daß vorliegende Strukturierungsversuche Mängel haben. Es hat sich in der Praxis herausgestellt, daß mit den im folgenden dargestellten strukturellen Merkmalen des Sports jene gefunden sind, die für das Sporttreiben, für eine reflexive kritische Auseinandersetzung mit dem Sport, für das Anleiten zum Sport und für das Sportverstehen von herausragender Bedeutung sind. Mit ihnen kann erfaßt werden, warum es überhaupt möglich ist, daß der Sport sich verändert, daß neue Sportarten entstehen, alte verlorengehen, und es kann gezeigt werden, wie man sich selbst an dem Veränderungsprozeß beteiligen kann. Wir suchen also das Bauprinzip des Sports, um damit in die Lage versetzt zu werden, selbst unseren Sport zu bauen. Damit ist die Absicht beschrieben, die den folgenden 13 Arbeitsthemen (T) zugrunde liegt.
Wenn von Lernzielen des Sports die Rede ist, so spricht man in diesem Zusammenhang von der Handlungsfähigkeit des Menschen. Bezogen auf die folgenden Arbeitsthemen könnte dies heißen, daß über sie die Leser in die Lage versetzt werden sollen, sportbezogene Aufgaben in eigener Regie zu bewältigen, beim motorischen Lernen Partnern zu helfen, als Jugendliche und Erwachsene bei Sportdisziplinen mitzumachen, die es zum jetzigen Zeitpunkt noch nicht gibt bzw. die im Sportunterricht nicht unterrichtet wurden, sowie als Zuschauer Sportwettkämpfe kompetenter zu beobachten. Es sollen also wichtige soziale Fähigkeiten eingeübt werden, die ein Sporttreiben mit anderen Partnern möglich machen, die helfen, die Welt des Sports zu verstehen, und die einem auch in den verschiedensten Bereichen außerhalb des Sports zugute kommen können.
Das Buch gliedert sich in zwei Teile. Der erste Teil umfaßt die Arbeitsthemen *T1* bis *T4* und dient zur Einführung in die strukturellen Merkmale des Sports. Vier verschiedene Strukturierungsversuche werden zusammengefaßt vorgestellt. Eine detailliertere Betrachtung der dabei aufgezeigten

Themen findet sich in den Originalquellen; es bietet sich an, die ausgewiesenen Quellen selbst aufzusuchen, will man einen tieferen Einblick in die dabei benutzten Methoden und die beschriebenen Zusammenhänge bekommen.
Der zweite Teil umfaßt die Arbeitsthemen *T 5* bis *T 13*. In ihnen geht es in erster Linie um das Wesen und die Funktion von Sportregeln. Einige Themen haben dabei experimentellen Charakter; ihre Erprobung in der Praxis ist notwendig und wünschenswert. Überhaupt hat der zweite Teil Arbeits- und Projektcharakter, das heißt, gemeinsam mit anderen sollten die einzelnen Themen zu Hause, im Sportunterricht, auf dem Sportplatz aktiv erarbeitet werden. Dazu gehört, daß man mit anderen Kontakt aufnimmt, daß man in Bibliotheken sucht, Sportwettkämpfe beobachtet, Schiedsrichter befragt, mit Athleten diskutiert etc. Als Arbeits- und Projektbuch ist das Buch aber auch für das Selbststudium konzipiert. Aus diesem Grund sind alle Ausführungen mit zahlreichen Fragen verknüpft. Die Fragen sollen die Rolle eines imaginären Kommunikationspartners spielen, der manchmal klug, manchmal naiv fragt, der einen kontrollieren will, zur Wiederholung auffordert, zum Nachdenken anregt. Nicht alle Fragen sind deshalb unmittelbar zu beantworten; einige haben echten Aufgabencharakter, und der Leser sollte deshalb versuchen, die Aufgabe möglichst genau zu lösen. Andere sind lediglich als Denkanstoß zu verstehen. Man sollte also kurz darüber nachdenken. Kommt man zu keiner Antwort, so ist dies nicht von Nachteil; das Weiterlesen stellt sich dann ohnehin als wichtiger heraus. Viele Fragen lassen sich auch nicht eindeutig beantworten; sie sind eher geeignet, daß man sie mit Partnern diskutiert.
Man könnte erwarten, daß der Autor die einzelnen Fragen nach Typengruppen gekennzeichnet hat; dies ist nicht der Fall. Welchen Charakter eine Frage hat, soll vielmehr der Leser selbst entscheiden. Er kann damit vermeiden, daß die Fragen zu einer Gängelei durch den Autor werden, und er kann es ermöglichen, daß ihm die Arbeit in den einzelnen Projekten Spaß macht und daß er das für sein sportliches Handeln ‹Wichtige› in eigener Selbstbestimmung erfährt. Der Leser soll also die Fähigkeit zur selbstbestimmten Reflexion über das sportliche Handeln, die mit dem Buch erworben werden soll, auch auf das Buch selbst anwenden und es damit in seiner Eignung prüfen und kontrollieren.

Einige Kapitel dieses Buches beruhen auf einer Idee, wie sie vom Verfasser zum erstenmal in seinem Beitrag «Regeln im Sport» in dem von Ommo Grupe herausgegebenen Buch «Sport – Theorie in der gymnasialen Oberstufe» (Schorndorf 1980), das beim Hofmann Verlag erschienen ist, aufgegriffen wurde. Viele der dort verwendeten Materialien tauchen auch im vorliegenden Band auf; sie wurden jedoch in wesentlicher Weise überarbeitet und erweitert.

Einführung in die strukturellen Merkmale des Sports

Zum Begriff ‹Struktur›

Im Alltag spricht man von der Struktur eines Bildes, von der Infrastruktur einer Gesellschaft, von struktureller Arbeitslosigkeit. Was man meint, wenn man im Gespräch den Begriff der Struktur auf diese Weise gebraucht, muß in der Regel nicht näher erklärt werden.

> In welchen Bereichen des Alltags spricht man von Strukturen?
> Vergleichen Sie den Gebrauch des Begriffs in verschiedenen Bereichen, und arbeiten Sie die Gemeinsamkeiten heraus.

Jeder von uns nimmt an, daß er in etwa dasselbe dabei versteht wie sein Partner. Wollte man den Begriff ‹übersetzen›, so würde man vielleicht «Gefüge», «Aufbau» oder «innere Gliederung» als vergleichbare Begriffe nennen.

Was ist nun aber unter «strukturellen Merkmalen des Sports» zu verstehen? Zeigen sich diese nicht bereits in der bekannten traditionellen Differenzierung nach Sportdisziplinen? Genügt es nicht, den Sport einzuteilen nach Hallen- bzw. Freiluftsportarten, nach Mannschafts- bzw. Einzelsportarten, nach Sportbereichen, die sich durch ihr Leistungsniveau unterscheiden, oder nach Bewegungsmustern, die sich durch Kraft, Geschicklichkeit, Ausdauer oder Schnelligkeit ordnen lassen?

> Es gibt verschiedene Differenzierungsversuche im Sport. Welche kennen Sie?
> Wie wird z. B. der Sport in der Schule gegliedert? Wie könnte man den Sport in der Schule darüber hinaus (alternativ) gliedern? Was hätte dies zur Folge?

Struktur hat mit dem lateinischen Wort «struere» (structum) zu tun, was soviel wie «schichten», «neben- oder übereinanderlegen», «zusammenfügen», «aufbauen» und «errichten» bedeutet. Damit sind bereits die Handlungen beschrieben, die es auszuführen gilt, wenn wir die Struktur des Sports erfassen wollen. Viele dieser Handlungen sollen auch im Zusammenhang mit den weiteren Ausführungen in diesem Buch erprobt werden. Betrachten wir außerdem noch verwandte Begriffe wie «Konstruktion», «Konstrukteur», «Rekonstruieren», «Rekonstruktion» und «Instrument», so kann darüber hinaus klarwerden, welchen Charakter die Bearbeitung der folgenden Arbeitsthemen bekommen sollte.

Aus der Vielfalt des Sports werden (nach Sportdisziplinen geordnet) zwei Gruppen angeboten. *Gruppe 1* beinhaltet die Disziplinen: Handball, Hockey, Fußball, Volleyball. *Gruppe 2* umfaßt die Disziplinen: 100-m-Lauf, Eiskunstlauf (Einzelkür), Tischtennis, Schießen.
Wählen Sie aus jeder Gruppe eine Disziplin, die Ihnen vertraut ist, und vergleichen Sie die beiden ausgewählten Disziplinen anhand folgender Vergleichstabelle. Versuchen Sie, anhand der Tabelle die Frage zu beantworten, wodurch sich die beiden Disziplinen unterscheiden bzw. worin sie sich gleichen. Versuchen Sie dabei, möglichst viele Beobachtungsmerkmale miteinander zu vergleichen.

Vergleichstabelle: Fußball – Tischtennis

Beobachtungsmerkmale	Gemeinsamkeiten	Unterschiede
Spielidee Spielgerät Spielzeit Spielpersonal Bewegen des Balls etc.		

M1

Wo es eine Struktur gibt, existieren offensichtlich Teile eines Gesamten; dieses ist gegliedert, weist systematischen Charakter auf, das heißt, die Teile stehen in einer ganz bestimmten Weise miteinander in Beziehung. Kennt man die Systematik, den geregelten Zusammenhang der Teile, so versteht man sowohl die Teile als auch das Gesamte. Die Struktur in einem System verweist demnach einerseits auf die Beziehung der Teile untereinander, andererseits auf das Verhältnis der Teile zum Gesamten. Strukturen ermöglichen auf diese Weise den Aufbau einer spezifischen Ordnung in einem System. In Anlehnung an den Systemtheoretiker LUHMANN könnte man auch sagen: Durch die Struktur eines Systems wird dessen Komplexität erfaßt und reduziert; dadurch wird erst menschliches Handeln in dem je spezifischen System möglich. Dies gilt auch für das System des Sports, und es stellt sich uns die Frage, inwiefern sich die Strukturen des Sports näher bestimmen lassen, um sie der Verfügbarkeit der Menschen im Sport zuführen zu können. Halten wir uns den Tatbestand vor Augen, daß wir im Alltag nur dann von einer Struktur eines Systems sprechen, wenn der Aufbau eines Gebildes oder die Gliederung eines Gesamten nicht zufällig ist, sich also nicht von einem Moment zum anderen verändert, so kommen wir der Beantwortung dieser wichtigen Frage bereits ein Stück näher. Sprechen wir einem Gebilde eine Struktur zu, so setzen wir nämlich voraus, daß das Neben- und Übereinander oder das Zusammenfügen geregelt, regelmäßig sein muß. Das heißt, Strukturen haben gleichsam eine Normqualität, die auf gegenseitig abgesprochenen Erwartungen beruhen. Dadurch sind sie aber auch stabil, haben eine zeitliche Dauerperspektive und zeigen sich als enttäuschungsfest.

Was macht den Sport aber zu einer enttäuschungsfesten regelmäßigen Erscheinung, was läßt den Sport als ein geregeltes Phänomen erscheinen?

Im folgenden wird die Auffassung vertreten, daß eine Antwort auf diese Frage über die Regeln des Sports zu finden ist; es wird versucht zu zeigen, daß die dem Leser in der Einleitung gestellte Aufgabe, nämlich die Strukturen des Systems Sport zu klären, dadurch erfüllt werden kann, daß wir jene Regeln des Sports suchen, durch die sich die Teile des Sports in einem strukturellen Zusammenhang befinden. In den weiteren Ausführungen wird also angenommen, daß die Regeln des Sports jene strukturbestimmenden Merkmale sind , die das typisch Sportliche erst richtig ins Blickfeld geraten lassen, daß der Sport sich über seine Regeln in seinen spezifischen Merkmalen zeigen läßt und daß sich der Sport durch das Zusammenspiel seiner Regeln von allen übrigen Bereichen unserer Gesellschaft unterscheidet. Die Regeln des Sports sollen also zum Ausgangspunkt dafür gemacht werden, wie man den Zusammenhang des Sports trotz all seiner Differenzierungen in seinen vielfältigen Sportarten aufzeigen kann, wie man Sport verstehen kann und nicht zuletzt wie man mittels Regeln Sport erzeugen, selbst machen kann.

Vor dem Hintergrund dieser Absichten könnte man das vorliegende Arbeitsbuch auch als einen grammatischen Versuch im Sport bezeichnen. Im Zusammenhang mit unserer Sprache ist uns der Begriff Grammatik vermutlich bekannt. Die Laute einer Sprache werden durch die *Phonologie* beschrieben, die Form ihrer Wörter zu Syntagmen, Teilsätzen und Sätzen durch die *Grammatik*. Die Bedeutung bzw. der Inhalt der Wörter und der aus ihnen gebildeten Einheiten schließlich wird durch die *Semantik* beschrieben. Die Grammatik enthält also die Regeln für die Verbindung von Wörtern und Sätzen, wobei die Regeln nur über eine Berücksichtigung der Semantik zu finden sind; denn die grammatische Struktur unserer Sprache ist mit ihrer semantischen weitgehend kongruent. In ähnlicher Weise kann auch von einer Grammatik des Sports gesprochen werden. Unter einer grammatischen Analyse des Sports ist freilich nur die Analyse nach den dem Sport zugrundeliegenden Regeln zu verstehen. So wie die Systematik der Sprache auf dem Zusammenhang ihrer Regeln beruht, so tut es auch der Sport.

Analog zu einem Sprachsystem können wir also von einem Sportsystem sprechen, das heißt, es sind im Sport verschiedene Regeln einerseits gegeneinander abgegrenzt, andererseits bedingen sich diese Regeln gegenseitig, und die Regeln sind es, die es uns ermöglichen, den Sport zu verstehen. Die Bedeutung einer sportlichen Handlung zu erkennen heißt also immer auch, deren Position in einem System zu kennen. Wir können ein Vokabular nicht verstehen, ohne auch die damit verbundene Grammatik zu kennen. Dasselbe gilt für die sportliche Handlung und deren Beziehung zur Grammatik des Sports.

Versuchen Sie, den Zusammenhang zwischen den Regeln des Sports und dessen Struktur zu beschreiben. Denken Sie über die Frage nach, ob es eine Struktur des Sports unabhängig von dessen Regeln gibt.

Mit dem Hinweis auf den grammatischen Charakter des Arbeitsbuchs ist bereits die Methode für die Anwendung der folgenden Themen genannt: Mit den Regeln des Sports soll ein Blick in den Sport ermöglicht werden, damit das, was Sport ist, erst richtig verstehbar wird. Daß dies ausgerechnet die Regeln leisten sollen, ist gewiß nicht unmittelbar einsichtig.

Versuchen Sie, einige sportdisziplinabhängige Strukturmerkmale zu finden. Ordnen Sie die Merkmale und versuchen Sie, verschiedene Strukturierungsmöglichkeiten zu unterscheiden.
Erläutern Sie die strukturellen Merkmale jeweils mit praktischen Beispielen aus dem Sportalltag.

Bevor wir uns den Regeln des Sports zuwenden, soll deshalb einleitend auf weitere Strukturierungsversuche im Sport eingegangen werden. Die dabei in den Blick kommenden verschiedenartigen strukturellen Merkmale des Sports bzw. sportlicher Bewegungshandlungen können grundlegende Voraussetzungen zur Bearbeitung der Themen 5 bis 13 bereitstellen, die sich auf die Regelstrukturen des Sports beziehen. Daneben zeigen sie uns aber auch, wie notwendig es ist, daß wir uns dann den Regeln des Sports in intensiver Sorgfalt zuwenden müssen.

Versuche zur Strukturierung des Sports

An Versuchen, die Struktur des Sports systematisch zu erfassen, mangelt es in der Sportwissenschaft nicht. Je nach wissenschaftlichem Erkenntnisinteresse und je nach gewähltem sportimmanentem bzw. außersportlichem Bezugspunkt variieren die Systematisierungsversuche in der gesamten Bandbreite sportwissenschaftlichen Forschens. Um die folgende Strukturierung des Sports über den Begriff der Regel einschätzen zu können, sollen zuvor vier andere Strukturierungsversuche dargestellt werden. Das Strukturierungsinteresse der einzelnen Versuche reicht dabei von einem politisch-organisatorischen über ein historisch-phänomenologisches und ein bewegungstheoretisches bis hin zu einem pädagogisch-didaktischen.

Finden Sie zu jedem Strukturierungsinteresse zwei strukturelle Merkmale des Sports.

Nicht jeder dieser Strukturierungsversuche ist freilich gleichermaßen ausgearbeitet und so sorgfältig entwickelt worden wie beispielsweise der bewegungstheoretische. Die Beschränkung auf lediglich vier Versuche ist zudem willkürlich.

Kennen Sie weitere Strukturierungsversuche?
Wenn ja, berücksichtigen Sie diese in der weiteren Diskussion.

Für unser Vorhaben ist dies aber kaum bedeutsam. Die folgenden Ausführungen sollen ohnehin eher als Einstimmung in die Thematik betrachtet werden, als daß sie uns zu zeitraubenden Exkursen in die Gebiete der Sportsoziologie, der Bewegungslehre oder der Sportpädagogik verleiten.

T 1: Die politisch-organisatorische Strukturierung

Sport ist nicht nur das, was man im Alltag assoziiert, wenn man mit dem Begriff ‹Sport› konfrontiert wird. Denkt man hier in erster Linie an typische Bewegungshandlungen des Sports wie «Laufen», «Hochspringen» oder «Schwimmen» und ist dabei auch immer die handelnde Person im Blick, der Athlet also, so bleiben das sportliche Umfeld dieser Handlungen und die Athleten bei solchem Gebrauch des Begriffs meist unbeachtet.

> Die Frage «Was ist Sport?» wird Ihnen von einem Erdneuankömmling gestellt. Versuchen Sie, diesen Fremden in die Bedeutung des Sports einzuführen. Überlegen und prüfen Sie, ob Sie alles berücksichtigt haben, was in unserer Gesellschaft den Namen Sport hat.

Nun ‹ereignet› sich aber jede sportliche Handlung, das heißt, sie ist räumlich, zeitlich und historisch lokalisierbar. Sie ist auch wiederholbar, und nur in den seltensten Fällen ist sie untrennbar an eine handelnde Person geknüpft. Vielmehr ist Handeln im Sport meist auch ‹soziales› und damit auch in gewissem Sinne ‹politisches› Handeln.
In der Regel ist man in irgendeiner Form auf Partner angewiesen. Man benötigt Sportgeräte, die man nicht selbst machen kann, man handelt auf einer Sportanlage, die einem die steuerzahlenden Mitmenschen ermöglicht haben, man freut sich am Lob des Trainers, man spielt gegen Gegner, man läßt seinen Wettkampf und sein Spiel durch Schiedsrichter regeln, man braucht einen Abteilungsleiter, der die Interessen der Sporttreibenden im Verein vertritt.

> Sie möchten am Samstag auf einem Trimmpfad laufen.
> Welche Bedingungen müssen erfüllt sein, damit Sie Ihre Absicht verwirklichen können?

Politisch ist der Sport also nicht nur im Zusammenhang internationaler Wettkämpfe und Turniere. Vielmehr sind alltägliche sportliche Erscheinungsformen wie das Laufen auf einem Trimmpfad, das Fußballspiel einer Stammtischmannschaft in einer öffentlichen Parkanlage und der Altensportnachmittag in einer städtischen Sporthalle selbst dann politische Ereignisse, wenn sich die betreffenden Personen, die Akteure und die Initiatoren dieser Ereignisse dieses Sachverhalts nicht bewußt sind.

Erläutern Sie am Beispiel des Skilaufens, Schwimmens und Fußballspielens den individuellen und den gesellschaftlichen Aspekt der in diesen Sportarten üblichen Aktionen.

Will man nun den Zusammenhang zwischen individueller sportlicher Handlung und gesellschaftlichem sportlichem System darstellen, so wird es wenig sinnvoll sein, die individuelle sportliche Aktivität in das Zentrum der Strukturierung zu stellen; denn die Vielfalt der sportlichen Aktivitäten würde vermutlich die Gesamtstruktur des Sports kaum in den Blick kommen lassen, und der Zweck einer politisch-organisatorischen Strukturierung würde wohl auch kaum erreicht: Eine politisch-organisatorische Strukturierung dient eher politisch-organisatorischen Interessen.

Gibt es politisch-organisatorische Interessen in bezug auf den Sport? Wer hat solche Interessen, und wie äußern sich diese?

Der durch sie ermöglichte Einblick in die Gesamtstruktur, das Nebeneinander und Übereinander organisatorischer und politischer ‹Schichten› also, ermöglicht Aussagen über die Effizienz der Sportorganisation, über den Gang der politischen Delegierungen, Entscheidungen und über die Festlegung der politischen Verantwortungsbereiche. Zuständigkeitsbereiche und Kontrollmöglichkeiten werden durch eine derartige Strukturierung in gleichem Maße durchschaubarer.

Wer übt Kontrolle über den Sport in der Bundesrepublik aus? Nennen Sie die Ihnen bekannten Zuständigkeitsregelungen für den Spitzensport, den Breitensport, den Vereinssport.

Darüber hinaus kann sichtbar gemacht werden, wie das individuelle sportliche Handeln in einen politisch-organisatorischen Rahmen eingebettet ist, wie sportliche von politischen Interessen abhängig sein können und wie die politisch-organisatorischen Strukturen des Sports vermittelnd zwischen den Individuen im Sport und dem außersportlichen gesellschaftlichen Umfeld eingreifen.

Wie läßt sich ein Volkslauf, eine Schwimmeisterschaft und «Jugend trainiert für Olympia» politisch-organisatorisch strukturieren?
Wer ist zuständig? Wer kontrolliert?

Die gemäß solcher Interessen dargestellte Struktur des Sports kann freilich das Phänomen ‹Sport› nur begrenzt charakterisieren. Eine Strukturierung aus politisch-organisatorischer Sicht muß immer in Abhängigkeit zu spezifischen, strukturellen und gesellschaftlichen Umfeldern betrachtet werden.

M 2 Organisation des Sports in der Bundesrepublik Deutschland (DSB vom 1. 7. 1981)

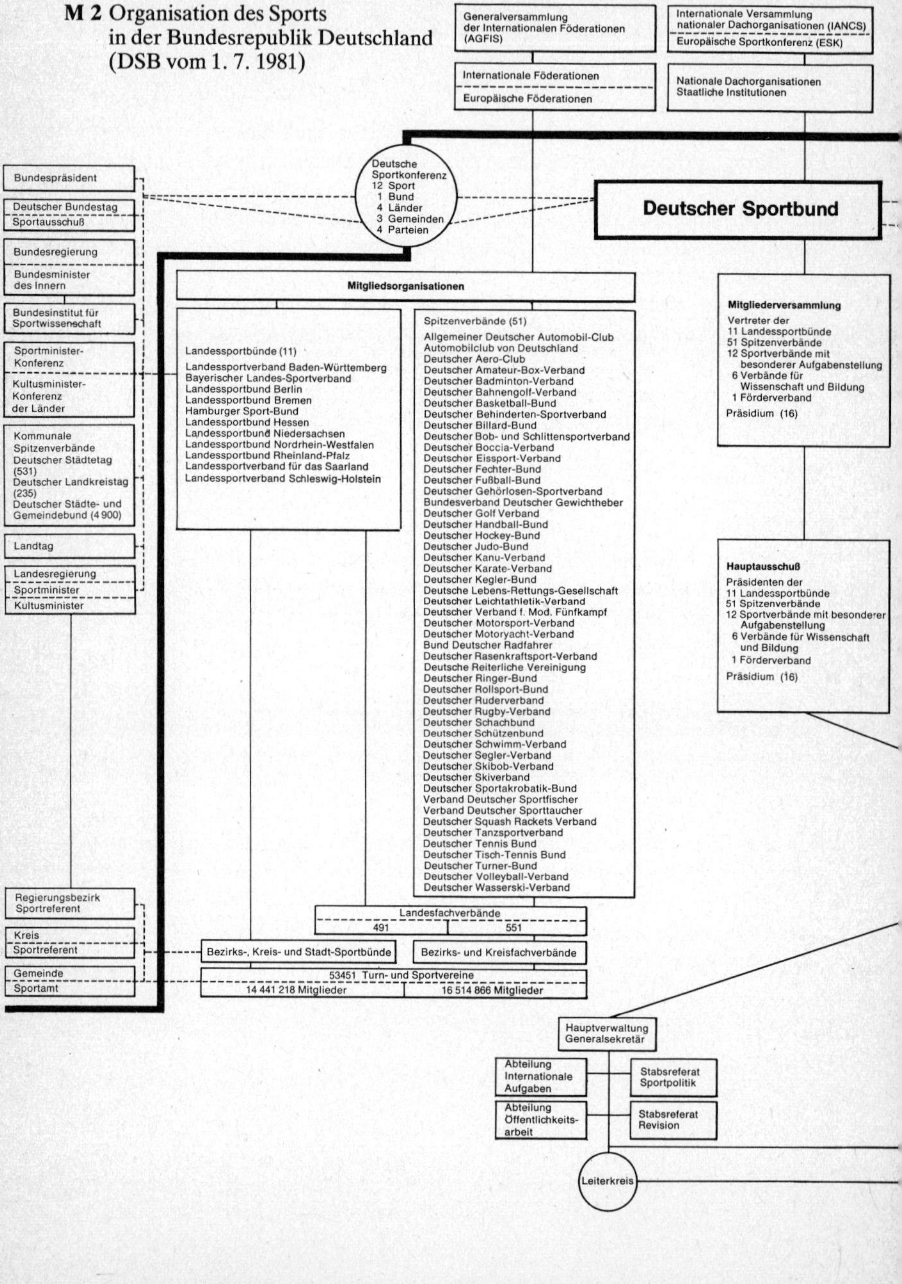

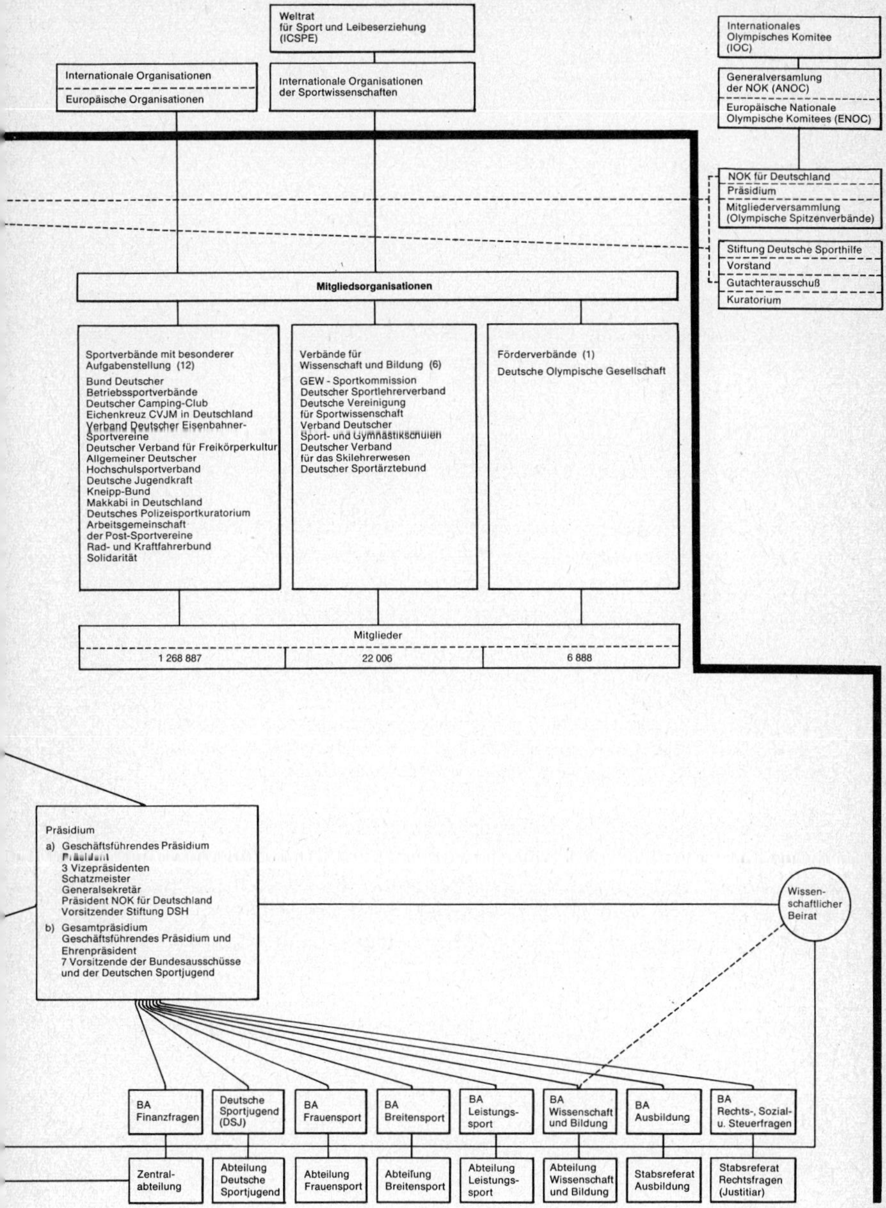
Weltrat
für Sport und Leibeserziehung
(ICSPE)
Internationale Organisationen
Europäische Organisationen
Internationale Organisationen
der Sportwissenschaften
Internationales
Olympisches Komitee
(IOC)
Generalversamlung
der NOK (ANOC)
Europäische Nationale
Olympische Komitees (ENOC)
NOK für Deutschland
Präsidium
Mitgliederversammlung
(Olympische Spitzenverbände)
Stiftung Deutsche Sporthilfe
Vorstand
Gutachterausschuß
Kuratorium
Mitgliedsorganisationen
Sportverbände mit besonderer
Aufgabenstellung (12)
Bund Deutscher
Betriebssportverbände
Deutscher Camping-Club
Eichenkreuz CVJM in Deutschland
Verband Deutscher Eisenbahner-
Sportvereine
Deutscher Verband für Freikörperkultur
Allgemeiner Deutscher
Hochschulsportverband
Deutsche Jugendkraft
Kneipp-Bund
Makkabi in Deutschland
Deutsches Polizeisportkuratorium
Arbeitsgemeinschaft
der Post-Sportvereine
Rad- und Kraftfahrerbund
Solidarität
Verbände für
Wissenschaft und Bildung (6)
GEW - Sportkommission
Deutscher Sportlehrerverband
Deutsche Vereinigung
für Sportwissenschaft
Verband Deutscher
Sport- und Gymnastikschulen
Deutscher Verband
für das Skilehrerwesen
Deutscher Sportärztebund
Förderverbände (1)
Deutsche Olympische Gesellschaft
Mitglieder
1 268 887
22 006
6 888
Präsidium
a) Geschäftsführendes Präsidium
Präsident
3 Vizepräsidenten
Schatzmeister
Generalsekretär
Präsident NOK für Deutschland
Vorsitzender Stiftung DSH
b) Gesamtpräsidium
Geschäftsführendes Präsidium und
Ehrenpräsident
7 Vorsitzende der Bundesausschüsse
und der Deutschen Sportjugend
Wissen-
schaftlicher
Beirat
BA
Finanzfragen
Deutsche
Sportjugend
(DSJ)
BA
Frauensport
BA
Breitensport
BA
Leistungs-
sport
BA
Wissenschaft
und Bildung
BA
Ausbildung
BA
Rechts-, Sozial-
u. Steuerfragen
Zentral-
abteilung
Abteilung
Deutsche
Sportjugend
Abteilung
Frauensport
Abteilung
Breitensport
Abteilung
Leistungs-
sport
Abteilung
Wissenschaft
und Bildung
Stabsreferat
Ausbildung
Stabsreferat
Rechtsfragen
(Justitiar)

Fertigen Sie eine Strukturskizze über den Sport in Ihrer Gemeinde an. Gibt es Hierarchien?
Welche Strukturen zeigen sich in einem Ihnen bekannten Sportverein?

Für die Bundesrepublik Deutschland stellen sich diese anders dar als für die DDR, für den Sport in der Dritten Welt wiederum anders als für den in den USA. Politisch-organisatorische Strukturierungsversuche sind deshalb immer an gesamtgesellschaftliche Strukturen geknüpft. Am vorstehenden Beispiel des Sports in der Bundesrepublik Deutschland wird dies deutlich (vgl. M 2).
Strukturvergleiche verschiedener Sportsysteme, etwa zwischen der DDR und der Bundesrepublik Deutschland oder zwischen den USA und der UdSSR, können diesen Zusammenhang ebenfalls offenlegen.

Versuchen Sie, etwas über die politisch-organisatorische Strukturierung des Sports in einem Entwicklungsland in Erfahrung zu bringen.
Worin liegt der wesentliche Unterschied im Vergleich zum Sport der BRD?

Als eine mögliche Form von Strukturbeschreibung des Sports soll die für die Bundesrepublik offiziellste vorgestellt werden, nämlich die des Deutschen Sportbundes. Folgt man DSB-Autoren, so läßt sich über einen organisatorischen Überblick die Struktur des Sports aufzeigen.

Versuchen Sie, bekannte Sportfunktionäre den verschiedenen Kästen des Strukturplans zuzuordnen.
Über welche Instanzen müßten Sie emporsteigen, um vom einfachen Mitglied eines Sportvereins zum Mitglied des Präsidiums des Deutschen Sportbundes zu werden? – Es gibt verschiedene Wege. Nennen Sie drei mögliche.

Die Organisation der Sportselbstverwaltung (die Vereine, die Landesfachverbände, die Spitzenverbände, die Landessportbünde, der Bundestag des DSB, dessen Hauptausschuß und Präsidium, das NOK für Deutschland und die Deutsche Sporthilfe) strukturiert demnach den Sport ebenso wie die öffentliche Sportverwaltung (Gemeinden, Land, Bund, Deutsche Sportkonferenz etc.) (vgl. M 2).

Was wissen Sie über die Organisation des bundesrepublikanischen Sports? Versuchen Sie, Ihr Wissen in einer Skizze zu systematisieren.
Kennen Sie andere Organisationsformen des Sports? Wodurch unterscheiden sich diese vom Sport in der Bundesrepublik Deutschland?

Will man diese Form der Strukturierung auf einen Nenner bringen, so ist also die Art der Organisation des Sports in der Bundesrepublik Deutschland dessen herausragendes strukturelles Merkmal.

Die Graphik zur Organisation des deutschen Sports (vgl. M 2) kann freilich nicht verdeutlichen, daß diese Art von Strukturierung zunächst nur eine höchst entfernte Beziehung zu jenem Bauprinzip des Sports aufweist, das in diesem Buch für zentral erachtet wird. Wohl bilden die Sportregeln letztlich auch die Basis für die organisatorische Strukturierung. Es liegt zum Beispiel an der unterschiedlichen Regulation der motorischen Aktionen, daß sich die Spitzenverbände des DSB unterscheiden lassen, und wenn außerordentliche Mitgliederorganisationen ausgewiesen werden, liegt dies nicht zuletzt daran, daß in ihnen Sport gemäß sportlichen Regeln ausgeübt wird. Eine interessante Ausnahme stellt aber immer jene Situation dar, in der entschieden werden soll, ob ein neuer Fachverband als Sportverband anerkannt werden soll (z. B. Schach). Hier werden die Regeln der jeweiligen Disziplin meist zum entscheidenden Prüfkriterium. Dennoch scheinen für unser Vorhaben die Regeln des Sports für die politisch-organisatorische Strukturierung nur von geringer Bedeutung zu sein. Betrachtet man den Zweck der Strukturierung, so ist dies einsichtig. Eine Oberflächenstruktur wie in M 2 wird diesem Zweck gerecht, und so besteht keine Notwendigkeit, nach der Tiefenstruktur des Sports zu suchen. Es ist aber ebenso einsichtig, daß mit einer derartigen Strukturierung das Spezifische des Sports nicht erfaßt werden kann. Der Kunstbetrieb könnte beispielsweise auf die gleiche Weise organisiert sein wie der Sport, und die Delegationsverfahren des Sports finden sich in Abwandlung in allen gesellschaftlichen Bereichen wieder. Auf der Suche nach den Besonderheiten des Sports bedarf es also tiefergreifender Strukturierungsverfahren.

Berücksichtigte, einführende und weiterführende Literatur

Bundesministerium des Innern: Dritter Sportbericht der Bundesregierung (Bundesdrucksache 7/4609 v. 22. 1. 1976). Bonn 1976.

Deutscher Sportbund: Materialien für Organisationsleiter. Frankfurt 1977.

Deutscher Sportbund: Jahrbuch des Sports 77/78. Frankfurt 1977.

Deutscher Sportbund: Deutscher Sportbund 1974–1978. Bericht des Präsidiums. Frankfurt 1978.

Landeszentrale für politische Bildung, Baden-Württemberg: Der Bürger im Staat: Sport und Politik 25 (1975), S. 3.

T 2: Die historisch-phänomenologische Strukturierung

Die Vermutung, daß die Geschichte des Sports ein strukturbestimmendes Merkmal zu sein scheint, legt uns eine weitere Form strukturaler Gliederung nahe. Die Struktur des Sports und damit auch die der einzelnen Sportarten lassen sich nicht nur aus der Sicht von heute, sondern auch historisch beschreiben, und offensichtlich macht erst ein Blick in die Geschichte des Sports den modernen Sport von heute völlig verstehbar.

Durch welche Merkmale läßt sich der Wandel des Sports in den letzten 30 Jahren charakterisieren?
Welche Merkmale hatte der Sport in England am Ende des 18. Jahrhunderts?

Historiker haben auf diese Weise schon immer versucht, auch die Struktur des Sports näher zu bestimmen und auf strukturelle Zusammenhänge hinzuweisen, die zwischen allgemeinen gesellschaftlichen Entwicklungen und der Entwicklung des Sports bestehen. Zwei Beispiele sollen im folgenden für diese Art von Strukturierung des Sports eingeführt werden. Beide sind für das Verstehen des modernen Sports und für die Entwicklung der einzelnen Sportarten gleichermaßen von Bedeutung. (Für das Thema «Regelwandel im Sport» müssen sie als grundlegende Voraussetzung angesehen werden; vgl. T 11.)

Inwiefern ist die Struktur des bundesrepublikanischen Sports historisch bedingt?
Welcher Zusammenhang besteht zwischen der historischen Struktur des Sports und der historischen Struktur unserer Gesellschaft?

Die Methode des einen – es ist die des englischen Soziologen Dunning – beruht darauf, daß er die Struktur des modernen Sports (im folgenden am Beispiel Fußball) über einen Vergleich mit traditionellen Sportformen (altes Ballkampfspiel) herausarbeitet (vgl. M 6). Die Merkmallisten aus M 6 sind somit als die strukturellen Merkmale des Sports zu verschiedenen Zeitpunkten zu verstehen. Die Methode des anderen – es ist die des deutschen historischen Verhaltensforschers Eichberg – unterscheidet sich von Dunnings Vorgehensweise dadurch, daß er den Wandel des Sports vom ‹Sport als Kult›, vom Dorfspiel zum Massensport weit weniger gegensätzlich beschreibt, die Strukturmerkmale des Sports vielmehr über verschiedene Bezugssysteme außer- und innerhalb des Sports systematisch herausarbeitet. Eichbergs Bezugssysteme des Sports sind:

Spiel	pädagogische Übung
Gesundheit	nationale Identifikation
Kult	Freizeitbeschäftigung und Arbeit
Beruf und Schaugeschäft	Technik
Aggression	

M 3

Ordnen Sie zehn bekannte Sportdisziplinen den EICHBERGschen Bezugssystemen zu.
Welche Bezugssysteme charakterisieren den Hochleistungssport, den Breitensport und den Berufssport?
Versuchen Sie, die Bezugssysteme entsprechend ihrer aktuellen gesellschaftlichen Bedeutung hierarchisch zu ordnen. Wie hat sich die Hierarchie in den letzten hundert Jahren geändert?

Diese Bezugspunkte definieren letztlich, was die je betriebene Disziplin ist; sie sind strukturbestimmend für sportliches Handeln. Interessant ist dabei, daß – folgt man EICHBERG – der Sport diese Bezugssysteme schon immer besaß, daß sie also keineswegs erst mit dem Beginn des modernen bürgerlichen Sports um 1800 in einem ursächlichen Zusammenhang stehen. Moderne strukturelle Merkmale zeigen sich nach EICHBERG vielmehr erst – und hier entspricht er in seinen Ausführungen DUNNING –, wenn man einen Blick auf die Triebkräfte des Wandels in modernen Industriegesellschaften wirft. Sie sind seiner Ansicht nach auch die Triebkräfte des Wandels im modernen Sport. Zwei Phänomene scheinen demnach den Sport wie die übrige industrielle Welt entscheidend verändert zu haben: Rationalisierung und Leistungsorientierung.

Nennen Sie fünf Sportdisziplinen, die einem hohen Maß an Rationalisierung unterworfen sind.
Inwiefern ist «Leisten» ein konstitutives strukturelles Merkmal des Sports?

Mittels dieser Begriffe können dann weitere zentrale Strukturmerkmale des Sports genannt werden. Rationalisierung und Leistungsorientierung umfassen dabei die Merkmale:

M 4

Bewußtmachung allen menschlichen Handelns	bewußte Organisation
Planung und Rechenhaftigkeit des Handelns	Zweckorientierung
Verwissenschaftlichung	Ökonomisierung des Handelns
Systematisierung	Einsatz technologischer Mittel
Mathematisierung	analytische Zerlegung ganzheitlicher Vorgänge
Quantifizierung und Empirie	Regulierung und Normierung
Säkularisierung	

Erläutern Sie jedes der 13 Merkmale am Beispiel der Entwicklung einer Sportdisziplin.
Welche Merkmale sind modern, über welche verfügt der Sport schon seit Jahrzehnten?

Eichberg faßt diese strukturellen Merkmale des Sports in die «vier großen T des Sports» zusammen:

Training	– T
Technik	– T
Taktik	– T
Theorie	– T

M 5

Überprüfen Sie die «vier T» im Zusammenhang ihrer Bedeutung für den Schulsport.
Auf welche Weise sind Ihnen die «vier T» in Ihrem Schulsportleben begegnet? In welcher Reihenfolge hat die Begegnung stattgefunden? Wäre eine andere Reihenfolge denkbar?

Das, was den Wandel des modernen Sports ausmacht, zeichnet auch dessen neue Struktur aus. Dunnings Vergleich des modernen Fußballs mit einem seiner Vorgänger kann dies treffend veranschaulichen:

Strukturvergleich am Beispiel des Fußballs

Volksspiele	*Moderner Sport*
1. diffuse, informelle Organisation, beruhend auf der lokalen Sozialstruktur	hochspezifische, formale Organisation, institutionell differenziert auf lokaler, regionaler und internationaler Ebene
2. einfache, ungeschriebene Gewohnheitsregeln, traditionale Legitimation	formelle, komplizierte, geschriebene Regeln, pragmatisch erarbeitet, legitimiert durch rational-bürokratische Prozesse
3. fluktuierende Spielmuster, Tendenz zu unmerklichem Wandel	durch rational-bürokratische Kanäle institutionalisierter Wandel
4. regionale Variationen der Regeln, der Größe und Form des Balles etc.	nationale und internationale Standardisierung der Regeln, der Ballgröße und -form etc.
5. keine präzise Begrenzung des Territoriums, der Spieldauer, der Teilnehmerzahl	präzise Begrenzung von Raum, Zeit und Teilnehmerzahl, Zahlengleichheit zwischen den beiden Parteien

Volksspiele	*Moderner Sport*
6. starker Einfluß natürlicher und sozialer Unterschiede auf das Spielmuster	Verringerung oder Ausschaltung solcher Unterschiede durch formalisierte Regeln, Normen der Gleichheit und Fairness
7. niedrige Rollendifferenzierung (Arbeitsteilung) unter den Spielern	hohe Rollendifferenzierung
8. unscharfe Trennung zwischen Spieler- und Zuschauerrolle	strikte Trennung zwischen Spieler- und Zuschauerrolle
9. geringe strukturelle Differenzierung, mehrere Spielelemente verschwimmen ineinander	hohe strukturelle Differenzierung, Spezialisierung nach Stoßen, Tragen, Werfen, Stockgebrauch
10. informelle soziale Selbstkontrolle der Spieler während des Spielvorgangs	formelle soziale Kontrolle durch «Offizielle», die außerhalb des Spielvorgangs stehen, durch zentrale Organisationen eingesetzt sind und weitreichende Befugnisse zum Eingriff haben
11. hoher Grad sozial tolerierter physischer Gewaltanwendung, emotionale Spontaneität, geringe Zurückhaltung	niedriger Grad sozial tolerierter physischer Gewaltanwendung, hohe Kontrolle über Emotionalität, hohe Zurückhaltung
12. offene und spontane Erzeugung einer Vergnügen bereitenden ‹Schlachtstimmung›	stärker kontrollierte, sublimierte Erzeugung einer ‹Schlachtstimmung›
13. starker kommunaler Druck zur Teilnahme, individuelle Identität der Gruppenidentität untergeordnet, allgemeiner Identitätstest	individuelle Entscheidung für die Spielteilnahme als Erholung, individuelle Identität von größerer Bedeutung als Gruppenidentität, Identitätstest in bezug auf spezifische Geschicklichkeiten
14. Nachdruck auf Gewalt (force) statt Geschicklichkeit (skill)	Nachdruck auf Geschicklichkeit statt Gewalt

M 6 (nach Eichberg 1978, S. 93–94)

Vergleichen Sie auf die gleiche Weise das Diskuswerfen der Griechen mit dem der modernen Leichtathletik. Worin liegen die Gemeinsamkeiten, worin die Unterschiede zu Dunnings Strukturvergleich?

Dunning und Eichberg weisen darauf hin, daß der Sport in einer engen Wechselbeziehung zu seiner Umwelt steht. Der Sport ereignet sich nicht in einem isolierten Gefilde, er wird vielmehr von so unterschiedlichen gesellschaftlichen Kräften wie der Arbeitswelt, der Politik, der gesellschaftlichen Moral, der Religion etc. beeinflußt und wirkt wiederum auf diese zurück.

Nennen Sie Beispiele, in denen die Politik, die Arbeitswelt und die Religion den Sport beeinflußt haben. Inwiefern hat der Sport in umgekehrter Weise die Arbeitswelt, die gesellschaftliche Moral oder die Religion beeinflußt?

Über eine derart gegenseitige Beeinflussung hat sich der Sport seit seinen Ursprüngen immer wieder gewandelt.
Inwiefern dies freilich für alle Sportdisziplinen zutrifft, ja inwiefern Bereiche des Sports sich gegenüber solch einem Wandel strukturell resistent erwiesen haben, ist eine interessante Fragestellung. (Wenn wir im folgenden u. a. nach den Veränderungsmöglichkeiten der Sportregeln fragen, muß diese Frage noch einmal gestellt werden.)
Für das Suchen nach der Struktur des Sports scheinen sowohl DUNNING als auch EICHBERG uns einen wesentlichen Schritt weiter geführt zu haben. Die Geschichte des Sports ist zu einem faßbaren strukturellen Merkmal geworden, auf das man bei einer Strukturbestimmung einzelner Disziplinen gewiß zurückgreifen muß.

Inwiefern gleicht sich der moderne Sport wieder dem Volksspiel an?
Erläutern Sie strukturelle Merkmale jeweils mit praktischen Beispielen aus dem Sportalltag. Überlegen Sie anhand der einzelnen Merkmale die jeweiligen Vor- und Nachteile. Ist der moderne Sport in allen Merkmalen überlegen, oder könnte auch das Gegenteil behauptet werden?

Unser Einwand gegen die politisch-organisatorische Strukturierung gilt jedoch in gleichem Maße für den historischen Strukturierungsversuch. Wohl könnten zum Beispiel EICHBERGS Bezugssysteme auch als ‹Funktionen› sportlichen Handelns bezeichnet werden, womit eine funktionale Gliederung des Sports versucht wäre, die gewiß weniger oberflächlich als der erste Strukturierungsversuch ist.

Nennen Sie weitere Funktionen des sportlichen Handelns. Warum kann EICHBERGS Merkmalliste als beliebig bezeichnet werden?
Warum kann der historisch-phänomenologische Strukturierungsversuch als sportunspezifisch bezeichnet werden?

Dennoch scheint mit dieser Art der Strukturierung nicht das Spezifische des Sports getroffen zu sein, da diese Methode der Strukturierung ja in erster Linie an den Gemeinsamkeiten des Sports mit außersportlichen Phänomenen interessiert ist. Die Suche nach Parallelen kann aber kaum das Eigentümliche des Sports finden lassen. In bezug auf die Fragestellung dieses Buches ist somit der historische Strukturierungsversuch nur bedingt eine weiterführende Hilfe.

Berücksichtigte, einführende und weiterführende Literatur

DUNNING, E.: The Structural-Functional Properties of Folk-Games and Modern Sports: A Sociological Analysis. In: Sportwissenschaft 3 (1973), S. 215–232.

ders.: Industrialization and the incipient modernization of Football. A Study in Historical Sociology. In: Stadion 1 (1975), S. 103–139.

EICHBERG, H.: Der Weg des Sports in die industrielle Zivilisation. Baden-Baden 1973.

ders.: Der Beginn des modernen Leistens. In: Sportwissenschaft 4 (1974), S. 21–48.

ders.: Leistung, Spannung, Geschwindigkeit. Sport und Tanz im gesellschaftlichen Wandel des 18./19. Jahrhunderts. Stuttgart 1978.

ELIAS, N.: Über den Prozeß der Zivilisation. Soziogenetische und psychogenetische Untersuchungen. Band 1 und 2. Bern 1969.

LÜSCHEN, G.: Zur Strukturanalyse von Sport und Kultur. In: LENK, H./MOSER, S./BEYER, E. (Hrsg.): Philosophie des Sports. Schorndorf 1973.

T 3: Die bewegungstheoretische Strukturierung

Wird in den bislang vorgestellten Strukturierungsversuchen der Sport von außen strukturiert, sucht man also nach den strukturellen Merkmalen erst dann, wenn sich Sport bereits ereignet hat, so gehen Versuche, die den Sport aus bewegungstheoretischer Sicht strukturieren wollen, gerade umgekehrt vor. Im Mittelpunkt der Strukturierung steht die sportliche Bewegungshandlung, die je nach Untersuchungsinteresse verschiedenartig zugeordnet werden kann und dementsprechend zu strukturieren ist.

> Bewegung ist ein wesentliches Merkmal allen Sports. Welche Formen menschlichen Bewegens kennen Sie? Versuchen Sie, die Ihnen bekannten Bewegungsformen in eine Systematik zu bringen.

Derartige Strukturierungen können als die detailliertesten im Sport bezeichnet werden. Ein Beispiel für eine sorgfältig ausgearbeitete Strukturanalyse sportlicher Bewegungshandlungen ist die Arbeit von GÖHNER, der seine bewegungstheoretische Strukturierung mittels folgender Leitlinien bzw. ablaufrelevanten Bezugsgrundlagen ordnet:

M 7

Bewegungsziele
das Movendum (an dessen Veränderung im Raum und in der Zeit das Erreichen des Ziels ermittelt werden kann)
der Beweger oder das Bewegersystem
die Umgebung, in der das Movendum zu bewegen ist
die Regeln, an die der Vorgang der Zielerreichung gekoppelt ist

Nennen Sie mehrere Ziele, die Sie mittels Bewegungen in Ihrem außersportlichen Alltag verfolgen.
Welche Ziele verfolgen Sie mittels Bewegungen im Sport?
Was bewegt sich, und wer bewegt sich im Sport? In welchen Disziplinen des Sports decken sich die Antworten?
Inwiefern lassen sich Bewegungen durch deren Bewegungsumgebung strukturieren?

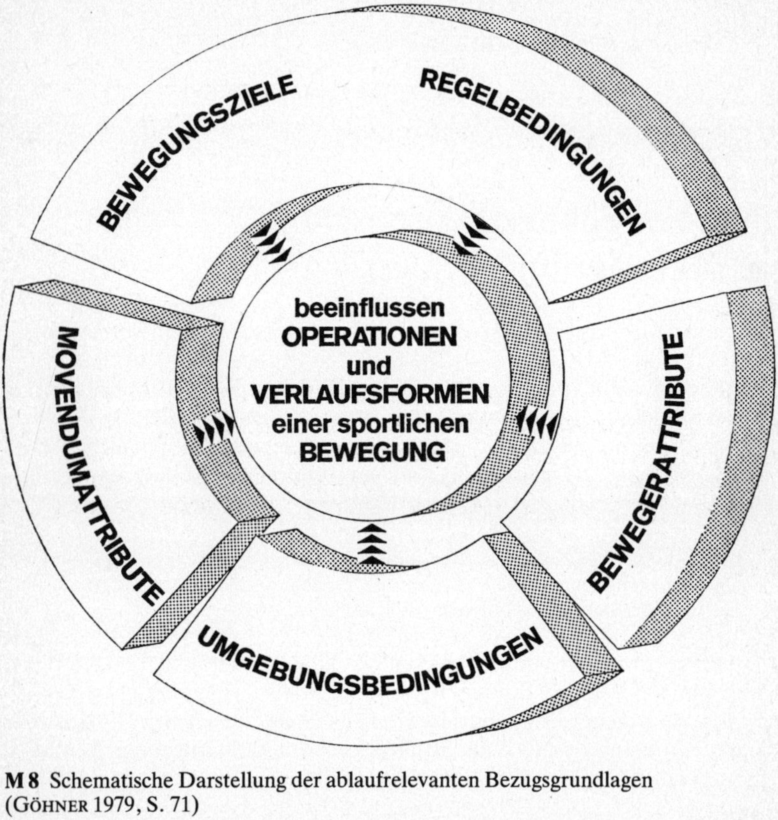

M 8 Schematische Darstellung der ablaufrelevanten Bezugsgrundlagen (Göhner 1979, S. 71)

Nennen Sie zu einer jeden ablaufrelevanten Bezugsgrundlage ein Beispiel aus zwei verschiedenen Sportarten.

Verfolgt man nun diese ablaufrelevanten Bezugsgrundlagen für sportliche Bewegungshandlungen weiter, so lassen sich für verschiedene Typen sportlichen Handelns jeweils verschiedene strukturelle Merkmale aufzeigen.

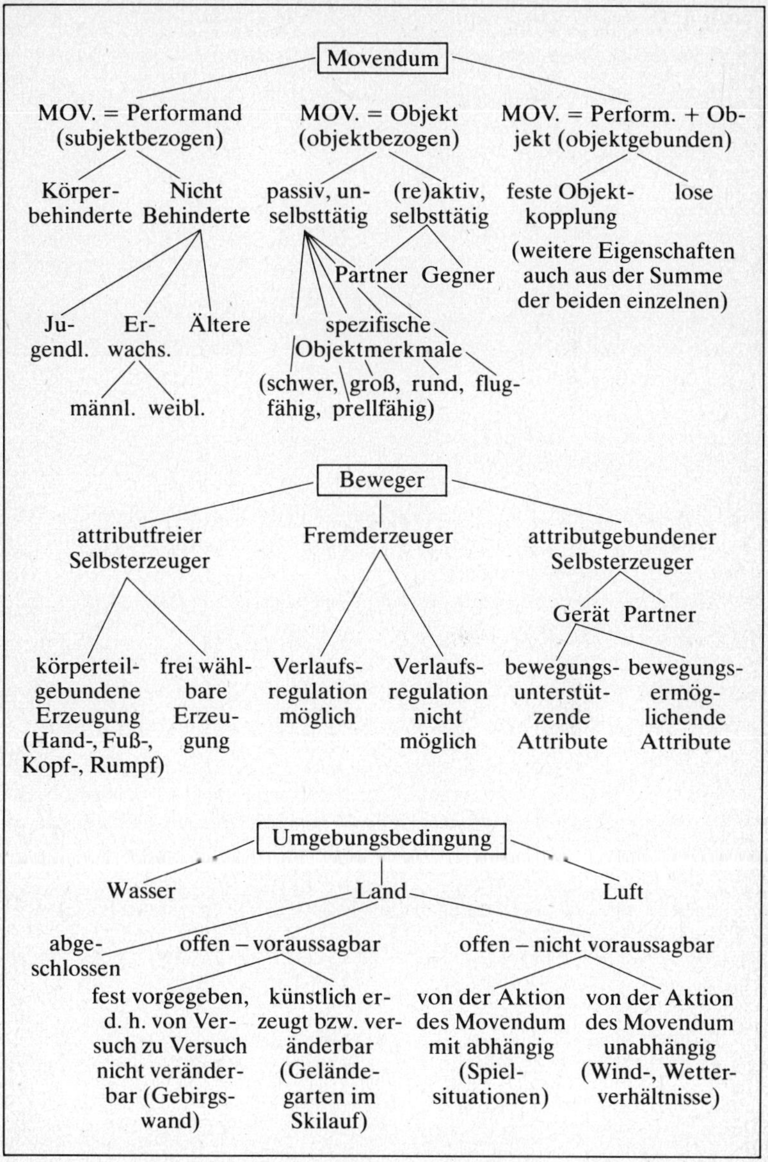

M 9 Differenzierung der drei ablaufrelevanten Bezugsgrundlagen Movendum, Beweger und Umgebung (nach GÖHNER 1979, S. 87–108)

Ordnen Sie folgende sportliche Handlungen den drei Baumdiagrammen zu: Speerwerfen, Eislaufen, Eiskunstlaufen, Handballspielen, Weitspringen, Tauchen, Skifahren, Tischtennis, Spielen, Radfahren, Schachspielen, Handstand stehen.
Welche Disziplinen lassen sich eindeutig zuordnen? Bei welchen stößt die Zuordnung auf Schwierigkeiten? Warum?

Beginnen wir mit den Bewegungszielen, so lassen sich drei elementare Zieltypen unterscheiden. Durch einen Vergleich der charakteristischen Zielsituation verschiedener Sportdisziplinen wie Basketball mit Weitsprung und Trampolinturnen können sie verdeutlicht werden:

- Basketball: Das gesamte Bewegungsgeschehen ist letztlich auf das Erreichen einer definierten *Endsituation* bestimmt, dem Einwerfen des Balls in den Korb.

Nennen Sie weitere Sportdisziplinen, in denen das Erreichen einer definierten Endsituation disziplintypisch ist.

- Weitsprung: Hier ist das Erreichen der Endsituation nicht allein das Wesentliche, weil es auf die Bestgestaltung eines von *zwei Situationen* abhängigen Resultats ankommt:
  Man hat ja von einer bestimmten Stelle (Situation 1) möglichst weit zu springen (Situation 2).

Welche Disziplinen des Sports sind auf diese Weise mit dem Weitsprung vergleichbar?

- Trampolin: Hier steht wohl das Erreichen einer *Endsituation* im Mittelpunkt; sie gilt aber erst als erreicht, wenn weitere über den gesamten Bewegungsablauf sich erstreckende (Zwischen-)*Situationen* durchlaufen werden.

Nennen Sie zwei weitere Disziplinen, die sich auf dieselbe Art wie das Trampolinturnen kennzeichnen lassen.

Ordnen Sie folgende Sportarten nach den obengenannten Bewegungszieltypen: Fußball, Hürdenlauf, Jonglieren, Skibob, Rollkunstlauf, Turmspringen, Schießen.

Diese Unterscheidung ist aber nur ein erster Schritt, um die durch Bewegungshandlungen bedingte Struktur einer Sportart zu bestimmen. Lassen sich bereits durch diese elementare Zieltypenunterscheidung die verschiedenen Sportdisziplinen einer dieser drei Gruppen zuordnen, so wird die

Zuordnung noch exakter, wenn man nach verschiedenen Bewegungszielen innerhalb dieser Typen unterscheidet. GÖHNER ordnet z. B. innerhalb seiner endzustandsorientierten Bewegungsziele folgende Untergruppen (vgl. auch M 10, Seite 30):

- sportliche Bewegungen mit *Trefferoptimierung* (Handball, Fechten, Boxen)
- sportliche Bewegungen mit *Schwierigkeitsoptimierung* (Hochsprung, Gewichtheben, Wasserskislalom)
- sportliche Bewegung mit dem Ziel des *Einhaltens einer bestimmten Situation* (z. B. Handstehen, Rodeoreiten, Wellenreiten)

Ordnen Sie jeder dieser Untergruppen jeweils drei weitere Sportdisziplinen zu.

Seine ausgangs-endzustandsorientierten Bewegungsziele unterteilt er in:

- sportliche Bewegungen mit *Zeitoptimierung* bzw. *-minimierung* (z. B. 100-m-Lauf, Eisschnellauf, Riesenslalom)
- sportliche Bewegungen mit *Distanzoptimierung* (z. B. Weitsprung, Kugelstoßen, Stundenlauf)

Ordnen Sie jeder dieser Untergruppen jeweils drei weitere Sportdisziplinen zu.

Den zweiten Typ seiner elementaren Ziele, die verlaufsorientierten Bewegungsziele, spezifiziert GÖHNER in:

- sportliche Bewegungen mit *Fehlerminimierung*, orientiert an einem ideal vorgegebenen Leitbild (z. B. Gymnastik, Turnen, Trampolin). Operations- und Verlaufsoptimierung schließt die Fehlerminimierung dabei immer mit ein.

Ordnen Sie diesen Untergruppen mindestens drei Sportarten zu.

Machen Sie eine ähnliche Tabelle, wie in M 10, Seite 30, dargestellt, für die Disziplinen Golf, Schach, Bergsteigen, Segeln, Drachenfliegen, Kajak, Waldlauf, Ringen, Boxen, Kegeln.
Bei welchen Disziplinen treten Zuordnungsschwierigkeiten auf? Warum?

Nicht alle Sportdisziplinen lassen sich aber über ihre jeweils typischen Bewegungshandlungen auf diese Weise zuordnen. GÖHNERS Tabelle über Disziplinen mit Mehrfachzielen (vgl. M 11, Seite 30) verdeutlicht dies.

Nennen Sie fünf weitere Disziplinen mit Mehrfachzielen, und ordnen Sie diese der Tabelle M 11 zu.

M 10
Bewegungsziele olympischer Sportarten (GÖHNER 1979, S. 82)

	TREFFER-O.	SCHWIER.-O.	ZEIT-O.	DISTANZ-O.	VERL.-O.
LEICHTATHLETIK					
100 m, ... Lauf			x		
Weit-, Dreisprung				x	
Hoch-, Stabhochspr.		x			
Wurf und Stoß				x	
SPIELE					
Wasser-, ... Fußball	x				
TURNEN					x
SCHWIMMEN					
Zeitschwimmen			x		
Kunst-, Turmspring.					x
REITEN					
Springreiten			x		x
Dressurreiten					x
FECHTEN	x				
JUDO	x				
BOXEN	x				
SCHIESSEN	x				
GEWICHTHEBEN		x			
RUDERN			x		
SEGELN			x		
RADSPORT (ohne Sprint)			x		

M 11 Sportarten mit Mehrfachzielen (GÖHNER 1979, S. 82)

	SCHWIER.-O.	ZEIT-O.	DISTANZ-O.	VERL.-O.
TREFFER-O.		Biathlon		
SCHWIER.-O.				Trampolin
ZEIT-O.				Spring-reiten
DISTANZ-O.				Skispringen
VERL.-O.				

M 12 Bewegungsziele im Sport
(GÖHNER 1979, S. 86)

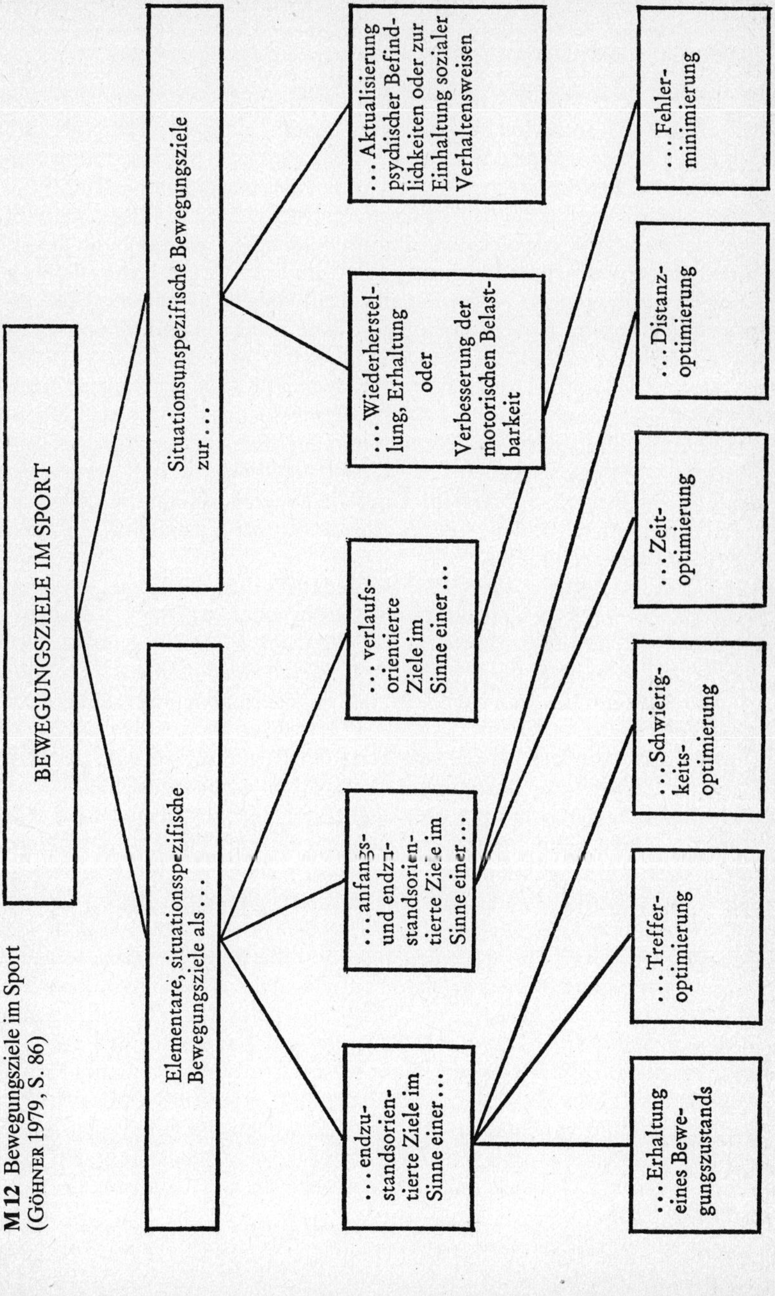

Ordnen Sie folgende Sportarten den Zielkategorien aus M 12 zu: Gewichtheben, 100-m-Sprint, Billard, Eiskunstlauf, Hockey, Tischtennis, Speerwerfen. Welche Ziele kommen in der Sportpraxis häufig, welche selten vor?

Mittels dieser Kategorien lassen sich nun fast für alle sportlichen Disziplinen deren bewegungsstrukturelle Merkmale nennen. Die Zuordnung einiger olympischer Sportarten (vgl. M 10) kann dies beispielhaft erläutern.
Bislang haben wir nur über eine ablaufrelevante Bezugsgrundlage, nämlich über die Bewegungsziele, einen Einblick bekommen, wodurch die je verschiedene Struktur einer Sportart bedingt sein kann. In Göhners «funktionaler Bewegungsanalyse» werden auf diese Weise alle weiteren Bezugsgrundlagen in ihrer Bedeutung für sportliche Bewegungshandlungen aufgezeigt. Neben verschiedenen Movendum-Typen («passiv-reaktiv» = Hantel, Kugel, Bälle, «aktiv-reaktiv» = der Gegner im Judo, «aktiv-sich selbst bewegende» = Schwimmer, Läufer) unterscheidet er die Beweger in «instrumentell unterstützte» = Tennis, Skilauf, Schießen, «partnerunterstützte» = Mannschaftsspiele, Mannschaftswettbewerbe und «gegnerbehinderte» = Ringen, Sportspiele. Über die Umgebungs- und Regelbedingungen werden schließlich weitere Kategorien zur Zuordnung einzelner Sportdisziplinen eröffnet.
Mit Göhners Analyse sportlicher Bewegungen hat die Frage, wie sich sportliche Bewegungen strukturieren lassen, eine sorgfältige Beantwortung erfahren, und da strukturelle Merkmale sportlicher Bewegungen auch die Strukturmerkmale der Sportdisziplinen sind, wird man auf der Suche nach der Struktur des Sports auf Göhners Kategoriensystem zurückgreifen müssen.
Dies gilt insbesondere für die Kategorie der Regel, die als eine der fünf Bezugsgrundlagen zur Bestimmung der Struktur einer sportlichen Bewegungshandlung genannt wird. Der Begriff der Regel ist bei Göhner aber sehr eng gefaßt. Gemeint ist dabei lediglich ein Bezugspunkt, an den der motorische Vollzug gekoppelt ist. Werfen wir jedoch einen Blick in die Regelhefte der Sportverbände, so können wir feststellen, daß die Regeln sich auf sehr vielmehr beziehen als lediglich auf die Qualität und Quantität von Bewegungen. Über die Sportregeln werden die Bewegungsziele ebenso festgelegt wie der Beweger bestimmt wird, und die Bewegungsumgebung wird zugelassen oder ausgegrenzt. Nicht zuletzt dies ist der Grund, warum in den Arbeitsthemen T 5 bis 13 davon ausgegangen wird, daß mit den Sportregeln der zentrale Bezugspunkt zur Strukturbestimmung des Sports gefunden ist. Göhners Ansatz ist deshalb aber keineswegs unzureichend. Die Veränderung von Sportarten kann mit ihm ebenso präzise beschrieben werden wie er ein Instrument an die Hand gibt, wenn man neue Sportdisziplinen kreieren will. Insofern ist T 3 eine hilfreiche Ergänzung für alle weiteren Arbeitsthemen.

Berücksichtigte, einführende und weiterführende Literatur
GÖHNER, U.: Zur Strukturanalyse sportmotorischer Fertigkeiten. In: Sportwissenschaft 4 (1974) 2, S. 115–135.
ders.: Bewegungsanalyse im Sport. Ein Bezugssystem zur Analyse sportlicher Bewegungen unter pädagogischen Aspekten. Schorndorf 1979.
HOCHMUTH, G.: Biomechanik sportlicher Bewegungen. Frankfurt 1976.
MEINEL, K.: Bewegungslehre. Berlin 1971.
UNGERER, D.: Zur Theorie des sensomotorischen Lernens. Schorndorf 1971.

T 4: Die pädagogisch-didaktische Strukturierung

Auf die längste Tradition können all jene Strukturierungsversuche verweisen, die den Sport in pädagogischer Absicht, also aus Lehr-Lerngesichtspunkten heraus strukturieren. Lehrpläne für die Leibeserziehung bzw. den Schulsport haben ja bereits eine mehr als hundertjährige Geschichte.

Welche Gründe könnten angeführt werden, warum Schüler in der Schule Sport lernen sollen?
Welche Gründe nennt bzw. nannte Ihr Lehrer, welche Ihre Eltern, warum Sie am Schulsport teilnehmen sollen?
Lehrpläne sprechen von verschiedenartigen Zielen, die mittels Sportunterricht erreicht werden sollen. Vergleichen Sie die Ziele eines Sportlehrplans mit Ihrem Schulsportalltag.
Welche Ziele lassen sich leicht, welche hingegen nur schwer oder gar nicht verwirklichen?

Es könnte nun freilich bestritten werden, inwiefern Lehrpläne tatsächlich als Strukturierungsversuche des Sports zu bezeichnen sind. Daß Lehrplanverfasser die Absicht hatten bzw. haben, mittels Lehrplänen den Sport nach pädagogisch begründeten Kategorien zu ordnen, zu planen und zu hierarchisieren, dürfte aber unbestritten sein. Ebenso unbestritten dürfte sein, daß sogenannte didaktische Analysen des Sports, ganz gleich welcher Strömung der Sportdidaktik sie auch zugehören mögen, letztlich auch als Strukturierungsversuche des Sports zu verstehen sind. In ihnen geht es nämlich immer auch um die Auswahl und systematische Anordnung von sportlichen Handlungsbereichen, von deren konsequenter und systematischer Anwendung man das Erreichen der jeweiligen didaktischen Zielvorgaben erhofft. Eine traditionsreiche Systematik strukturierte dabei den Sport zum Beispiel in Bereiche wie:

Tätigkeitselemente: Spielen – Leisten Gestalten – Kämpfen *Aktionsweisen:* Wettkämpfen – Spielen Beherrschen (HANEBUTH 1956)	Übungsformen Kampfformen Spielformen Tanzformen (MESTER 1958)
Die elementare Selbstbewegung Das Spielhafte Das Sportliche Das Tänzerische (PASCHEN 1961)	Bewegung – Gestalten Spiel – Spielen Wetteifern – Leisten (SCHMITZ 1966)

M 13

Welche Gedanken liegen vermutlich dieser Art zu systematisieren zugrunde?
Inwiefern geht diese Strukturierung vom Sport aus?
Wie spiegeln sich diese Bereiche im Schulsport wieder?

In ähnlicher Weise und ebenfalls auf der Grundlage «einer Strukturanalyse der Leibesübungen» sah BERNETT die pädagogische Bedeutung des Sports in seinen Teilbereichen (siehe M 14, Seite 35).

Wodurch unterscheiden sich M 13 und M 14? Welche Kriterien bedingen die Differenzierung von M 13 und M 14?

Für unseren Zusammenhang bedeutsamer scheint eine neue Form der didaktischen Strukturierung des Sports zu sein, wie sie beispielsweise von KURZ vorgestellt wird. Ausgangspunkt der Strukturierung ist dabei nicht mehr allein die einzelne Bewegungshandlung oder eine spezifische Sportdisziplin, sondern es wird zunächst nach den Situationen gefragt, auf die der Schulsport vorbereiten könnte.

Nennen Sie Situationen des außerschulischen Sports, von denen Sie glauben, daß es gut wäre, wenn die Schule den Schüler darauf vorbereiten würde. Welche dieser Situationen werden allgemein akzeptiert? Auf welche bereitet die Schule vor? Auf welche nicht? Wie werden die Entscheidungen begründet?

Die Frage nach den Situationen des Sports gipfelt dabei in der Frage: Was ist Sport? – KURZ sucht deshalb die Sinnorientierungen, denen Menschen bei ihrem Handeln im Sport zu folgen scheinen. Die dadurch entstehende

Kategorientafel

	SPORT	SPIEL	TURNEN	Wirkungs- GYMNASTIK	Musische GYMNASTIK
LEIT- MOTIV	*Wettkämpfen* Agonaler Wetteifer	*Spielen*	*Beherrschen* Allseitige Körper-Beh. Beherrsch. d. Gegenst.welt	←Beherrschen Disziplinie- rung des Körpers	*Beseelen* Ausdruck innerer Kräfte
		Sportspiel Kampf mit dem Gegner	*Turnspiel* Geselligkeit Erholung		
LEISTUNGS- PRINZIP	Absolute *Höchstleistg.* Persönliche *Bestleistung*		Vielseitige *Durchschnitts-* *leistung* der Allgemeinheit	Körperliche *Leistungs-* *fähigkeit*	Leistung liegt in der *Bewegungs-* *qualität*
		Sportspiel Erfolg Ergebnis	*Turnspiel* Ausgleich Übung		
BEWE- GUNGS- PRINZIP	Zielgerichtete ökonomische *Zweckform* *Technik*		*Haltungs-* *prinzip* beherrschte Bewegung	←Haltungs- prinzip geformte Alltags- bewegung	*Gestaltung* der ‚schwin- genden' Bewegung
		Sportspiel dramatisch aggressiv	*Turnspiel* tummeln		
GEIST	Vorwiegend *individuell* dem *Sportgeist* verpflichtet		Primat des objektiven Geistes Über-Ich des *Gemein-* und *Volksgeistes*	Individuelle *Selbst-* *erziehung*	*Innerlichkeit* *Hingabe* an kosmische Ordnung
		Sportspiel Sportgeist Mannschafts- geist	*Turnspiel* Gemeingeist Brauchtum		

M 14 (Bernett 1965, S. 88)

Strukturierung ist freilich eine gleichsam von außen an den Sport angelegte Struktur. Ohne Zweifel handelt es sich bei den folgenden Sinnorientierungen aber um echte strukturelle Merkmale des Sports. Sie können nämlich in konsequenter Verlängerung der bewegungstheoretischen Strukturierung von GÖHNER als Interpretation der dort ausgewiesenen ablaufrelevanten Bezugsgrundlagen verstanden werden.

Welchen Sinn hat das Sporttreiben für Sie selbst?
Welchen Sinn hat der Sport für andere Menschen?
Unterscheiden Sie bei der Beantwortung dieser Frage in Gegensatzpaare wie kranke Menschen – gesunde Menschen, junge Menschen – alte Menschen, Frauen – Männer, Mädchen – Jungen, Berufstätige – Arbeitslose, Berufssportler – Freizeitsportler. Finden Sie weitere Gegensatzpaare, und ordnen Sie ihnen Sinndeutungen des Sports zu.

Leistung, Präsentation, Selbstdarstellung, Selbstbewährung, Ausdruck, Ästhetik, Gestaltung, Darstellung, Expression, Eindruck, Exploration, Sensation, «vertigo» (Schwindelgefühl), Gesundheit, Ausgleich, Kompensation, Fitness, Wohlbefinden, Anschluß, Geselligkeit, Kommunikation, Beisammensein, Spiel, Spannung, Abenteuer, Risiko, Wettkampf.

M 15

Welcher Zusammenhang besteht zwischen den verschiedenen Sinndeutungen des Sports und den bewegungsstrukturellen Merkmalen?
Ordnen Sie jeder Sinnrichtung eine Ihnen dafür typisch erscheinende Sportdisziplin zu.
Welche der zugeordneten Disziplinen haben Sie in Ihrem Schulsport noch nicht kennengelernt?
In welcher Schulsportdisziplin sind Ihnen die Sinnrichtungen aus M 15 bislang begegnet?

Vergleichen Sie die Lernziele in dem Lehrplan, der für Ihren Sportunterricht galt bzw. gilt, mit den genannten Sinnrichtungen. Welche finden sich im Lehrplan wieder? Welche fehlen? Warum?

Ergänzen Sie die vorstehende Aufzählung durch Bedeutungen, die dem Sport bzw. dem aktiven sportlichen Bewegen durch unsere Gesellschaft (d. h. durch Sie, durch Partner, durch Gruppen) zugeschrieben werden.

Gibt es Bereiche außerhalb des Sports, die sich durch gleiche oder ähnliche Sinnorientierungen auszeichnen?

Vor dem Hintergrund solcher Sinnrichtungen können nun – verfolgt man z. B. schulpädagogische Absichten – jene Aufgaben des Schulsports ausgewählt werden, von denen die Gesellschaft (bzw. die Lehrplanmacher) glaubt, daß sie der Schulsport zu erfüllen hat.
Diese Art von Strukturierung weist aber einige unübersehbare Schwierigkeiten auf. Der Sinn, der sportlichen Handlungen zugeschrieben werden kann, ist offensichtlich an Konventionen gebunden; der Sport ist aber mehrdeutig, und es wäre deshalb auch kaum sinnvoll, die Bedeutung sportlicher Handlungen ein für allemal festzuschreiben. Dies ist eine wichtige Einsicht, die durch KURZ' Suche nach Sinnorientierungen aufgezeigt werden kann. Die Auflistung in M 15 ist deshalb auch als beliebig zu bezeichnen, und sportspezifisch ist sie nur insofern, als solche Sinnorientierungen auch im Sport anzutreffen sind. Handlungen außerhalb des Sportbereichs können aber denselben Sinnorientierungen unterliegen. Demzufolge wird beim Versuch einer pädagogisch-didaktischen wie bei dem der historisch-phänomenologischen Strukturierung der Sport gleichsam von außen strukturiert. Damit kann die spezifische Struktur des Sports aber nicht erfaßt werden.

Berücksichtigte, einführende und weiterführende Literatur

BERNETT, H.: Der Kanon der Leibeserziehung. In: Die Leibeserziehung 11 (1962), 282–290.
ders.: Grundformen der Leibeserziehung. Schorndorf 1965.
DIEM, C.: Wesen und Lehre des Sports. Berlin 1960.
GRUPE, O.: Grundlagen der Sportpädagogik. Schorndorf 1975.
ders.: Was ist und was bedeutet Bewegung? In: HAHN/PREISING (Red.): Die menschliche Bewegung – Human Movement. Schorndorf 1976, S. 3–19.
HANEBUTH, O.: Aspekte einer Sportwissenschaft. In: Der Turnwart, Beilage zur Turnzeitung «Deutsches Turnen», No. 3, 5, 7, 1977, 25–27, 50–51, 73–75.
KURZ, D.: Elemente des Schulsports. Grundlagen einer pragmatischen Fachdidaktik. Schorndorf 1978.
MESTER, L.: Grundfragen der Leibeserziehung. Braunschweig 1962.
MEUSEL, H.: Einführung in die Sportpädagogik, München 1976.
PASCHEN, K.: Didaktik der Leibeserziehung in Schule und Verein. Frankfurt 1971.

Betrachten wir die bislang vorgestellten Strukturierungsversuche zusammenfassend, so fällt auf, daß die verschiedenartigsten Strukturierungsinteressen und Bezugspunkte des zu strukturierenden Sportsystems uns eine überraschende Vielfalt von strukturellen Merkmalen des Sports vorstellen konnten. Dadurch wird uns ein Einblick in das Phänomen Sport ermöglicht, wie er ohne solche Hilfen gewiß niemals möglich gewesen wäre. Daß dieser Einblick immer noch unvollständig ist, liegt an der sich ständig verändernden Struktur des Sports, also in der Natur der Sache.
Unsere Absicht, die strukturellen Merkmale verschiedener Sportarten zu erkennen und sie vergleichend in ihrer Beziehung zu anderen Sportarten zu erfahren, haben wir aber mittels dieser Strukturierungsbeispiele nur zum Teil erfüllt. Sportartspezifischen bzw. einen an der sportlichen Handlung orientierten Einblick ermöglichte im Grunde nur GÖHNER; bei KURZ wird die Struktur einer einzelnen Sportdisziplin jeweils nur am Rande erfaßt, und seine Strukturierungskategorien sind ebenso sportunabhängig wie die von DUNNING und EICHBERG. Die Strukturierung des DSB schließlich hatte eine Strukturierung der einzelnen Sportarten ohnehin nicht beabsichtigt.
Die folgende Darstellung eines Strukturierungsversuchs des Sports und seiner Disziplinen über die Kategorie der sportlichen Regel scheint schon aus diesem Grunde eine hilfreiche und notwendige Ergänzung zu sein.
Wesentlicher für das folgende ist jedoch die Annahme, daß in den Regeln jene strukturierende Merkmale des Sports gesehen werden, die das typisch ‹Sportliche› erst richtig ins Blickfeld kommen lassen und insofern über die bislang dargestellten allgemeinen strukturellen Merkmale entscheidend hinausgehen. Über seine Regeln läßt sich demnach der Sport in seinen spezifischen Merkmalen zeigen, und es sind die Regeln, die das charakterisieren, was in zahlreichen theoretischen Erörterungen über den Sport als das sogenannte ‹sportimmanente› bezeichnet wird:

- Durch das Zusammenspiel seiner Regeln unterscheidet sich der Sport von allen übrigen Bereichen unserer Gesellschaft, und über die Regeln läßt sich die Frage beantworten, worin der Zusammenhang zwischen sportlichen und nichtsportlichen Handlungen besteht.

Regeln als strukturbestimmende Merkmale des Sports

T 5: Regelmerkmale

«Was wir aus der Erforschung anderer Kulturen lernen können, sind nicht nur andere Handlungsmöglichkeiten und andere Techniken. Wichtiger ist vielmehr, daß wir andere Möglichkeiten kennenlernen können, dem menschlichen Leben einen Sinn zu geben, andere Vorstellungen über die mögliche Bedeutung, welche die Ausführung bestimmter Tätigkeiten für Menschen annehmen kann, die den Sinn ihres Lebens als Ganzheit zu fassen versuchen» (PETER WINCH).

M 16

Regelbeispiele I

«Die Bundesflagge ist schwarz-rot-gold.» (Art.22)

«Dieses Grundgesetz gilt zunächst im Gebiete der Länder Baden, Bayern und Württemberg-Hohenzollern. In anderen Teilen Deutschlands ist es nach deren Beitritt in Kraft zu setzen.» (Art.23)

«Handlungen, die geeignet sind und in der Absicht vorgenommen werden, das friedliche Zusammenleben der Völker zu stören, insbesondere die Führung eines Angriffskrieges vorzubereiten, sind verfassungswidrig. Sie sind unter Strafe zu stellen.» (Art.26)

«Gewählt ist, wer die Stimmen der Mehrheit der Mitglieder des Bundestages auf sich vereinigt. Der Gewählte ist vom Bundespräsidenten zu ernennen.» (Art.63)

«Eine Tat kann nur bestraft werden, wenn die Strafbarkeit gesetzlich bestimmt war, bevor die Tat begangen wurde.» (Art.103[2])

«Niemand darf wegen derselben Tat auf Grund der allgemeinen Strafgesetze mehrmals bestraft werden.» (Art.103[3])

In welchen Bereichen unserer Gesellschaft spricht man von Regeln? Nennen Sie aus jedem Bereich eine Regel und vergleichen Sie diese mit den übrigen Regeln.

Was wird womit im Regelbeispiel I geregelt? Kennen Sie Regeln im Sport, die mit den Regeln aus Beispiel I vergleichbar sind? Nennen Sie diese und versuchen Sie, das Gemeinsame zwischen den Sportregeln und den politischen Regeln zu benennen.

Regelbeispiele II
Der selbständige Mittelstand in Landwirtschaft, Gewerbe und Handel ist in Gesetzgebung und Verwaltung zu fördern und gegen Überlastung und Aufsaugung zu schützen.

Klöße jeder Art schneidet man *nicht* mit dem Messer. Man darf das Messer aber zu Hilfe nehmen, wenn man die Klöße mit der Gabel «aufreißt».

An Kreuzungen und Einmündungen hat die Vorfahrt, wer von rechts kommt.

Der Ball ist tot, wenn der Schiedsrichter das Spiel durch einen Pfiff unterbricht.

Der Kreuzbube ist der höchste Trumpf.

Man sagt im Deutschen nicht ‹Politik erhalten das Charakter›.

Die Äußerung von R gilt als Identifikation oder das Herausgreifen von X für H.

Es soll niemand an einem Reck turnen, das er nicht erreichen kann im Stand oder Hangsprung.

Wenn Männer hadern und verletzen ein schwangeres Weib, daß ihr die Frucht abgeht, und ihr kein Schade widerfährt, so soll man ihn um Geld strafen, wieviel des Weibes Mann ihm auflegt, und er soll's geben nach der Schiedsrichter Erkennen.

Der Sprung wird so ausgeführt, daß der Springer den Boden das erste Mal mit dem Fuß berührt, mit dem er abgesprungen ist, das zweite Mal landet er mit dem anderen Fuß, mit dem er dann den dritten Sprung ausführt.

Niemand darf wegen seines Geschlechts, seiner Abstammung, seiner Rasse, seiner Heimat und Herkunft, seines Glaubens, seiner religiösen oder politischen Anschauungen benachteiligt oder bevorzugt werden.

Beim Aufgang der Pflichtübung am Schwebebalken darf die Turnerin ohne Punktverlust einen zweiten Anlauf versuchen, wenn beim ersten Versuch der Balken noch nicht berührt wurde.

Du sollst kein falsch Zeugnis reden wider deinen Nächsten.

Sieger eines Satzes ist die Mannschaft, die zuerst 15 Punkte gewonnen hat. Falls der Gegner bereits 14 Punkte besitzt, wird so lange weitergespielt, bis eine Mannschaft 2 Punkte mehr hat als der Gegner.

Welcher Turner irgend etwas erfährt, was für oder wider die Turnkunst und unsere Übung derselben Freund oder Feind sprechen, schreiben und wirken: muß davon sogleich Anzeige machen, damit zu seiner Zeit und an seinem Ort aller solcher Kunden – mit Glimpf oder Schimpf – könne gedacht werden.

Die rechte Hand des Herrn liegt flach, aber fest auf dem Rücken der Dame, und zwar genau auf der Taille. Es ist darauf zu achten, daß die Hand nicht verkrampft sei, da sonst das Kleid der Dame leicht verschoben und zerknittert werden kann.

An Kreuzungen bedeutet ‹grüner Pfeil›: Nur in der Richtung des Pfeils ist der Verkehr freigegeben.

M 17

Aus welchen gesellschaftlichen Bereichen stammen die Regeln aus dem Regelbeispiel II?
Welche Regeltypen lassen sich voneinander abgrenzen? Vergleichen Sie diese Typen mit den Regeln aus Beispiel I. Sind es dieselben, oder sind neue hinzugekommen?
Worin liegen die Gemeinsamkeiten zwischen den Sportregeln und den Knigge-regeln?

Eine Antwort auf die Frage, was Regeln sind, läßt sich auf verschiedene Weise finden. Einmal könnte in wissenschaftlichen Lexika und in etymologischen Wörterbüchern nach dem Begriff der Regeln gesucht und die dort anzutreffenden Umschreibungen als Antwort auf unsere Frage akzeptiert werden. Es könnte aber auch anhand verschiedener Regelbeispiele, wie sie eingangs dargestellt wurden (vgl. M 17), der Begriff der ‹Regel› eingeführt werden. Die Beispiele verweisen dabei auf die Annahme, daß die Regeln eines Kartenspiels, Kniggeregeln und juristische Gesetze mit den Regeln des Sports auf einen gemeinsamen Sachverhalt hinweisen, der den Sammelbegriff ‹Regel› auszeichnet.
Dabei scheint es zunächst nicht notwendig zu sein, zwischen geschriebenen und nicht geschriebenen Regeln zu unterscheiden. Wohl aber macht es einen Unterschied, wenn man unter dem Begriff der Regel auch all jene Formen der Regelbeschreibungen fassen würde, die wir in unserem Sprachgebrauch als ‹Gesetz› bezeichnen.
Das Fallgesetz oder das Gesetz des Thales ist nicht zufällig in der Beispielsammlung M 17 nicht zu finden. Warum? Worin liegt der Unterschied zwischen Art. 22 des Grundgesetzes und dem Gesetz des Thales, zwischen der Schritteregel im Basketball und dem Fallgesetz? Will man diese Fragen beantworten, so ist erforderlich, daß wir uns jenen Bereichen, aus denen die Regelbeispiele entstammen, etwas genauer zuwenden. Für unseren Zusammenhang bietet sich dazu der Sport mit seinen zahlreichen Sportdisziplinen an.

Werfen wir einen Blick in die Regelhefte verschiedener Sportdisziplinen, so fällt auf, daß Regeln sehr unterschiedliche Beschreibungen aufweisen:

Regelbeispiele III
»Während des Aufschlags darf der Aufschläger seine Stellung weder durch Gehen noch durch Laufen verändern» (Tennis).

«Um jede Eckfahne ist ein Viertelkreis von 1 m Halbmesser im Spielfeld zu ziehen» (Fußball).

«Die Verwendung normaler Handschuhe zum Schutze der Hände ist gestattet» (Hammerwerfen).

«Das Platzen eines Balles während der Übung darf nicht als Folge einer ungenügenden Technik oder Vorbereitung gewertet werden» (Wettkampfgymnastik).

«Der Ball muß kugelförmig sein» (Handball).

«Ein Korb ist erzielt, wenn ein lebender Ball von oben in den Korb geht und darin verbleibt oder durchfällt» (Basketball).

M 18

Regeln weisen im Sport sehr unterschiedliche Beschreibungen auf. Nennen Sie vier für den Sport typische Formen der Regelbeschreibung. Welche Funktionen haben die Regeln für unser Handeln im Sport?
Regeln haben den Charakter von Befehlen, Geboten, Verboten, Definitionen, Erlaubnissen und Empfehlungen. Nennen Sie für jeden dieser Typen eine Ihnen bekannte Regel aus dem Sport.

Die Unterschiede solcher Beschreibungen sind in erster Linie dadurch bedingt, was (welcher Inhalt) mittels einer Beschreibung geregelt werden soll. Es wird geregelt, was man tun darf bzw. was nicht erlaubt ist, und es wird festgelegt, mit was man etwas tun darf, wann und wo eine Handlung erlaubt bzw. untersagt ist etc. Solche Unterscheidungen verweisen uns aber gleichzeitig auf charakteristische Gemeinsamkeiten, wie sie in allen erwähnten Regelbeschreibungen zu finden ist.

Regeln ermöglichen Sport

Wenn wir die wesentlichen Merkmale der Sportregeln herausarbeiten wollen, so ist es wichtig zu erkennen, daß der Begriff der Regel nicht – wie es im Sport gemeinhin üblich ist – mit Spielregeln gleichgesetzt wird und dabei lediglich an die Abseitsregel im Fußball oder an die Dreischritteregel im Handball gedacht wird. Vielmehr ist es so, daß jede Sportart – Hochsprung ebenso wie Gerätturnen – erst durch ihre Regeln möglich wird, daß also das, was Sport ist, letztlich seinen Regeln zu verdanken ist. Mit dieser Feststellung wird deutlich, daß der Begriff ‹Regel› ein Schlüsselbegriff für das Handeln im Sport bzw. für das Verstehen des Sports ist. Die Regeln sind es, die es ermöglichen, daß wir Tore beim Handball werfen können, daß wir über eine Latte hochspringen, daß wir uns über einen Schmetterschlag beim Tischtennis freuen oder daß wir im Fußball über einen Spielzug die gegnerische Mannschaft ausspielen.

Regeln haben eine ermöglichende Funktion. Erinnern Sie sich an verschiedene soziale und individuelle Möglichkeiten, die uns durch Fußballregeln eröffnet werden. Prüfen Sie, inwiefern sich diese Möglichkeiten auf das Fußballspielen selbst beschränken.

Die Regeln der einzelnen Sportarten sind meist kunstvolle Gebilde, die sich manchmal über Jahrhunderte herausgebildet und bewährt haben. Sie haben vielen Menschen die Ausübung der jeweiligen Sportart ermöglicht und ihnen die Befriedigung jener Bedürfnisse garantiert, die sie dem Sport gegenüber eingebracht haben. Regeln des Sports haben nicht zuletzt aus diesem Grund keineswegs nur befehlende, diktierende oder einschränkende Funktionen. Die Regeln machen unser Handeln erst möglich, sie garantieren, daß wir ein Handballspiel von einem Fußballspiel unterscheiden können, daß wir morgen so Fußball spielen können wie gestern, daß wir wissen, ob ein Speerwurf gültig oder ungültig ist, und daß wir beschreiben können, was zu tun ist, wenn man eine bestimmte Sportart lernen möchte. Über die Regeln ist auch festgelegt, welches Bewegungsziel in einer Sportart verfolgt wird, was dabei bewegt wird, wer was bewegt und in welche Umgebung sich das Bewegungsereignis einzuordnen hat (vgl. hierzu M 7–M 12, Seite 25ff, und GÖHNERS bewegungstheoretischen Strukturierungsvorschlag). Der Grund, warum man für das Handballspiel spezielle Würfe für spezifische Situationen trainiert, liegt zum Beispiel darin, daß durch die Regeln die Art des Torwurfs nicht festgelegt ist, so daß Würfe in der Luft im Torkreis erlaubt sind. Aber auch die Frage, ob in einer Sportart Kraft, Schnelligkeit oder Ausdauer zu trainieren sind, kann immer nur vor dem Hintergrund der jeweils gültigen Regeln beantwortet werden. Selbst die Eignung bestimmter Trainingsmethoden kann letztlich nur aus dem Regelwerk erschlossen werden, das der Sportart zugrunde liegt.

Nennen Sie jene Regeln, mittels derer die Bewegungsziele des Hochsprungs, des Badmintons und des Volleyballs festgelegt werden? Wie wird in diesen Disziplinen über Regeln festgelegt, was bewegt, wer bewegt und in welche Umgebung sich das Bewegungsereignis einzuordnen hat?
Inwiefern hängt die Trainingsmethode des Kugelstoßens von den Regeln dieser Sportart ab?

All diese Funktionen können Regeln nur dadurch erfüllen, daß sie Gültigkeit haben und von jenen Personen befolgt werden, welche mit ihrem Eintritt in das System des Sports versprochen haben, die im Sport geltenden

Regeln zu akzeptieren und einzuhalten. Insofern ist regelkonformes Verhalten im Sport notwendige Bedingung für das Sporttreiben mit Partnern. Auf einen Nenner gebracht heißt das:

- Die Regeln des Sports konstituieren den Sport, sie regulieren das sportliche Handeln von Menschen, sie setzen fest, was unterlassen werden muß bzw. was ausgeführt werden darf. Dabei erheben sie den Anspruch auf soziale Verbindlichkeit. Nur dadurch können sie das sportliche Handeln ermöglichen, koordinieren und lenken.

Diese Beschreibung verweist auf den prinzipiell reziproken Charakter der Sportregeln. Die ermöglichende Funktion können die Regeln nämlich nur erfüllen, wenn sie mit dem Vertrauen jener Personen rechnen können, die vereinbart haben, eine bestimmte Sportart nach einem bestimmten Satz von Regeln zu befolgen. Kann mit diesem Vertrauen nicht gerechnet werden, so kommt es zu einer Bestandsgefährdung des Sportsystems. Dies ist etwa der Fall, wenn Athleten gedopt am Wettkampf teilnehmen, wenn beim Fußball die gegnerische Mannschaft bewußt den Ball mit der Hand spielt oder man Sportgeräte benutzt, die dem Gegner nicht zugänglich sind. Diese Beispiele weisen darauf hin, daß es offensichtlich für die Teilnahme am Sport wie für jede andere gesellschaftliche Organisation eine Mitgliedschaftsbedingung gibt, die die Ethik dieser Organisation garantiert:

- Wer am Sport teilnimmt, gibt das Versprechen ab, daß er die Mitgliedschaftsregeln einhalten wird.

Das Befolgen aller weiteren Regeln läßt sich aus den Grundregeln der Mitgliedschaft ableiten. Die Eintrittsregel gilt gleichzeitig als Austrittsregel. Wer nicht mehr bereit ist, sich an die Mitgliedschaftsbedingungen zu halten, tritt aus der Organisation des Sports aus. Für den Sporttreibenden heißt das, daß er sich zu jeder Zeit darauf verlassen können muß, daß sein Partner genauso wie er selbst anerkennt, daß zum Beispiel ein Ball, der die Torlinie überschritten hat, gemäß bestimmter Regeln als ein Tor zu zählen ist; daß sein Partner ebenso wie er selbst bemüht ist, möglichst viele Punkte zu erzielen, das heißt gewinnen will und somit das Prinzip der Konkurrenz, welches sportlichen Wettkämpfen zugrunde liegt, anerkennt, und daß er ebenso wie sein Partner akzeptiert, daß er sich dabei nur zugelassener Hilfsmittel bedient. Im Sinne einer vorgeschalteten Norm für unser Handeln im Sport kann deshalb formuliert werden:

- Jeder Partner muß davon ausgehen, daß sein Partner ebenso aufrichtig bemüht ist, die Regeln des Sports einzuhalten, wie er selbst.

Nennen Sie weitere Beispiele aus der jüngsten Sportgeschichte, in denen die ‹stillschweigenden Regeln›, die ethische Basis des Sports verletzt wurden. Wodurch unterscheidet sich der sogenannte Amateursport in dieser Hinsicht vom professionellen Sport?

Dieses gegenseitige Akzeptieren hat zu jenem fraglosen Vertrauen geführt, auf dem die spezifischen Erlebnismöglichkeiten im Sport basieren. Man muß nicht jeden Tag von neuem Regeln konzipieren; man kann sich darauf verlassen, daß das, was gestern gegolten hat, auch heute noch gilt. Das Vertrauen geht einher mit der Aufrichtigkeit der am Sport beteiligten Partner. Die Begriffe Vertrauen und Aufrichtigkeit verweisen auf jene ‹stillschweigenden Regeln›, die den Sportregeln den Charakter eines Sozialvertrages geben. Verstoßen die Partner dagegen, so ist der Sport als ein Sozialsystem in Frage gestellt. Für die Sporttreibenden heißt das, daß der einzelne Handelnde die ethische Basis des Sports nur dadurch erhält, daß er ohne Rücksicht auf eigene Präferenzen die Forderung nach einer allgemeinen Konformität akzeptiert. Insofern ist der Zweck die Vereinheitlichung zweier oder mehrerer Willen, und die Funktion jeder Regel ist zu bestimmen, daß bestimmte Menschen in bestimmten Situationen in einer bestimmten Weise handeln können.

Wodurch unterscheidet sich der Sozialvertragscharakter des Sports von den übrigen Sozialverträgen? Denken Sie dabei vor allem an das Verhältnis zwischen den Vertragspartnern und an die durch den Vertrag Betroffenen.

Beim Ausüben einer Sportart folgen wir nicht nur jenen Regeln, die in einem Regelwerk des Sports schriftlich niedergelegt sind; vielmehr folgen wir wie in unserem übrigen Handeln auch im Sport in einer grundsätzlichen Weise ganz bestimmten Regeln. Regeln sind es nämlich, die bestimmen, was wir meinen, wenn wir von einem Menschen sagen, er treibe Sport, sei also ein Sportler. Das Verstehen des Sports beruht somit auf der Kenntnis dieser Regeln. Regeln bestimmen, was für eine Handlung relevant ist, damit es eine Handlung des Sports ist. Sie stellen eine feste Verbindung zwischen einer Situation des Sports auf der einen und einer Handlung des Sports auf der anderen Seite her.

Woran erkennen Sie, ob ein Fußballspieler die Regeln des Spiels befolgt? Woran erkennen Sie Regelverstöße? Gelten Ihre Erkenntniskriterien für alle Spiele, für alle Sportarten oder nur für das Fußballspiel?

Regeln bestimmen, welche Handlungen im Sport als dieselben gelten, wenn wir von einer gelungenen, einer gut ausgeführten, einer besseren sportlichen Handlung im Vergleich zu anderen sprechen. Die Frage, inwiefern ein Sportler einer Regel folgt, beantworten wir im Sport wie in unserem übrigen Leben. Das Befolgen ist dabei offensichtlich mit ähnlichen Schwierigkeiten verknüpft wie in allen Bereichen, in denen wir Regeln zu folgen haben. Einmal können wir sagen, daß jemand im Sport dann einer Regel folgt, wenn er sich bei gleichen Begebenheiten immer in gleicher Weise verhält. Entscheiden zu können, ob zwei Handlungen gleich sind, setzt aber voraus, daß wir die Situationen kennen, den Kontext erfahren, in denen sich diese Handlungen ereignen. Zum anderen ist der Begriff des Befolgens von Regeln logisch untrennbar mit dem Begriff des Fehlermachens verbunden. Handeln nach den Regeln des Sports bedingt also notwendig die Möglichkeit des Regelverstoßes.

Regeln müssen durchgesetzt werden

Es gibt verschiedene Möglichkeiten, in denen Regeln im Zusammenhang mit unserem Handeln im Sport bedeutsam werden können. Die Benutzung einer Regel kann zum Beispiel in das Handeln selbst eingehen. Oder sie ist eine Handlung im Spiel. Es kann auch vorkommen, daß die Benutzung der Regel keine eigene Sporthandlung bildet, daß man sich aber nachher auf die Regel beruft. Im ersten Fall leitet die Regel das Handeln, im zweiten Fall rechtfertigt sie es. Daraus läßt sich folgern:

- Eine Regel ist etwas, das eine Tätigkeit leitet, und zwar kann sie dies im dreifachen Sinne tun:

– Sie ist ein Bestandteil dessen, was man Anwendung nennt;
– sie dient zum Erlernen einer Tätigkeit;
– sie dient zur Rechtfertigung einer Tätigkeit.

Betrachten wir nun noch einmal die sportbezogenen Regelbeispiele auf Seite 42, so können wir erkennen, daß mit der Festlegung von Regeln im Sport immer auch eine Entscheidung über eine oder mehrere Handlungsweisen aus einem Feld möglicher Handlungen getroffen wird. Gemäß dieser Entscheidung werden wir dabei aufgefordert, die einmal getroffene Entscheidung zu befolgen. Das wiederum bedeutet, daß Regeln ihre ermöglichende Funktion erst dann besitzen, wenn auch gesichert ist, daß sie durchgesetzt werden und die Regeleinhaltung überprüft wird.

Worin liegt der Anspruch auf soziale Verbindlichkeit? Inwiefern ist dies eine Voraussetzung für das Ausüben jeglichen Sports?
Nennen Sie motorische Handlungen, die durch die Regelentscheidung zugunsten einer bestimmten motorischen Handlung ausgeschlossen werden.

Der Aufforderungscharakter, den Regeln in diesem Zusammenhang besitzen, ist in den einzelnen Sportdisziplinen sehr verschieden; die Regeln weisen diesbezüglich eine unterschiedliche Schärfe und Intensität auf. Sportregeln haben zum Beispiel den Charakter von Befehlen, Geboten und Verboten, von Sollensforderungen, von Definitionen, von Direktiven, von Empfehlungen oder Ratschlägen und von Erlaubnissen (vgl. M 19).

Suchen Sie in einer Ihnen besonders vertrauten Sportart nach Regeln, die den Charakter eines Gebots, Verbots, einer Definition und Empfehlung haben.

Regelbeispiele IV
Eine Verwarnung wird für eine leichte Unsportlichkeit ausgesprochen (Volleyball).

Ein Spieler, der fünf Fouls, entweder persönliche oder technische, begangen hat, muß automatisch das Spiel verlassen (Basketball).

Bei unsportlichem Spiel und bei absichtlich wiederholten Regelwidrigkeiten müssen die Schiedsrichter auf Freiwurf beziehungsweise 7-m-Wurf entscheiden und den schuldigen Spieler gleichzeitig verwarnen. Im Wiederholungsfall ist der Spieler hinauszustellen (Handball).

Jeder Wettkämpfer, der einen anderen absichtlich rempelt, schneidet oder in anderer Weise benachteiligt, wird ausgeschlossen (Leichtathletik).

Ein Wettkämpfer wird disqualifiziert, wenn er die Strecke nicht auf einem Ski zurücklegt oder zum mindesten auf einem Ski das Rennen beendet (Skilauf).

Ein Spieler, der absichtlich einen Gegner von hinten rempelt, ohne daß letzterer ihn behindert, ist durch Erteilung eines indirekten Freistoßes zu bestrafen, der von der gegnerischen Mannschaft an der Stelle auszuführen ist, wo der Regelverstoß begangen wurde (Fußball).

M 19

Nennen Sie jeweils ein Beispiel für juristische, finanzielle, moralische Bestrafung und Belohnung im Sport.
Ordnen Sie die Regeln aus Beispiel IV nach Typen. Suchen Sie zu jedem Typ ein weiteres Beispiel aus einer anderen Sportdisziplin.

Die Einhaltung und Durchsetzung der Sportregeln, das zeigen verschiedene Regelbeispiele in M 19, ist durch Sanktionen gesichert, über die der Schiedsrichter oder Kampfrichter verfügt. Die Sanktionen sind ebenfalls als Regeln in den Regelheften der Sportverbände niedergelegt. Man könnte solche Sanktionen als mehr oder weniger harte oder mildere Formen des sozialen Zwangs verstehen, die prinzipiell notwendig sind, um die Durchsetzung der Regeln zu garantieren. Je nach Art und Ausmaß der Sanktionen ist es aber auch möglich, daß sie als unangemessen bezeichnet werden können.

Regelverstöße im Sport werden durch Sanktionen geahndet. Nennen Sie mehrere Möglichkeiten der Bestrafung im Sport, und versuchen Sie, sie in Abhängigkeit zu den Regelverstößen hierarchisch zu ordnen.

Die Entscheidung über die Regelkonformität bzw. Regelwidrigkeit im Sport ist in vielen Fällen eindeutig. In einigen Fällen ist aber die Grenze zwischen regelwidrigem und regelkonformem Handeln unscharf, was dazu

führt, daß die Sportler, die die Regeln zu befolgen haben, die Durchsetzbarkeit der Regel über ihr Handeln in Frage stellen.
In einigen Sportarten wird derzeit diese Grenze bereits so weit zugunsten der «erlaubten Regelwidrigkeit» verschoben, daß die Regelauslegung mit den in den Sportregeln vorgesehenen Sanktionen nur noch bedingt übereinstimmt.

Nennen Sie Beispiele, bei denen die Grenzen zwischen regelwidrigem und regelkonformem Handeln unscharf sind. Gibt es diesbezüglich sportartspezifische Unterschiede?

Typische Sanktionsformen im Sport sind Strafen juristischer, finanzieller, moralischer Art, Verwarnungen, Belohnungen, aber auch Achtung und Verachtung seitens der öffentlichen Meinung (vgl. M 19, Seite 47). Nicht alle Sanktionen des Sports sind in schriftlicher Form in den Regelheften der Sportverbände enthalten. Manche Sanktionen erfolgen erst nach längerer Beratung, etwa im Falle höherer Zeitstrafen, und manche werden gleichsam ad hoc eingeführt, etwa wenn Spieler aufgrund eines bösen Fouls über die Dauer eines Spiels mit Pfiffen geächtet werden.

Regeln sind keine Naturgesetze
Werfen wir einen Blick auf das Regelwerk des Deutschen Fußball-Bundes, so können wir beobachten, wie ausgetüftelt das Regelwerk einer Sportart sein kann, die vielen Menschen eine Befriedigung ihrer Bedürfnisse ermöglicht. Betrachten wir jedoch das Fußballspiel von Schülern im Sportunterricht oder ein Fußballspiel einer Freizeitgruppe am Strand, so müssen wir erkennen, daß die positive Bewertung des offiziellen Regelwerks der Sportverbände, wie sie eingangs vorgenommen worden ist, nur bedingt aufrechterhalten werden kann. Häufig ist es sogar so, daß die Regeln des Sports eine Teilnahme am Sport bzw. das sportliche Handeln verhindern. Durch die offiziellen Regeln der Sportverbände ist es möglich, daß Menschen an einer aktiven Teilnahme am Sportgeschehen behindert werden. Wie kann dies geschehen? Menschen verbinden unter Berücksichtigung ihrer persönlichen Fähigkeiten sehr verschiedene Bedürfnisse mit dem Sport. Sollen die verschiedensten Bedürfnisse befriedigt werden, so gelingt dies kaum, wenn gleichsam über eine Sorte Sport, über festgelegte Sportarten also, versucht wird, den vielfältigsten Interessen gerecht zu werden. Da es um die Befriedigung menschlicher Bedürfnisse beim Sporttreiben geht, können nicht diese dem Sport angepaßt werden, sondern der Sport muß so gestaltet werden, daß er möglichst optimal eine Bedürfnisbefriedigung zuläßt. Das heißt aber: Die Regeln des Sports müssen oftmals verändert werden. Am Strand spielt man deshalb barfuß mit gemischt-geschlechtlichen Mannschaften, die Abseitsregel ist außer Kraft; jüngere Schüler müssen im

Sportunterricht die Schritteregel beim Handball nicht einhalten, und im Basketball wird als Punkt gewertet, wenn der Ring des Korbes berührt wird.

Erinnern Sie sich an Situationen (z. B. an ein Volleyballspiel im Urlaub am Strand), in denen Partner aufgrund der Regeln vom gemeinsamen Sporttreiben ausgeschlossen wurden? Wäre in diesen Situationen mittels einer Regeländerung eine Teilnahme möglich gewesen, oder haben zusätzliche Faktoren die Teilnahme der Partner verhindert? Welcher Zusammenhang besteht zwischen diesen zusätzlichen Faktoren und Regeln?

Die eben genannten Varianten sind deshalb möglich, weil Regeln prinzipiell von Menschen für Menschen gemacht sind und deshalb auch von diesen wieder verändert, ja abgeschafft werden können. Regeln sind also willkürlich, und zwar nicht in jenem Sinne, daß sie tatsächlich gewählt worden sind, sondern weil stets die Möglichkeit besteht, sie aufzuheben und durch andere zu ersetzen. Statt des Wortes ‹Regel› kann man die Worte ‹Übereinkunft›, ‹Konvention› oder ‹Abmachung› gebrauchen. Regeln sind also keineswegs unumstößlich gültig. Vielmehr gewinnt das Regelbefolgen seinen Sinn, wenn das Verstoßen gegen Regeln möglich ist.

Die Mitglieder der gemischten Übungsmannschaft eines Sportvereins spielen nicht nur zum Abschluß eines Übungsabends gern Fußball. Die Gemeinschaft teilt sich dabei in zwei Mannschaften (manchmal spielen acht gegen acht, meist sind es aber weniger Spieler in einer Mannschaft). Der Übungsleiter spielt selbstverständlich mit. Da in einer Halle gespielt wird, spielt die Gruppe mit ‹Bande›, die Abseitsregel hat keine Gültigkeit, wenn mit Auswechselspielern gespielt wird, darf ‹fliegend› ausgewechselt werden etc.
Wodurch unterscheiden sich die Spielregeln dieser Freizeitgruppe von den Fußballregeln, nach denen Samstag nachmittags in der Bundesliga oder in einer C-Klasse Fußball gespielt wird?
Was könnten die Gründe der Gruppe gewesen sein, Fußball nach veränderten Regeln zu spielen? Versuchen Sie die Gründe nach folgenden Kriterien zu systematisieren: «altersbedingt», «geschlechtsbedingt», «interessenbedingt» ... Mit gutem Grund und mit unser aller Einverständnis darf die Gruppe behaupten, daß sie trotz der Regeländerungen Fußball spielt. Warum kann sie das, und warum hat sie unser Einverständnis? Gibt es Regeln, die nicht verändert werden dürfen, will man ernsthaft das veränderte Spiel noch Fußball nennen? Notieren Sie diese Regeln.

Von kreisenden Planeten oder fallenden Steinen nehmen wir zu Recht an, daß sie keine Fehler machen; denn bei gesetzmäßigem Geschehen kann es gemäß dem Status von Gesetzen keine Abweichung geben. Wenn eine Diskrepanz zwischen Naturgeschehen und Gesetz eintritt, muß die dem Geschehen unterstellte Gesetzmäßigkeit geändert werden. Die Geschichte der Naturwissenschaften ist reich an derartigen Gesetzesänderungen.

Wodurch unterscheiden sich juristische Gesetze von unserem Gesetzesbegriff der Natur?
Inwiefern sind Naturgesetze für den Sport bedeutsam?
Was haben juristische Gesetze mit den Regeln des Sports gemein?

Sportregeln, die unser Handeln im Sport betreffen, unterscheiden sich hingegen von solchen Naturgesetzen wesentlich. Einmal wird Sport durch das Bestehen von Regeln erst möglich: Es ist notwendig, daß im Sport Handelnde über bestimmte Regeln verfügen, die intersubjektiv gültig sind. Daneben haben wir aber auch gesehen, daß die Möglichkeit der Abweichung von einer Regel konstitutiv für den Begriff der sozialen Regel ist. Im Gegensatz zu den Gesetzmäßigkeiten der Natur, die als unveränderlich anzusehen sind, sind Regeln somit prinzipiell veränderbar. Über Abweichungen lassen sich Regeln verändern (vgl. M 31, Seite 75 ff). Und durch wiederholte Abweichungen kann sich bei intersubjektiver Anerkennung eine neue Regel bilden, das heißt, es kann sich neuer Sport bilden. Nur weil die Sportregeln diese Eigenschaft besitzen, war es zum Beispiel möglich, daß das Fußballspiel sich über viele Stationen zu jenem Spiel hat entwickeln können, wie wir es heute kennen und schätzen. Das heißt aber auch, daß Fußball morgen nicht so gespielt werden muß, wie wir es heute für sinnvoll halten, und daß heute Partner anders Fußball spielen können, wenn sie sich darüber geeinigt haben.

Wie können neue Naturgesetze entstehen?
Wie entstehen neue Regeln?
Wie entstehen neue juristische Gesetze?
Nennen Sie eine neue Regel, die durch wiederholtes Abweichen von einer alten entstanden ist.

Ärger hatte Nehemiah auch mit dem Kubaner Alejandro Casanas, dessen Weltrekord von 13,21 Sekunden er in diesem Jahr zweimal (13,16 und 13,00) verbessert hat. „Ich kann nicht verstehen, daß er es immer wieder versucht", erklärte Nehemiah zu dem Versuch des Kubaners, sich durch einen Fehlstart Vorteile zu verschaffen. „Schon bei meinem Weltrekord von Los Angeles hat er einen Fehlstart gemacht. Er versucht es immer wieder und hofft, daß man es ihm durchgehen läßt, wie in Los Angeles." Der Kubaner wurde nach zwei Fehlstarts disqualifiziert, auf Proteste des Publikums wieder zugelassen, verzichtete jedoch.

M 20 (*FAZ*, 14. Mai 1979)

Inwiefern werden in M 20 eine Regelveränderung und ein Regelverstoß beschrieben? Könnte die veränderte Sportregel als neue Regel der Leichtathletik akzeptiert werden?

Diese Unterschiede zwischen den Naturgesetzen und Regeln werden freilich nur selten gesehen, was häufig dazu geführt hat, daß durch Regeln festgelegte Bereiche unserer Gesellschaft den Anschein erwecken, als seien es Naturgesetze, die unser menschliches Handeln ein für allemal festgelegt hätten. Da diese Annahme häufig auch im Sport und von Sportlern gemacht wird, ist es besonders wichtig, daß man den Irrtum offenlegt, der dieser Annahme zugrunde liegt.

Erinnern Sie sich an Situationen, in denen Sie oder Ihre Partner auf angeblich naturgesetzlich bedingte Tatbestände verweisen, obgleich es sich um von Menschen geregelte Dinge handelt.

Regeln im Sport zeichnen sich wie die übrigen Regeln oft in gefährlicher Weise dadurch aus, daß sie als etwas Selbstverständliches empfunden werden. Wenn ich an eine Tafel die Zahlen 1 3 5 7 schreibe und meine Partner frage, wie diese Reihe fortzusetzen sei, so werden meine der elementaren Arithmetik kundigen Partner die Reihe vermutlich durch die Zahlen 9 11 13 15 etc. fortsetzen. Von der Regel, die sie dabei verfolgen, wird angenommen, daß diese so selbstverständlich ist, wie es für mich selbstverständlich ist, eine bestimmte Farbe blau und nicht rot zu nennen.

Wie könnte die obengenannte Reihe unregelmäßig fortgeführt werden? Nach welchen anderen als der vorgegebenen Regel könnte die Reihe auch fortgeführt werden? Wie viele Möglichkeiten der regelhaften Fortführung der Reihe gibt es? Gibt es diese Möglichkeiten auch im Sport?

Dieses Merkmal der Selbstverständlichkeit findet sich nicht nur im Zusammenhang von mathematischen Formen oder Sprachregeln, es gilt für alle Fälle des Befolgens von Regeln: Geht der Ball ins Aus, so ist es eine Selbstverständlichkeit, daß der Gegner jener Mannschaft den Ball einwirft, die den Ball ins Aus gespielt hat; daß das Gegenteil ebenfalls selbstverständlich (allerdings nicht immer sinnvoll) sein könnte, ist jedoch offensichtlich.

Überlegen Sie sich fünf weitere Möglichkeiten, wie «Ball im Aus» im Fußball auch geregelt sein könnte. Wägen Sie Ihre Möglichkeiten mit den offiziellen Fußballregeln ab. Worin liegt deren Vorteil? Wo liegen die Vorteile Ihrer Möglichkeiten?

Daß Regeln auch im Sport häufig den Charakter von Naturgesetzen haben, hängt mit einem weiteren Merkmal von Regeln zusammen. Man kann nämlich (und tut dies) einer Regel auch unbewußt folgen, das heißt, man kann einer Regel folgen, ohne diese Regel bewußt erläutern zu können. Bewußtes Befolgen einer Regel ist vielmehr eher die Ausnahme.

Überlegen Sie sich Situationen, in denen Sie ganz bewußt einer Regel folgen. Gibt es solche Situationen auch im Sport? Welche Situationen zeichnen sich geradezu aus, daß man in ihnen bewußt handelt? Welche Handlungen üben Sie im Sport aus, ohne daß Ihnen die Regeln bewußt werden, nach denen die Handlungen ausgeführt werden? Gibt es handlungsspezifische Unterschiede des Bewußtheitsgrades?

Deshalb ist es möglich, Fußball zu spielen, ohne selbst in der Lage zu sein, die Regeln dieses Spiels zu beschreiben. Betrachtet man die Regelbestimmungen verschiedener Sportarten in ihrer umfassenden kodifizierten Form, so wird man feststellen, daß kaum ein Sportler sämtliche Regeln seiner Disziplin kennt; dennoch befolgt er beim Ausüben seiner Disziplin die Gesamtheit der Regeln.

Ist es möglich, Fußball zu spielen, ohne die Regeln des Spiels zu kennen?
Ist es möglich, Fußball zu spielen, ohne die Regeln des Spiels beschreiben zu können?
Ist es möglich, ein Fußballspiel als Schiedsrichter zu leiten, ohne selbst die Regeln des Spiels beschreiben zu können?
Welche Regeln müßte man Ihrer Ansicht nach kennen, wenn man mit anderen in einer Mannschaft Fußball spielen möchte?
Übertragen Sie diese Fragen auf andere Sportdisziplinen, und prüfen Sie, ob Ihre Antworten dieselben geblieben sind.

Nachdem wir eine Reihe von Merkmalen kennengelernt haben, die Regeln im allgemeinen und Sportregeln im besonderen auszeichnen, können wir unsere Suche nach einer Antwort auf die Frage, was Regeln sind, vorläufig beenden, nicht ohne noch einmal in Kürze unsere Antwort zusammenzufassen.

So gilt es festzuhalten:

- Regeln beruhen auf Konventionen von Menschen, sie sind nicht angeboren und können somit erlernt werden; sie regulieren unser Handeln und setzen fest, was unterlassen und was ausgeführt werden darf. Üblicherweise folgen wir bei unserem Handeln unbewußt Regeln; das Abweichen von Regeln ist möglich, und somit ist die Veränderbarkeit von Regeln deren herausragendes Merkmal. Wir halten ferner fest, daß kollektive Verstöße gegen Regeln neue Regeln konstituieren können.

Zur Wiederholung:
Nennen Sie vier Merkmale, mit denen sich die Regeln unseres Handelns im Sport im Gegensatz zu den Naturgesetzen charakterisieren lassen.

Berücksichtigte, einführende und weiterführende Literatur

Arbeitsgruppe Bielefelder Soziologen (Hrsg.): Alltagswissen, Interaktion und gesellschaftliche Wirklichkeit. 2 Bde. Reinbek bei Hamburg 1973.

Digel, H.: Möglichkeiten zur Erweiterung der kommunikativen Kompetenz im und durch Sport. In: Zeitschrift für Sportpädagogik 1 (1977) 2, 148–169.

ders.: Kommunikation und kommunikative Kompetenz. Bemerkungen zur Theoriebildung im Sport. In: Sportwissenschaft 7 (1977) 2, 115–138.

Heringer, H. J.: Seminar: Der Regelbegriff in der praktischen Semantik. Frankfurt 1974.

Kummer, Max: Spielregel und Rechtsregel. Bern 1973.

Lübbe, H.: Sind Normen methodisch begründbar? Rekonstruktion der Antwort Max Webers. In: Oelmüller, W. (Hg.), Transzendentalphilosophische Normenbegründungen. Paderborn 1978, S. 27–37.

Searle, J. R.: Sprechakte. Ein sprachphilosophischer Essay. Frankfurt 1971.

Waismann, F.: Logik, Sprache, Philosophie. Stuttgart 1976.

Wehlen, R.: DUDEN. Wortschatz und Regeln des Sports. Ballspiel. Mannheim 1972.

Wenzlaff, F.: Taktische Auswirkungen der Regeln 11 und 12. In: Der Fußballtrainer 25 (1974) 5, 25.

White, Jess R. (ed.): Sports Rules Encyclopedia. The official Rules for 38 Sports and Games. Palo Alto 1961.

Winch, P.: Die Idee der Sozialwissenschaft und ihr Verhältnis zur Philosophie. Frankfurt 1966.

Wittgenstein, L.: Philosophische Untersuchungen. Frankfurt 1971.

T 6: Regeltypen im Sport

Haben wir im ersten Arbeitsthema eine Antwort auf die Frage gesucht, was allen sportlichen Regeln gemein ist, so wollen wir im zweiten Teil unsere Aufmerksamkeit auf die Unterschiede richten, die die zahllosen Regeln des Sports aufweisen. Einen ersten Einblick in die Regelvielfalt soll uns dabei M 21 geben.

Regelbeispiele V

Die Teilnehmer eines Spiels werden als «Spieler» oder «Spielerinnen» bezeichnet (Badminton).

Der Aufschlagspieler soll erst dann den Federball aufschlagen, wenn sein Gegner bereit ist. Der Gegner ist als bereit anzusehen, wenn von ihm der Rückschlag des Aufschlagballes versucht wird (Badminton).

Unter «Dopen» versteht man die Anwendung von Drogen mit der Absicht, durch deren Wirkung auf Muskeln oder Nerven eine Leistungssteigerung zu erzielen oder Ermüdungserscheinungen zu verhindern.

Die Verwendung solcher Drogen ist untersagt, nicht allein aus moralischen Gründen, sondern auch wegen ihrer gesundheitsschädigenden Wirkung (Leichtathletik).

Bei allen Wettkämpfen muß der Teilnehmer saubere Sportkleidung tragen, die in Schnitt und Sitz nicht anstößig wirken darf. Sie muß aus einem Material angefertigt sein, das selbst in feuchtem Zustand nicht durchsichtig ist (Leichtathletik).

Schrittmacherdienste sind nicht statthaft. Ebenso ist das Führen eines Läufers nach einer absichtlich herbeigeführten Überrundung unzulässig (Leichtathletik).

Das Reißen von Hürden bedingt keine Disqualifikation und verhindert nicht die Anerkennung von Rekorden (Leichtathletik).

Im Doppelspiel dürfen sich die Spieler beliebig in der Aufgabe abwechseln (Ringtennis).

Wenn im Wettkampf am Barren und am Boden der oder einer der C-Teile nicht den schwunghaften C-Teilen angehört, ist der Abzug 0,2 (Gerätturnen).

Ein Korb ist erzielt, wenn ein lebender Ball von oben in den Korb geht und darin verbleibt oder durchfällt (Basketball).

Ein Slalom ist ein Rennen, in welchem die Wettkämpfer einer durch Flaggenpaare (Tore) bestimmten Strecke zu folgen haben (Skilauf).

Für die Torrichter soll das Prinzip gelten: Es ist besser, ein Fehler bleibt unbestraft, als daß unrichtig bestraft wird (Skilauf).

Ein Handballspieler darf keine finanziellen Entschädigungen oder materiellen Vorteile durch die Ausübung des Handballsports erhalten (Handball).

Es ist erlaubt, Arme und Hände zu benutzen, um in den Besitz des Balles zu gelangen (Handball).

Es ist dem Torwart verboten, den Torraum mit dem unter Kontrolle gebrachten Ball zu verlassen (Handball).

Jeder Spieler soll die Spielregeln kennen und befolgen (Volleyball).

Bei Temperaturen unter 10° C darf nicht gespielt werden (Volleyball).

Das Netz ist 1 m hoch und 9,50 m lang. Seine Maschen bilden Quadrate von 10 x 10 cm und müssen senkrecht hängen. Die Netzoberkante wird von einem 5 cm breiten, doppelt gelegten weißen Leinenstreifen gebildet, durch den ein Stahlseil zum Spannen des Netzes läuft (Volleyball).

M 21

Die Regeln in M 21 beziehen sich auf verschiedene Sportarten. Was wird durch die Regeln in den jeweiligen Sportarten geregelt? Welche Regeln scheinen sportartspezifisch zu sein, welche könnten auch in anderen Sportdisziplinen gelten? Regeln können ‹offen› oder ‹geschlossen› sein. Versuchen Sie, die Regelbeispiele diesen beiden Typen zuzuordnen. Gibt es Sportdisziplinen, die sich durch Offenheit bzw. Geschlossenheit ihrer Regeln auszeichnen?

Bei unserer Suche nach einer Antwort auf die Frage, was Regeln sind, haben wir u. a. erfahren, daß sich in jeder sportlichen Disziplin *geschriebene*, sogenannte kodifizierte, von *ungeschriebenen* Regeln unterscheiden lassen. Die geschriebenen Regeln legen gemeinhin das fest, was wir zum Beispiel unter einem Basketballspiel verstehen, sie konstituieren die Sportarten. Man kann sie deshalb auch als *konstitutive Regeln* bezeichnen.
Diese Regeln bilden die Grundlage für das Ausüben der Sportarten, und sie sind der zentrale Bezugspunkt für all das, was wir in einer Sportart trainieren und was uns an praktischen Möglichkeiten beim Ausüben einer Sportart offengehalten wird. Dies deutet darauf hin, daß die konstitutiven Regeln jedoch keineswegs unser Handeln im Sport gleichsam ‹geschlossen› festlegen. Vielmehr konstituieren sie eine Sportart immer nur teilweise; doch fehlten sie, wäre zum Beispiel das Basketballspiel nicht das, was wir unter diesem Spiel verstehen.

Nicht alles, was sich im Basketball ereignet, ist durch kodifizierte Regeln festgelegt. Ereignet sich das Nichtkodifizierte zufällig oder geregelt?
Nennen Sie drei wichtige ungeschriebene Regeln, denen Sie in Ihrem Basketballspiel folgen.

Die konstitutiven Regeln tun dies insofern nur teilweise, als die Kodifizierung einer Sportart noch vieles offenläßt, was sich aber dennoch in dieser Sportart ereignet. So wird z. B. im Basketballspiel nicht festgelegt, wie hoch oder wie tief der Ball gedribbelt werden muß, ob der Ball mit der linken oder rechten Hand zu werfen oder in welcher Weise der Arm beim Hakenwurf zu führen ist. Jede Sportart hat offensichtlich eine prinzipielle Offenheit, die auch die rigideste Kodifizierung (wie etwa die in der Pflicht im Eiskunstlauf oder im Turnen) nicht beseitigen kann.
Dies ist gut so, denn darin liegt der besondere Reiz der Sportarten. Es gibt in ihnen immer unterschiedliche Wege zum Bewegungs- oder Spielziel, und der Athlet kann dabei den verschiedensten Taktiken folgen.
Die Offenheit des Basketballs weist uns darauf hin, daß es in allen Sportarten Taktiken gibt, die letzlich aus den konstitutiven Regeln resultieren. Das taktische Handeln in diesen Sportarten ist jedoch keineswegs regellos; vielmehr folgen wir bei solchem Handeln jenen Regeln, die festlegen, was man unter Einhaltung der konstitutiven Regeln (z. B.) im Basketball als Spieler bzw. als Mannschaft tun darf, soll oder kann. Solche Regeln sind als ungeschriebene Regeln gleichsam ‹variabel› gegenüber den eher ‹invariablen› konstitutiven Regeln. Da sie taktische Strategien bewirken, sollen sie für unsere weitere Arbeit als *strategische Regeln* bezeichnet werden. Akzeptieren wir diese Festlegung, so können wir unter ‹Taktik› das in einen Plan mündende Regelinterpretationsverfahren verstehen, das den am Sport Beteiligten auf der Basis der konstitutiven Regeln prinzipiell offensteht. Die

Vielfalt der taktischen Möglichkeiten in einer Sportart wird durch deren konstitutive Regeln festgelegt. Je offener die Regeln einer Sportart sind, desto umfassender sind die taktischen Möglichkeiten.

Vergleichen Sie die Regeln des Schwimmens mit denen der Leichtathletik und der Sportspiele in bezug auf ihre Offenheit. Welche taktischen Möglichkeiten eröffnen sich für die Athleten in diesen Sportarten? Inwiefern deuten diese Möglichkeiten auf die pädagogische Potenz der Sportarten hin?

Die strategischen Regeln des Sports werden meist allein entwickelt oder gemeinsam mit Wettkampfpartnern und mit Trainern unter Ausnutzung der Handlungsspielräume, die durch die konstitutiven Regeln eröffnet werden, informell vereinbart und in situativer Abhängigkeit angewendet.

Versuchen Sie einige der strategischen Regeln zu beschreiben, nach denen Sie handeln, um ein Spiel zu gewinnen.
Nennen Sie Beispiele für strategische Regeln für die Sportarten Badminton, Schwimmen, Gewichtheben und Hochsprung.

Im Wettkampfsport versucht man, seine strategischen Regelmuster gegenüber dem Gegner geheimzuhalten, was im Handball zum Beispiel dazu geführt hat, daß man diese Muster, einer Geheimsprache gleich, chiffriert. Diese Absicht hat aber dennoch nicht verhindern können, daß manche dieser strategischen Regeln sich aufgrund ihrer Eignung zu taktischen Rezepten verdichtet haben, die in Trainings- und Methodikbüchern als feste Lehrmuster vorliegen. Dies gilt etwa für die Taktik des Fosbury-Flop als optimales Lösungsmuster für die in den Hochsprungregeln vorgegebenen Wettkampfaufgaben (die individuelle Wahl der Technik kann also als ein taktisches Instrument verstanden werden). Im Handball haben sich auf diese Weise verschiedene Abwehrmuster (6:0, 5:1, 4:2) standardisiert, und im Fußball spricht man deshalb vom WM-System, vom 4-2-4-System oder vom Catenaccio. Diese Beispiele weisen auf eine Gefahr des Wettkampfsports hin. Strategische Regeln werden hier zunehmend zu konstitutiven Regeln und verlieren ihre Variabilität; der Sport selbst aber verliert dadurch jenen besonderen Reiz, den er durch seine strategischen Elemente besitzt.

Nennen Sie eine Sportart, in der die strategischen Regeln nahezu invariant geworden sind. Wodurch könnte die dadurch bestehende Gefahr beseitigt werden? Inwiefern müssen dabei die konstitutiven Regeln zu variablen werden?

Die bislang vorgenommene Unterscheidung zwischen konstitutiven und strategischen Regeln ist noch sehr grobmaschig, und die Regelbeschreibungen in T 5 haben uns bereits gezeigt, daß sich die Regeln auch noch dadurch

unterscheiden lassen, daß man nach dem ‹Thema› fragt, das mittels einer Regel festgelegt werden soll.
Betrachten wir unter diesem Gesichtspunkt die Regeln der verschiedenen Sportarten, so läßt sich eine Regelunterscheidung finden, wie sie in M 22 gezeigt wird.

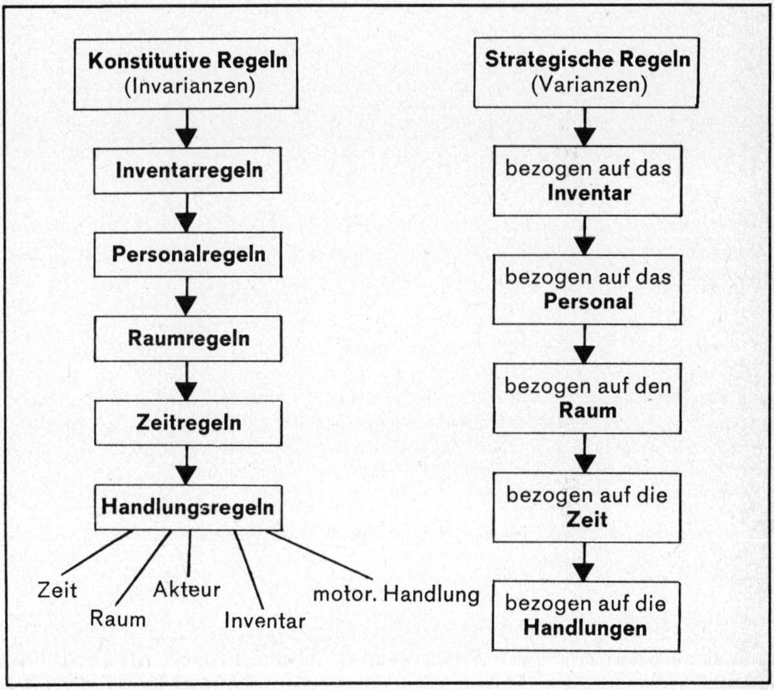

M 22 (Digel 1980, S. 320)

Versuchen Sie, zu jedem der obenstehenden Regeltypen ein Beispiel aus dem Fußball, aus der Leichtathletik und aus dem Schwimmen zu finden. In welchen Disziplinen stoßen Sie auf Zuordnungsschwierigkeiten? Warum?

Innerhalb unserer herausgearbeiteten Grundtypen (konstitutiv/strategisch) lassen sich, wie M 22 zeigt, verschiedene Untertypen unterscheiden. Sie sollen im folgenden mit jeweils einem Beispiel aus den offiziellen Regeln bzw. aus dem variablen ungeschriebenen strategischen Regelrepertoire erläutert werden.

Konstitutive Regeln

Die konstitutiven Regeln lassen sich in den kodifizierten Regeltexten der einzelnen Sportarten finden. Die Systematik der Untertypen ist durch eine vergleichende Beobachtung verschiedener Regeltexte der unterschiedlichsten Sportarten entstanden.

– Inventarregeln: «Jedes der beiden Spielbretter soll aus 3 cm starkem Hartholz oder aus einem geeigneten durchsichtigen Material aus einem Stück gefertigt sein.»

Nennen Sie weitere Inventarregeln aus dem Basketballspiel. Wodurch unterscheiden sich die Inventarregeln innerhalb des Basketballspiels? Wodurch unterscheiden sich die Inventarregeln von Basketball im Vergleich zu Handball, Volleyball, Leichtathletik und Schwimmen?

– Zeitregeln: «Das Spiel besteht aus zwei Halbzeiten von je 20 Minuten effektiver Spieldauer mit einer Pause von 10 Minuten zwischen den Halbzeiten.»

Neben dieser Zeitregel, die sich auf die Spielzeit bezieht, gibt es noch weitere Zeitregeln im Basketball (vgl. Handlungsregeln bezogen auf die Zeit). Wodurch unterscheiden sich diese Regeln? Wodurch unterscheiden sich die Zeitregeln des Basketballs von denen des Fußballs, Volleyballs, der Leichtathletik? Warum gibt es im Volleyball keine Spielzeitregel? Welcher Zusammenhang besteht zwischen der Spielzeitregel und den Handlungsregeln?

– Raumregeln: «Das Spielbrett ist rechteckig und hat die Maße 1,20 × 1,80 m.»

Auf welche Räume beziehen sich die Raumregeln des Basketballs? In welchen Sportdisziplinen gibt es ähnliche Raumregeln? Welche Raumregeln sind basketballspezifisch?

– Personalregeln: «Jede Mannschaft besteht aus fünf Spielern, von denen einer Kapitän ist.»

Welcher Zusammenhang besteht zwischen Personalregeln und Raumregeln im Basketball? Wodurch unterscheidet sich dieser Zusammenhang im Basketball von denen im Handball, Volleyball, Schwimmen, Leichtathletik?

– Handlungsregeln: Die Handlungsregeln werden meist durch die Inventar-, Zeit-, Raum- und Personalregeln bedingt bzw. beziehen sich auf eine oder mehrere dieser Regeln.

Welcher Zusammenhang besteht zwischen den Inventarregeln und den im Sport handelnden Personen? Welcher Zusammenhang besteht zwischen Inventar und Alter bzw. zwischen Inventar und Geschlecht? Wodurch unterscheiden sich in diesem Zusammenhang die verschiedenen Sportarten?

– Handlungsregeln bezogen auf die Akteure: «Ein Spieler darf nicht halten, stoßen, rempeln, beinstellen.»

Welche Handlungen gibt es im Basketball? Welche dieser Handlungen gibt es auch in anderen Sportspielen? Welche sportlichen Handlungen sind im Basketball nicht erlaubt? Wodurch unterscheidet sich die Regulierung der motorischen Handlungen im Basketball von denen im Fußball, Gerätturnen, Schwimmen?

– Handlungsregeln bezogen auf die motorischen Handlungen: «Ein Dribbling erfolgt, wenn ein Spieler, der die Kontrolle über den Ball erlangt hat, den Ball durch Werfen, Schlagen, Auftippen oder Rollen treibt und ihn wieder berührt, ehe der Ball einen anderen Spieler berührt.»

Beschreiben Sie die Regeln für die Handlungen des Brustschwimmens, des Hochsprungs und des Aufschlags beim Tischtennis. Gibt es Unterschiede im Bereich der Regeln, die sich auf die Ausführungen der motorischen Handlungen beziehen?

– Handlungsregeln bezogen auf die Zeit: «Ein Spieler darf nicht länger als drei Sekunden in dem Teil der begrenzten Zone des Gegners zwischen der Endlinie und der entfernten Kante der Freiwurflinie bleiben, während der Ball in der Kontrolle seiner Mannschaft ist.»

Gibt es Disziplinen, in denen der Zeitaspekt einer sportlichen Handlung nicht geregelt ist?

– Handlungsregeln bezogen auf den Raum: «Ein Spieler ist im Aus, wenn er den Boden auf oder außerhalb der Grenzlinien berührt.»

Gibt es Disziplinen, in denen der Raumaspekt einer sportlichen Handlung nicht geregelt ist?

– Handlungsregeln bezogen auf das Inventar: «Im Basketball wird der Ball mit den Händen gespielt.»

Gibt es Disziplinen, in denen Handlungsregeln auf das Inventar bezogen fehlen? Vergewissern Sie sich bei Ihrer Antwort durch eine Wiederholung der Aufgaben in T 3.

Strategische Regeln
Die strategischen Regeln in den verschiedenen Sportdisziplinen lassen sich an den jeweils verschiedenen taktischen Maßnahmen der Trainer, der Einzelspieler und Mannschaften beobachten. Sie stehen in engem Zusammenhang zu den konstitutiven Regeln. Man könnte auch sagen, daß durch sie die Spielräume ausgeschöpft werden, die durch die konstitutiven Regeln offengelassen sind.

M 23 (*Der Fußballtrainer*, 5/1974, S. 25)

Taktische Auswirkungen der Regel 11
Von Verbandssportlehrer Friedhelm Wenzlaff

Die Regel 11 bietet dem Angriff und auch der Abwehr taktische Möglichkeiten, die aber leider von vielen Mannschaften nicht genutzt werden. Entweder handelt es sich dabei um Regelunkenntnis oder um ein schwaches taktisches Denkvermögen und Spielverhalten der Aktiven.
Beim Einwurf ist die Abseitsregel aufgehoben. Eine kluge Angriffsreihe wird daraus in den meisten Fällen einen taktischen Vorteil ziehen. Durch eine schnelle Ausführung des Einwurfes und gedankliche Mitarbeit aller Angreifer ist die Möglichkeit gegeben, die gegnerische Abwehr zu überlisten und einen Treffer zu landen.
Auch beim Abstoß ist das Abseits aufgehoben, was für eine Mannschaft, die über schnelle Sturmspitzen und einen schlagkräftigen Torwart bzw. Abwehrspieler verfügt, ein unbedingter Vorteil ist.
Andererseits kann die Abseitsregel einer gelungenen Kombination Grenzen setzen, wenn der Mann am Ball erkennt, daß er das Leder nicht weiterleiten kann, weil sein Mitspieler, den er anspielen wollte, im Abseits steht. Jetzt hilft meistens nur ein Dribbling, um die Abseitsstellung des Mitspielers aufzuheben.
Es wird sich nie verhindern lassen, daß selbst die aufmerksamsten Stürmer einmal ins Abseits laufen. Durch schnelles Handeln können sie sich aber dieser Abseitsstellung entziehen, wenn sie entweder über die Torlinie das Spielfeld verlassen oder dem Schiedsrichter anzeigen, daß sie sich durch passives Verhalten nicht am Angriffsspiel beteiligen. Schon oft hat diese Maßnahme den Stürmerkameraden eine torreife Situation erhalten.
Für Angriff und Abwehr ist es gleichermaßen wichtig, daß gleiche Höhe schon Abseits bedeutet. Dementsprechend wird z. B. beim gegnerischen Freistoß in Tornähe die eigene Abwehr ihre Mauer gerade und nicht schräg errichten. Die übrigen Deckungsspieler neben der Mauer markieren ihre Leute so, daß sie auf gleicher Höhe mit der Mauer stehen. Dagegen achten die angreifenden Stürmer darauf, daß sie nicht hinter bzw. auf Höhe der Mauer, sondern davor postiert sind.
Die Abseitsfalle ist für eine clevere Abwehr eine starke Waffe. Das vorsätzliche Abseitsstellen der gegnerischen Stürmer erfordert jedoch größte Aufmerksamkeit und setzt viel taktische Erfahrung voraus. Wehe, wenn die Abseitsfalle zu spät schließt. Schnell kombinierende Stürmer werden die sich daraus ergebenden Chancen kaum ungenutzt lassen.

In M 23 werden taktische Möglichkeiten erörtert, die sich im Fußball durch die Abseitsregel eröffnen. Versuchen Sie, die Vorschläge von WENZLAFF in fünf strategische Regelempfehlungen zusammenzufassen.
Welche Gefahr ist zu erkennen, wenn strategische Regeln auf diese Weise kodifiziert werden?

Systematisch lassen sich die strategischen Regeln in gleicher Weise wie die konstitutiven Regeln unterscheiden.

- Strategische Regeln bezogen auf die Akteure: «Lasse deinen Gegenspieler nie aus den Augen.»
- Strategische Regeln bezogen auf motorische Handlungen: «Bei einem großen Gegenspieler erleichtert das tiefe Dribbling das Umspielen.»
- Strategische Regeln bezogen auf die Zeit: «Spielt man in Führung liegend auf Zeit, so wirft man jeweils kurz vor Ablauf der Dreißig-Sekunden-Spanne, in der ein Korbwurfversuch ausgeführt werden muß.»
- Strategische Regeln bezogen auf den Raum: «Zur Abschirmung des zu verteidigenden Freiwurfraumes ist eine 2-1-2-Zonenaufstellung hilfreich.»
- Strategische Regeln bezogen auf das Inventar: «Um beim Werfen sicher den Ball führen und kontrollieren zu können, benützt man beide Hände.»

Nennen Sie vier strategische Regeln von Sportdisziplinen, die im Basketball aufgrund der konstitutiven Regeln des Spiels ausgeschlossen sind.
Inwiefern sind Regelverstöße Handlungen nach strategischen Regeln? Welche Foulregeln haben ihre intendierte Bedeutung dadurch verloren, daß sie positiver Ausgangspunkt für das strategische Handeln der bestraften Mannschaft werden?

Wie die angeführten Beispiele bereits deutlich gemacht haben, sind die vorgenommenen Regeltypenunterscheidungen ebenfalls analytisch möglich. In der Sportpraxis werden im Grunde immer gleichzeitig mehrere strategische Regeln befolgt, und alle konstitutiven Regeln haben zu jedem Zeitpunkt eines Wettkampfspiels ihre Gültigkeit und beeinflussen das Handeln der Spieler. Will man jedoch Probleme bei der Ausübung einer Sportart analysieren, will man Sportarten verändern oder hat man die Absicht, eine neue Sportart zu kreieren, so ist die analytische Trennung der Sportregeln hilfreich, und die Regeltypik kann dann zu einem geeigneten Arbeitsinstrument werden. In den Arbeitsthemen T 7 und T 13 soll dies beispielhaft noch gezeigt werden.

Zur Selbstkontrolle:
Welche Regeln bedingen die Kooperation in den Sportarten?
Welche Regeln bedingen die Konkurrenz, den Wettkampf?

Berücksichtigte, einführende und weiterführende Literatur

Arbeitsgruppe Bielefelder Soziologen (Hrsg.): Alltagswissen, Interaktion und gesellschaftliche Wirklichkeit. 2 Bde. Reinbek bei Hamburg 1973.
Digel, H.: Möglichkeiten zur Erweiterung der kommunikativen Kompetenz im und durch Sport. In: Zeitschrift für Sportpädagogik 1 (1977) 2, 148–169.
ders.: Kommunikation und kommunikative Kompetenz. Bemerkungen zur Theoriebildung im Sport. In: Sportwissenschaft 7 (1977) 2, 115–138.
ders.: Regeln im Sport. In: Grupe, O. (Hrsg.): Sport. Theorie in der gymnasialen Oberstufe. Schorndorf 1980, S. 303–350.
Heringer, H. J.: Seminar: Der Regelbegriff in der praktischen Semantik. Frankfurt 1974.
Kummer, M.: Spielregel und Rechtsregel. Bern 1973.
Searle, J. R.: Sprechakte. Ein sprachphilosophischer Essay. Frankfurt 1971.
Wehlen, R.: DUDEN. Wortschatz und Regeln des Sports. Ballspiel. Mannheim 1972.
Wenzlaff, F.: Taktische Auswirkungen der Regeln 11 und 12. In: Der Fußballtrainer 25 (1974) 5, 25.
White, Jess R. (ed.): Sports Rules Encyclopedia. The official Rules for 38 Sports and Games. Palo Alto 1961.
Winch, P.: Die Idee der Sozialwissenschaft und ihr Verhältnis zur Philosophie. Frankfurt 1966.
Wittgenstein, L.: Philosophische Untersuchungen. Frankfurt 1971.

T 7: Möglichkeiten des Regelerkennens

«Eine fremde Lebensweise ernsthaft zu studieren heißt notwendigerweise, unsere eigene zu erweitern trachten und nicht einfach die fremde Lebensweise in die bereits bestehenden Grenzen unserer eigenen zu integrieren ... Unsere Regeln und Konventionen sind ebensowenig wie die irgendeiner anderen Gesellschaft vor der Gefahr geschützt, sinnlos zu sein oder es zu werden» (Peter Winch).

Erinnern wir uns an die einleitenden Ausführungen zu diesem Buch. Wir hatten uns für kurze Zeit in die Rolle eines Erdengastes zu versetzen, der zum erstenmal Erscheinungsformen des Sports zu Gesicht bekommt und zu ergründen sucht, was das Gemeinsame all jener Phänomene ist, denen wir den Namen ‹Sport› gegeben haben. Um die Themenfrage dieses Kapitels beantworten zu können, wollen wir uns solchen Sportarten zuwenden, die hier weitgehend unbekannt sind, und anhand solcher Sportarten fragen, wie man deren Regeln herausfinden kann.

Worauf gründet sich Ihre Annahme, daß Spieler, die im Fernsehen Fußball spielen, nach den Ihnen bekannten Fußballregeln spielen?

M 24 In Breughels Werk «Die Kinderspiele» aus dem Jahre 1560 läßt sich eine Vielzahl verschiedener Bewegungsspiele erkennen. Welche Spiele kennen Sie? Was veranlaßt Sie zu der Annahme, daß das Gezeigte auf Spiele verweist, die nach Regeln gespielt werden?

Welche Sportarten sind uns unbekannt? Wo gibt es Spiele, die trotz weltweiter Massenkommunikation uns bislang vorenthalten wurden? Diese Fragen können nicht eindeutig beantwortet werden; auch die im folgenden ausgewählten Beispiele können einigen Lesern bekannt, anderen völlig unbekannt sein. Von einem Spiel schon einmal etwas gehört oder gesehen zu haben bedeutet ja meist nicht exakte Regelkenntnis. Teilkenntnisse sind für unser Vorhaben jedoch kein Nachteil, und so darf angenommen werden, daß die ausgewählten Beispiele einen hohen ‹Unbekanntheitsgrad› besitzen. Sollte dies aber nicht der Fall sein, so hat jeder Leser die Möglichkeit, selbst weitere Beispiele zu suchen.

Sammeln Sie Sportspiele und Wettkampfdisziplinen, die Ihnen namentlich bekannt sind, von denen Sie aber nicht wissen, wie sie gespielt oder ausgeübt werden.
Fragen Sie Ihre Großeltern oder andere ältere Partner nach Spielen, die sie früher gespielt haben, heute aber in Vergessenheit geraten sind.
Gibt es Spiele, die nur in Ihrer Region gespielt werden? Kennen Sie Spiele und Wettkämpfe, die in anderen Regionen populär, bei uns aber weitgehend unbekannt geblieben sind?

Für die Suche bieten sich vor allem Bewegungsspiele und Sportdisziplinen aus der Dritten Welt, aus dem angelsächsischen Raum und medien-vernachlässigte Sportdisziplinen an. Beispiele finden sich in Spielbüchern, in historischen Betrachtungen, in ethnologischen Untersuchungen über Spiel und Sport in afrikanischen, indianischen, aztekischen und germanischen Kulturen. Es gibt aber auch Formen, die eine besondere nationale und regionale Tradition aufweisen. Bewegungsspiele dieser Art finden sich in Bayern, in Friesland, in Österreich, in der Schweiz. Aber auch Frankreich und Spanien haben eine eigenständige Bewegungsspieltradition. Eine dritte geeignete Fundgrube sind längst in Vergessenheit geratene Turnwettkämpfe und Turnspiele, wie sie noch vor einem Jahrhundert in der deutschen Turnbewegung ausgeübt wurden. Dabei ist nicht notwendig, daß Wettkampfdisziplinen ausgewählt werden. Ebensogut können Fang-, Ball- oder Laufspiele verwendet werden, die im Vergleich zu den Wettkampfsportarten meist den Vorteil haben, daß ihr Regelwerk weniger komplex ist, daß das Üben und Trainieren weniger zeitaufwendig ist und somit sehr viel schneller die Regeln am eigenen Leibe erfahren werden können. Der Vorteil der Wettkampfsportarten liegt hingegen darin, daß Vergleiche zu den uns bekannten modernen Sportwettkämpfen eher möglich sind.
Wünschenswert ist lediglich, daß solche Bewegungsspiele ausgewählt werden, die man auch heute noch spielen kann. Erst beim Spielen selbst kann man nämlich die Bedeutung der herausgefundenen Regeln erfahren, und man kann prüfen, ob man die richtigen Regeln des unbekannten Spiels herausgefunden hat.

Unbekannter Sport
Lacrosse, Pelota, Cricket, Barlauf, Trommellauf, Klootschießen, Boßeln, American Handball, Football, Speed Ball, Baseball, Faustball, Ringtennis, Badminton, Rugby, Radball.

M 25

Worauf sollte besonders geachtet werden, wenn man die Regeln einer uns unbekannten Sportdisziplin erkennen will?
Überlegen Sie sich einen Weg, der Ihnen die wichtigsten Regeln zugänglich macht.

Die Fähigkeit, die Regeln einer uns unbekannten Sportdisziplin zu erkennen, kann auch an einer völlig neuartigen, selbstkreierten ‹Sport›-Art geschult werden, wie uns das folgende Beispiel zeigt.
Schüler einer Oberstufenklasse hatten ein Fangspiel erfunden, bei dem folgende Regeln gelten sollten:
- Das Fangspiel wird in einer Hälfte eines Handballfeldes gespielt.
- Ein Fänger hat die Aufgabe, einen Mitspieler durch Handschlag abzuschlagen. Notwendige Bedingung für das Abschlagen ist, daß sich der Fänger auf dieselbe Weise fortbewegt wie jener Spieler, den er abzuschlagen beabsichtigt.
- Den Spielern sind alle denkbaren Fortbewegungsarten (einbeinig, auf allen vieren, mittels Schlußsprüngen, kriechend, rückwärts) und alle Möglichkeiten der Gestik und Mimik gestattet.
- Die Art der Fortbewegung, Gestik und Mimik ist ständig zu wechseln. Eine Fortbewegungsart sollte nicht länger als drei Sekunden beibehalten werden.

Die Erfinder spielten das Spiel ihren Mitschülern vor, ohne diese von den Spielregeln in Kenntnis zu setzen. Deren Aufgabe war es nun, über Beobachtungen und Gruppengespräche die Regeln des Spiels und deren Zusammensetzung zu erschließen. Hatten die Beobachter bei dieser Aufgabe noch relativ schnell und erfolgreich die Regeln des Fangspiels erschlossen, so bereitete das Erkennen und Befolgen von Regeln in einer Variante dieses Spiels zunehmend Schwierigkeiten. Die Beobachtergruppe wurde dabei in drei Gruppen aufgeteilt; die erste Gruppe hatte unter Ausschluß der zweiten und dritten das Fangspiel der Vorführgruppe zu beobachten und deren Regeln zu erschließen. Danach hatte diese Gruppe der zweiten Gruppe das Fangspiel auf der Grundlage ihrer erschlossenen Regeln zu demonstrieren, und in einem dritten Schritt war es die Aufgabe der zweiten Gruppe, dasselbe für die dritte Gruppe zu wiederholen.
Daß sich Fangspiel 1 von Fangspiel 2 und dieses wiederum von Fangspiel 3 unterschieden, dürfte kaum überraschend gewesen sein. Die Bekanntgabe

der originalen Regeln des Fangspiels und deren Diskrepanz zu den erschlossenen Regeln löste allerdings Gelächter aus. Daß die Diskrepanz an der generellen Schwierigkeit des Erkennens von Regeln liegt, wird mit diesem Beispiel deutlich. – Die Frage, wie man als Beobachter prinzipiell Regeln sportlichen Handelns erkennen kann, was man also dabei tun muß, wenn man erfahren will, nach welchen Regeln die Demonstrationsgruppe in ihrer ausgewählten Sportart handelt, ist damit aber nur zum Teil beantwortet. Deshalb wollen wir uns Bildern und Texten zuwenden (vgl. M 26–29), an denen wir unsere Fähigkeit des Regelerkennens erproben können.

Inwiefern lassen sich die Regeln eines Spiels oder sportlichen Wettkampfs über deren Namen erschließen? Welche Disziplinen aus M 26 lassen sich auf diese Weise erschließen? Bei welchen Namen fallen Ihnen keine Regeln ein?

Der Tiefensprung, das Hinken, der Tiefenwurf und Nackziehen sind Übungen, die heute kaum mehr bekannt sind. Erschließen Sie die Regeln der Übungen in M 27 aufgrund ihrer Namen, und prüfen Sie Ihre erschlossenen Regeln mit Übungsbeschreibungen aus jener Zeit.

M 26 (Kohlrausch/Marten 1911)

Inhaltsverzeichnis.

Seite

M 27 (Jahn/Eiselen 1816)

M 28

In M 28 wird eine besondere Spielhandlung eines bestimmten Spiels dargestellt. Nach welcher Regel wird diese Handlung ausgeführt? Welche Handlungen können der gezeigten vorausgehen? Welche können ihr möglicherweise folgen?

Welche Erfahrungen lassen sich an der Suche nach Regeln machen? Was sind unsere Schwierigkeiten bei der Bewältigung der Aufgaben, die sich auf die Bilder und Texte beziehen?

Von welchen Regeln nehmen Sie an, daß sie sich über Beobachtung relativ leicht erschließen lassen? Welche Regeln entziehen sich der Beobachtung?

Einmal kann man feststellen, daß die Fähigkeit des Regelerkennens von der Übungsdauer ebenso abhängt wie von den Regelkenntnissen über andere Sportdisziplinen, die assoziative Schlußfolgerungen ermöglichen. Es hängt aber auch von der individuellen Beobachtungsfähigkeit der einzelnen Beobachter ab. Betrachtet man zum Beispiel Rugby, dessen Regeln vielen nicht bekannt sind, so kann man schon aufgrund einer kurzfristigen Spielbeobachtung anläßlich eines Wettspielbesuchs in der Lage sein, über die mutmaßlichen Regeln, nach denen Rugby gespielt wird, zu sprechen.

M 29 (Entnommen aus: «Spielen ist Spitze». Hrsg. vom DSB, 1979.)

Ein kleines Quiz für Spielfreunde. Wissen Sie auf Anhieb zu welcher der oben abgebildeten typischen Spielbewegungen die in der unteren Reihe zu findenden Geräte passen? Kinderleicht? Oder sind Sie doch im Zweifel zwischen Basket- und Fußball, Squash und Tennis, Kegel- und Billardkugel? Auflösung siehe rechts oben.

1B, 2D, 3F, 4E, 5A, 6C

Die Regelkompetenz über andere Sportdisziplinen (vor allem über Fußball) ist dabei freilich eine notwendige Hilfe. Folgende Regeln über das Rugbyspiel könnten bereits nach dem ersten Beobachtungsdurchgang formuliert werden:

- Rugby wird gespielt, wenn zwei Mannschaften gegeneinander spielen;
- Ziel des Spiels ist es, den Ball zwischen zwei Stangen zu kicken oder über eine Linie zu legen;
- beim Rugby spielt man mit einem ovalen Ball im Gegensatz zu den sonst üblichen runden Bällen;
- in einer Mannschaft spielen 15 Spieler;
- im Rugby darf man den Gegner schubsen, fassen und halten, aber nicht jedes Foul ist erlaubt;
- manchmal bilden alle Spieler ein Gedränge;
- Strafstöße (Straftritte) werden mit dem Fuß ausgeführt.

Welche Regeln des Rugbyspiels lassen sich aus den durch Beobachtung erschlossenen Regeln zwangsläufig folgern?

Diese Regeln werden schnell erkannt, und es gibt keine Differenzen bezüglich deren Bedeutung bei den Beobachtern. Dasselbe gilt für die Regeln, die die Spieldauer, die Spielfeldmaße, die Anzahl der Schiedsrichter etc. betreffen. Schwieriger ist es aber, diejenigen herauszufinden, mittels derer die Beförderung des Balls ins Ziel geregelt ist und die festlegen, wie sich dabei die Angreifer und Verteidiger regelgerecht zu verhalten haben. Dabei kann meist nur ein geringer Teil der spielbestimmenden Rugby-Regeln von den Beobachtern erkannt werden. Nicht erkannt werden u. a. folgende Regeln: «Wenn ein Ballträger im Malfeld so gehalten wird, daß er den Ball nicht niederlegen kann, muß 5 m vor der Mallinie gegenüber der Stelle, an der er gehalten wurde, ein Gedränge stattfinden», «ein Paket kann nur im Spielfeld stattfinden», «der Ball darf nur vier Felder haben».

Weshalb dürfen Sie annehmen, daß Rugbyspiele sich in bezug auf Spieldauer, Spielfeldmaße und Spielerzahl immer gleich verhalten, obgleich Sie bei Ihrer Beobachtung lediglich ein Spiel gesehen haben?

Football und alles, was dazugehört
Zweck des Spiels: Den Ball hinter die gegnerische Grundlinie zu bringen oder dies zu verhindern.
Punkte, Touch Down: Durch Tragen des Balles hinter die gegnerische Grund-(Goal-)Linie oder durch einen gelungenen Paßversuch, wobei der Empfänger des Balles hinter der gegnerischen Goallinie stehen kann. Ein Touch Down zählt sechs Punkte.

Field Goal: Wenn der Ball über die horizontale Latte (3 Meter hoch) zwischen den beiden Pfosten (7,20 Meter auseinander) gekickt wird. Ein Field Goal wird versucht, wenn man wegen zu großer Distanz keinen Touch Down schaffen kann. Zählt drei Punkte.
Extra Point: Nach einem gelungenen Touch Down kann eine Mannschaft einen weiteren Punkt erhalten, wenn es ihr gelingt, den Ball zwischen die Torstangen zu kicken.
Conversion (nur in den Regeln des College Football, das in Deutschland gespielt wird, nicht aber in Profi-Football möglich): Statt eines Extra Point versucht man einen abermaligen Touch Down. Conversion zählt zwei Punkte.
Safety: Wenn ein Spieler im Ballbesitz in der eigenen Endzone zu Boden gebracht wird oder der Ball ins Aus geht, bekommt der Gegner zwei Punkte.
Spielfeld: 100 x 50 Meter. Die Endzonen sind 10 x 50 Meter. Das gesamte Spielfeld ist in Zehnmeterlinien unterteilt.
Spieldauer: 4 x 15 Minuten reine (effektive) Spielzeit. 20 Minuten Halbzeit nach 30 Minuten reiner Spielzeit. Anzahl der Spieler: 45 pro Mannschaft, davon dürfen pro Spielzug jeweils 11 auf dem Feld sein.
Mannschaftsteile: Im American Football wird streng zwischen Defense (Abwehr) und Offense (Angriff) unterschieden. Ist die eigene Mannschaft im Ballbesitz, ist die Offense-Mannschaft auf dem Feld, ist der Gegner im Ballbesitz, ist die Defense-Mannschaft auf dem Feld.
Mannschaftspositionen: Jeder Spieler hat im Football eine genau festgelegte Aufgabe, die einen speziellen Namen trägt. Die wichtigsten sind der Quarterback (Ballverteiler der Angriffsmannschaft), der Middlelinebacker (der Organisator der Abwehrmannschaft), die Ballträger (Runner), die Empfänger von Pässen (Receiver).
Erlaubt ist im American Football das Werfen des Balles, jedoch muß der Ball von einem eigenen Spieler gefangen werden, um Raumgewinn zu erzielen; das Tackling (zu Boden werfen) eines gegnerischen Angreifers, das Blocking (Sperren von gegnerischen Spielern) auch von solchen, die nicht im Ballbesitz sind (Freisperren).
Verboten ist im American Football: das Treten eines Gegners, das Festhalten eines Gegners, der nicht im Ballbesitz ist, das Festhalten und gar das Berühren des Gegners am Kopfschutz.
Strafen: Je nach Schwere des Fouls verliert die Mannschaft zwischen 5 und 15 Meter.
Bemerkungen: Im American Football geht es in erster Linie um Raumgewinn. Ist eine Mannschaft im Ballbesitz, hat sie vier Versuche, zehn Meter Raum zu gewinnen. Natürlich kann man auch mehr als zehn Meter Raum gewinnen. Hat eine Mannschaft nach drei Versuchen nicht zehn Meter Raumgewinn geschafft, kickt sie mit einem sogenannten Punt den Ball möglichst weit nach vorn.

M 30

Von welchen Regeln des Footballs darf angenommen werden, daß man sie durch Beobachtungen herausfinden kann?
Wie lassen sich die Bewertungs- und Zählregeln z. B. im Tennis oder beim Turnen beobachten?

Wenn man am Ende eines Beobachtungsversuchs seine herausgefundenen Regeln z. B. mit den offiziellen Rugby-Regeln vergleicht, so muß man feststellen, daß man trotz intensiver Beobachtung nur wenige Regeln erkennen kann, daß die eigenen Regelbeschreibungen ungenau und vage im Vergleich zu den offiziellen Regeln sind und daß die Übertragung von Regeln anderer Sportspiele nur eingeschränkt beim Suchen der Rugby-Regeln helfen kann.

Dennoch gibt es auf die eingangs gestellte Frage eine wichtige Antwort:

- Es ist möglich, durch Beobachtung Regeln zu erkennen. Vermehrtes Beobachten führt zum Erkennen von mehr Regeln, aber nicht jede Regel läßt sich über Beobachtung erschließen.

Nicht nur einige strategische Regeln entziehen sich der Beobachtung, auch viele konstitutive Regeln; so lassen sich die Zählregeln beim Tennis nicht beobachten. Dies liegt nicht zuletzt daran, daß viele Regeln an Bedeutung verlieren, während wir ein Spiel beobachten. Es gibt Regeln, deren besondere Bedeutung in der Phase vor dem Wettkampf liegt, andere kommen erst nach Beendigung eines Wettkampfes zum Tragen, und lediglich jene Regeln, die sich direkt auf motorische Aktionen beziehen, haben im Wettkampf ihre besondere Geltung.

Welche Regeln haben in einer Ihnen bekannten Sportart in erster Linie vor dem Wettkampf Bedeutung? Welche nach dem Wettkampf? Inwiefern wird aber die Gültigkeit dieser Regeln auch während des Wettkampfes nicht außer Kraft gesetzt?

Die Beobachtungsmöglichkeiten werden auch eingeschränkt, weil man nur jene Regeln beobachten kann, die in einer Sportart von den Akteuren befolgt werden. Damit wird aber nicht beobachtet, welche Regeln in dieser Sportart gelten. Insofern ist es wichtig, daß wir die Aussagen ‹eine Regel gilt› und ‹eine Regel wird befolgt› unterscheiden.

In prinzipieller Weise gilt jedoch für die Beobachtbarkeit von Regeln:

- Eine Handlung muß mindestens zweimal auf die gleiche Weise ausgeführt sein, um sagen zu können, daß diese einer Regel folgt; denn in der Natur einer Regel liegt es, wiederholt angewendet zu werden in einer unbegrenzten Zahl von Fällen.

Weiter kann festgehalten werden, daß es in vielen uns fremden Sportarten Regeln gibt, die wir aufgrund unserer Erfahrung im und über Sport sofort erkennen, andere hingegen gar nicht, kaum oder nur nach langer Zeit.

Bei unserer Suche nach den Möglichkeiten des Regelerkennens konnten wir schließlich auch erfahren, daß Regeln sich nach verschiedenen Typen ordnen lassen (vgl. T 6). (Die Möglichkeit der Unterscheidung von Regeln in verschiedene Typen stellt sich im Zusammenhang der Behandlung aller übrigen Arbeitsthemen als besonders hilfreich heraus.)

Um Regeln zu erschließen, gibt es neben dem Beobachten auch die Möglichkeit, die Akteure einer uns unbekannten Disziplin auf ihr sportliches Handeln zu befragen. Angenommen, Sie wollen mit möglichst wenigen Fragen in Erfahrung bringen, was die konstitutiven Regeln einer unbekannten Disziplin sind, welche Fragen würden Sie dann stellen?
Angenommen, Sie wollen lediglich an der unbekannten sportlichen Disziplin teilnehmen, wie würden Sie dann vorgehen?

Zum Schluß dieses Arbeitsthemas können wir feststellen, daß es verschiedene Möglichkeiten gibt, Regeln eines Spiels oder einer sportlichen Handlung zu erschließen. Antworten können die Regeln geben, die irgendwo aufgezeichnet sind. Man kann aber auch einen Spieler (einen Handelnden) fragen, an welche Regeln er sich in einem bestimmten Fall hält. Einen Teil der Regeln des Sports kann man auch aus der Praxis ablesen. Es stellt sich die Frage, ob man mittels dieser Methoden alle Regeln feststellen kann, nach denen eine Sportart vor sich geht. Ungeklärt ist dabei, was ‹alle Regeln› heißt. Für das Spielen und Handeln im Sport selbst ist diese Frage allerdings nur bedingt bedeutsam. Die Regeln sind nämlich vollständig, wenn deren Kenntnis genügt, um eine Sportart betreiben zu können.

Inwiefern ist die ‹zweimalige Ausführung auf dieselbe Weise› ein sicheres Kriterium, daß der Ausführende einer Regel folgt?
Welche Kriterien müssen ferner erfüllt sein, daß sich unsere Gewißheit erhöht, daß ein im Sport Handelnder einer Regel folgt?

Berücksichtigte, einführende und weiterführende Literatur

DSB (Hrsg.): Spielen ist Spitze. Frankfurt 1979.
GASCH, R.: Jahrbuch der Turnkunst. Jahrbuch der Deutschen Turnerschaft 1909. Leipzig 1909.
ders.: Jahrbuch der Turnkunst. Jahrbuch der Deutschen Turnerschaft 1914. Leipzig 1914
ders.: Jahrbuch der Turnkunst. Jahrbuch der Deutschen Turnerschaft 1924, Erinnerungen an das 13. Deutsche Turnfest in München. Dresden 1924.
GUTS MUTHS, J. CH. F.: Spielalmanach für die Jugend 1802, 1803. Neudruck der Originalausgabe. München 1975.
JAHN, F. L./EISELEN, E.: Die deutsche Turnkunst. Zur Einrichtung der Turnplätze. Berlin 1816. Neudruck der Originalausgabe. Fellbach 1967.
KOHLRAUSCH, E./MARTEN, A.: Turnspiele nebst Anleitung zu Wettkämpfen und Turnfahrten. Hannover 1911.
MUCKENHAUPT, M.: Spiele lehren und lernen. Tübingen 1976.
NETSCH, U.: Spielbuch für Mädchen im Alter von 6–16 Jahren. Hannover 1913.
WAISMANN, F.: Logik, Sprache, Philosophie. Stuttgart 1976.
WHITE, JESS R. (ed.): Sports Rules Encyclopedia. The official Rules for 38 Sports and Games. Palo Alto 1961.
WINCH, P.: Was heißt «Eine primitive Gesellschaft verstehen?» In: WIGGERSHAUS, R.: Sprachanalyse und Soziologie, Frankfurt 1975, S. 59–104.

T 8: «Regellückenspiel»

«Die Regeln eines Spiels sind willkürlich festgelegt, wir können alte Regeln so abändern, daß man von einem bestimmten Punkt an sagen wird, daß wir ein neues Spiel erfunden haben» (JÜRGEN HABERMAS).

Im folgenden wollen wir einen Weg suchen, wie man durch Regelverändern erfahren kann, daß im Sport sowohl konstitutive als auch strategische Regeln unser Sporttreiben leiten und die einzelnen Sportdisziplinen darüber hinaus einen hohen Verwandtschaftsgrad, ja nahezu Strukturgleichheit aufweisen. Gleichzeitig wollen wir unser Augenmerk darauf richten, was geschieht, wenn man Regeln im Sport verändert, und wir wollen uns selbst und unsere Erfahrungen beobachten, die wir beim Befolgen veränderter Regeln machen können.
Der Vorgang der Regelveränderung, wie er dabei unternommen werden soll, unterscheidet sich grundsätzlich von allen üblichen Formen der Regelveränderung im Schulsport und Freizeitsport. Werden Sportdisziplinen wie Schwimmen, Fußball, Hockey, Volleyball oder Hochsprung in Schul- oder Freizeitgruppen ausgeübt, so werden dabei immer nur Teile des kodifizierten Regelsystems der entsprechenden Sportdisziplin berücksichtigt. Dies kann zu Recht als Regelveränderung bezeichnet werden; denn das Außerkraftsetzen bestehender Regeln kommt einer Veränderung gleich.

Erinnern Sie sich an eine Spielsituation, in der Sie jüngst Volleyball, Fußball oder Basketball gespielt haben. Welche offiziellen Regeln der Fachverbände haben Sie dabei berücksichtigt, welche vernachlässigt? Warum?

In den Lehr-Lernsituationen des Sports wird meist noch in anderer Weise an den Regeln gerüttelt. Anstelle des Volleyballs wird zum Beispiel vom Lehrer ein Wasserball ins Spiel eingeführt, beim Basketball wird die Zwei-Kontakte-Regel durch die Drei-Schritte-Regel des Handballs ersetzt, Fußball wird mit 15 Spielern gespielt etc. Regelveränderungen beruhen in solchen Beispielen auf methodischen oder organisatorischen Gründen und werden meist in Abhängigkeit zum Könnensniveau der Teilnehmer mehr oder weniger unbewußt von den Lehrenden in Sportgruppen eingeführt.
Um diese Art der Regelveränderungen soll es im folgenden nicht gehen. Wir wollen uns vielmehr als Veränderer erproben, indem wir ein Spiel spielen, das man mit «Regellückenspiel» bezeichnen könnte. Dieses Spiel basiert auf den kodifizierten Regeln eines Sportverbandes; in unserem Spiel sind es die Regeln des Deutschen Handball-Bundes. Das Spielinventar besteht aus zwei Sorten von Regeltexten.

Die erste Sorte entspricht fünf Regelbeschreibungen, die jeweils verschiedene Regeltypen erkennen lassen (vgl. T 6).
Die zweite Sorte entspricht diesen fünf Regelbeschreibungen insofern, als ihr Wortlaut diesen Regelbeschreibungen folgt. Lediglich dort, wo im offiziellen Regeltext spezifische Sachverhalte festgelegt sind, werden an deren Stelle die Lücken A bis Z eingefügt.
Die zentrale Spielregel für unser Regellückenspiel lautet nun:

- Fülle die Lücken A bis Z, indem du diese Variablen durch feste Vereinbarungen ersetzt. Alles ist dabei erlaubt, die Regeln dürfen ‹ver-rückt› werden.

Teil 1: Regeln zum Spielgedanken

«Das Handballspiel ist ein Mannschaftsspiel. Zwei Mannschaften stehen einander gegenüber. Eine Mannschaft besteht aus 12 Spielern (10 Feldspielern und 2 Torwarten).
Gleichzeitig dürfen sich höchstens 7 Spieler (6 Feldspieler und 1 Torwart) auf der Spielfläche befinden. Das Spiel beginnt mit dem Anwurf in der Mitte des Spielfeldes.
Jede Mannschaft versucht, den Ball in das Tor der Gegenmannschaft zu werfen und ihr eigenes Tor gegen Angriffe des Gegners zu verteidigen.
Zum Spielen des Balls sind die Hände zu benutzen, wobei aber auch das Berühren oder Spielen des Balls mit irgendeinem Körperteil außer Unterschenkel und Fuß erlaubt ist ...»

«Das (A)-Spiel ist ein Mannschaftsspiel. (B) Mannschaften stehen einander gegenüber. Eine Mannschaft besteht aus (C) Spielern, (D) Feldspielern und (E) Torwarten.
Gleichzeitig dürfen höchstens (F) Spieler, (G) Feldspieler und (H) Torwarte, sich auf der Spielfläche befinden ...
Das Spiel beginnt mit dem (I) in der (J) des Spielfeldes.
Jede Mannschaft versucht, den (K) in das (L) der Gegenmannschaft zu (M) und ihr eigenes (L) gegen Angriffe des Gegners zu verteidigen.
Zum Spielen des (K) sind die (M) zu benutzen, wobei aber auch das (N) oder Spielen des (K) mit irgendeinem (N) außer (O) und (P) erlaubt ist ...»

M31

Die Regeln zum Spielgedanken konstituieren den Sinn oder die Idee einer sportlichen Disziplin. Spielen Sie ein Spiel im «Regellückenspiel», so daß sich der Sinn des Handballspiels verändert.

Teil 2: Regeln zur Spielfläche

«Das Tor steht in der Mitte der Torlinie. Es muß am Boden fest verankert sein und ist im Lichten 2 m hoch und 3 m breit. Die Spielfläche, die ein Spielfeld und zwei Torräume umfaßt, ist ein Rechteck von 40 m Länge und 20 m Breite . . .»

«Das Tor steht in der (A) der Torlinie. Es muß am (B) fest verankert sein und ist im Lichten (C) m hoch und (D) m breit. Die Spielfläche, die ein Spielfeld und (A) Torräume umfaßt, ist ein (B)-Eck von (D) Länge und (E) Breite . . .»

M 31

Bilden Sie zusätzliche Lücken, und füllen Sie die bestehenden und neuen Lücken mit neuen ‹Bedeutungen›. Füllen Sie die Lücken so, daß Sie glauben, daß auch die neue Regelbeschreibung den Sport betreffen könnte.

Teil 3: Regeln zum Ball

«Der Ball besteht aus einer farbigen Leder- oder Kunststoffhülle ggf. mit einer Gummiblase. Er muß rund und darf nicht zu hart aufgepumpt sein.»

«Der Ball besteht aus einer (A)igen (B)- oder (C)-(D) ggf. mit einer (E). Er muß (F) und darf nicht zu (G), (H) sein . . .»

M 31

Suchen Sie eine Alternative, nach der gespielt werden kann. Füllen Sie die Lükken mit Worten, wodurch die Regelbeschreibung ihren Sinn verliert. Wo liegt die Grenze zwischen spielbar/nichtspielbar bzw. zwischen Sinn/Unsinn?

Teil 4: Regeln zur Spielzeit

«Die Spielzeit dauert für Männer 2mal 30 Minuten mit 10 Minuten Pause (bei Turnieren in der Regel 2mal 15 Minuten ohne Pause).»

«Die Spielzeit dauert für (A) (B) (C) Minuten mit (D) Minuten Pause . . .»

M 31

Worin liegen die Grenzen der zeitlichen Variante? Wodurch werden die Veränderungsmöglichkeiten nach oben bzw. nach unten eingeschränkt?

Teil 5: Regeln über das Verhalten zum Gegner

«Es ist erlaubt, Arme und Hände zu benutzen, um in den Besitz des Balls zu gelangen, dem Gegner mit einer offenen Hand den Ball aus jeder Richtung wegzuspielen, den Gegner mit dem Rumpf zu sperren, auch wenn er nicht im Ballbesitz ist.»

«Es ist erlaubt, dem Gegner mit einer (A) den (K) aus jeder Richtung wegzuspielen, den Gegner mit dem (B) zu sperren, auch wenn er nicht im Ballbesitz ist ...»

M 31 (DIGEL 1978, S. 56 bis 57)

Füllen Sie alle Lücken im gesamten Lückenspiel mit neuen Bedeutungen. Spielen Sie das Lückenspiel mit außerordentlichen Bedeutungen. Füllen Sie die Lükken nur mit Termini, die Ihnen aus dem Sport bekannt sind.
Wodurch unterscheiden sich Ihre Lückenspiele? Mit welchen Lückentexten glauben Sie, sinnvolle Lückenspiele gespielt zu haben?
Welche Regeln lassen sich problemlos verändern?
Wodurch wird die Veränderung in der Gruppe der Inventarregeln begrenzt?
Wodurch unterscheiden sich Ihrer Ansicht nach sinnvolle von unsinnigen Veränderungen?
Sportdisziplinen weisen in ihren Regeln Schlüsselstellen auf. Verändert man eine dieser Stellen, so verändert sich zwangsläufig das gesamte Regelsystem. Suchen Sie solche Schlüsselstellen für die Disziplinen Schwimmen, Basketball, Skilanglauf und Hochsprung.

Füllt man die Lücken (A) bis (Z) durch das Einfügen fester Bedeutungen, so kann man als ein mit Sportregeln Experimentierender wichtige und im Zusammenhang der Erweiterung seiner Handlungsfähigkeit im Sport weitreichende Erfahrungen machen. Einmal stellt sich heraus, daß Regeln sehr unterschiedlich beschrieben werden können. Es gibt Regeln vom Typ «wenn x, dann y» (ein Tor ist erzielt, wenn der Ball in seinem vollen Umfang die Torlinie des Gegners innerhalb des Tores überschritten hat).

Welche Regeln sind vom Typ «wenn x, dann y»? Nennen Sie zu diesem Typ auch Regeln aus anderen Sportdisziplinen. Welche Regeln sind vom Typ «es ist erlaubt, wenn x, dann y»?
Nennen Sie zu diesem Typ auch Regeln aus anderen Sportdisziplinen.

Daneben gibt es Regeln vom Typ «es ist erlaubt, wenn x, dann y zu tun», Regeln vom Typ «es ist verboten, wenn x, dann y», und ein Teil der Regeln gehört dem Typ «x ist y» an (eine Mannschaft besteht aus 12 Spielern).

Welche Regeln sind vom Typ «x ist y»? Nennen Sie zu diesem Typ auch Regeln aus anderen Sportdisziplinen. Welche weiteren Typen lassen sich in den Regeltexten ausmachen?

Es ist auch zu beobachten, daß solche Regeltypen sich meist auf spezifische Dinge beziehen. Die einen beziehen sich auf das Spielinventar, die Spielzeit und die Spielräume, die anderen vermehrt auf die motorischen und sonstigen Spielhandlungen. Am interessantesten im Zusammenhang mit unserer Spielaufgabe ist aber die Beobachtung, daß Regeln sich offensichtlich in bezug auf Veränderungen nicht gleich verhalten. Manche Veränderung scheint problematisch, manche hingegen problemlos zu sein. Die Annahme liegt also nahe, daß es offensichtlich so etwas wie ‹zentrale Regeln› gibt, bei deren Veränderung eine andere Sportart entsteht, und daß es daneben solche Regeln gibt, die eher als Randbedingungen aufzufassen sind. In prinzipieller Hinsicht heißt das, daß Regeln nicht beliebig veränderbar sind, vorausgesetzt, man diskutiert über sinnvolle Veränderungen. Schließlich und als letztes kann man erkennen, daß es neben den kodifizierten Regeln in einer Sportart auch andere Regeln, sogenannte strategische oder taktische Regeln geben muß, nach denen Sporttreibende handeln, um z. B. das Ziel des Spiels (Tore zu erzielen) zu erreichen; denn ein Teil der kodifizierten Regeln bezieht sich auf Handlungen, die von solchen Regeln geleitet sein müssen.

Welche Regeln scheinen Ihrer Ansicht nach das Handballspiel am entscheidendsten zu konstituieren?
Gibt es eine Regel, die gleichsam allein bestimmt, was wir unter einem Handballspiel verstehen?

Wie sind nun solche Beobachtungen und Erfahrungen zu machen? – Beginnen wir mit den Regeln zum Spielgedanken. Setzt man anstelle der Variablen (C) die Zahl 1, das heißt, es gibt im Handball nun jeweils 1 Spieler pro Mannschaft, so erübrigen sich die Klammer und alle weiteren Ausführungen. Ganz anderer Art wären die Folgen, wenn man anstelle von (C) 14 setzen würde, (D) mit 12 vertauschen würde und alles übrige im Normaltext beläßt, das heißt, es hätte sich nur die Anzahl der Auswechselspieler um zwei erhöht.
Am Hallenhandballspiel hätte sich im Grunde nichts verändert. Entscheidendes würde hingegen verändert, wenn anstelle von (K) nicht «Ball», von (L) nicht «Tor» und von (M) nicht «werfen» gesetzt wird. Mit anderen Einsetzungen könnte der Satz so lauten: Jede Mannschaft versucht, das ‹Ei› in den ‹Korb› der Gegenmannschaft zu ‹zerschlagen›, oder: Jede Mannschaft

versucht, die ‹Kugel› in die ‹Grube› der Gegenmannschaft zu ‹rollen›, oder: Jede Mannschaft versucht, den ‹Ball› in das ‹Tor› des Gegners zu ‹kikken›.
Hier wurde offensichtlich Konstitutives des Hallenhandballs verändert, und es sind jeweils neue Spiele entstanden. Daß die einzelnen Regeln eines Regelsystems einen engen Zusammenhang aufweisen, wird durch solche Veränderungen außerdem deutlich. Wird (K) durch ‹Eisenkugel› ersetzt, so muß (T) ‹Prellen› zwangsläufig verändert werden. Schlüsselstellen in diesem Regelzusammenhang sind dabei offensichtlich K (Ball), L (mit der Hand) und M (Werfen). Bereits die Veränderung von ein, zwei oder drei Variablen bewirkt dabei ein neues System. M 32 zeigt, daß es solche Schlüsselstellen gibt. Werden Sie verändert, so entstehen neue Sportarten:

K = Ball L = Hand M = Fausten	Faustball		K = Puck L = Stock M = Schlagen	Eishockey	
K = Ball L = Fuß M = Stoßen	Fußball		K = Ball L = Hand M = Schlagen	Volleyball	
K = Ball L = Stock M = Schlagen	Hockey		K = Federball L = Schläger M = Schlagen	Badminton	

M 32 (Digel 1980, S. 332)

Sportdisziplinen weisen in ihren Regeln offensichtlich Schlüsselstellen auf. Verändert man eine dieser Stellen, so verändert sich zwangsläufig das gesamte Regelsystem.
Suchen Sie solche Schlüsselstellen für die Disziplinen Schwimmen, Basketball, Skilanglauf und Hochsprung.

Weniger problematisch sind Veränderungen in bezug auf die Regeln zur Spielfläche und Spielzeit. Wird die Länge D des Spielfeldes von 40 auf 37 m verändert und dauert ein Spiel für Männer anstelle von (B) 3 und von (C) 20 Minuten, also 3 mal 20 Minuten, so würde bei Beibehaltung der übrigen Regeln keiner behaupten, daß nicht mehr Handball gespielt würde. Leicht zu erkennen ist auch, daß die Regeln zur «Spielfläche» (z. B. zur Festlegung der Torhöhe oder Pfostenstärke) und zur «Spielzeit» nicht beliebig verändert werden können. Eine minimale Veränderung der Torhöhe ist bedeutungslos, größere Veränderungen ändern hingegen das gesamte Spiel oder werden durch andere Faktoren ausgeschlossen (z. B. Hallendecke). Daß es außer den kodifizierten Regeln im Handball auch wie in anderen Sportarten strategische Regeln gibt, zeigt das Beispiel zu den Regeln «über das Verhalten zum Gegner». Um das Ziel des Spiels zu erreichen, den Gegner zu besiegen und möglichst viele Tore zu erzielen, wendet eine Mannschaft eine bestimmte Taktik an. Sie handelt strategisch nach ganz bestimmten Regeln (spielt also taktische Spielzüge, begeht Fouls, macht eine ‹Mauer› oder eine Sperre). Welche strategischen Regeln bzw. welche taktischen Handlungen zugelassen sind, um das Ziel zu erreichen, wird durch die kodifizierten Regeln, insbesondere durch Gebots- und Verbotsregeln, festgelegt (vgl. M 19, Seite 47).

Inwiefern verändern sich die strategischen Möglichkeiten durch die Veränderung der konstitutiven Regeln? Beschreiben Sie den Zusammenhang an einem praktischen Beispiel.

Unser «Regellückenspiel» hat uns neben diesen Erkenntnissen auch eine ganze Reihe wichtiger zusätzlicher Erfahrungen ermöglicht. Ist man einfallsreich gewesen, so können ganz neue, lustige Regeln entstanden sein, die nicht notwendig jenen entsprechen, welche man im Sport gewöhnlich befolgt. Vielleicht sind auch Regeln zustande gekommen, die uns neue interessante Bewegungsmöglichkeiten eröffnen, welche sich im tradierten Sportangebot bis heute noch nicht finden.
Ebenso wichtig ist, daß wir bei unserem Lückenspiel auch jene Einsicht gewonnen haben, die ohne solche Veränderungspraxis kaum möglich wäre. Im Zuge der Veränderungsexperimente kann man nämlich erkennen, wie durchdacht die kodifizierten Regeln der Sportverbände sind und welche Überlegungen dem Entstehen und Wandel solcher Regeln zugrunde liegen. Schließlich kann man beobachten, wie empfindlich das bestehende Gefüge der Sportregeln auf Veränderungen reagiert.
Die besondere Bedeutung unseres «Regellückenspiels» liegt aber darin, daß wir mit ihm auf eine Fähigkeit verwiesen werden, die uns ermöglicht, den Sport selbst zu gestalten, ihn an unsere Bedürfnisse anzupassen, neuen Sport zu machen (vgl. T 13). Diese Einschätzung basiert auf der Annahme, daß es notwendig und sinnvoll ist, über diese Fähigkeit zu verfügen, und daß es wichtig ist, daß ‹neuer› Sport entwickelt wird. Da diese Annahme möglicherweise nicht von allen geteilt wird, sollen im letzten Teil dieses Arbeitsthemas dazu einige Argumente angeführt werden. Zuvor wollen wir uns jedoch an die Regelmerkmale erinnern, die in T 5 erwähnt wurden. Wir haben erfahren, daß nicht alle Fachverbandsregeln das aktive Sporttreiben ermöglichen; vielmehr gibt es Menschen und Situationen, auf die die Regeln der Verbände nicht zutreffen. Woran liegt das?

M 33

Man darf zu Recht annehmen, daß Sportregeln ihre soziale Anerkennung erworben haben, weil sie sich institutionell (z. B. durch die Regelkommissionen der Sportfachverbände) auf die Zustimmung ihrer beschlußkompetenten Mehrheit berufen können.
Das heißt nicht mehr und nicht weniger, als daß Sportregeln so, wie sie heute gültig sind, in der Regel auf einen Konsens zurückzuführen sind, der im Rahmen eines Regelfindungsprozesses in den Sportfachverbänden erreicht wurde. Deshalb ist es auch billig zu unterstellen, daß in diesem Konsensbildungsprozeß die Mehrheit, die den Regeln zugestimmt hat, diese Zustimmung nicht erteilt hätte, wenn die speziellen Sportregeln nicht als wohlbegründet betrachtet worden wären.
Damit ist aber keineswegs ausgemacht, daß jene Gründe, die zu den Mehrheitsentscheidungen geführt haben, auch notwendig gültige Gründe sind in all jenen Situationen, in denen heute diesen Regeln gefolgt wird. Um diesen Sachverhalt zu präzisieren, ist es sinnvoll, das Verfahren der *Regelbe-*

gründung vom Vorgehen der *Regeldurchsetzung* bzw. Inkraftsetzung und dieses wiederum vom eigentlichen *Regelbefolgen* zu unterscheiden.
Wer die Einführung einer Regel vorschlägt, muß sie begründen. Ist die Begründung angemessen (sinnvoll), kann sie von Partnern akzeptiert und befolgt werden.

Für welche Sportgruppen kann dieser Vorgang als sinnvoll bezeichnet werden? Kennt man als Sporttreibender die Regelbegründungen seiner Sportart?

Die Sportregeln erhalten durch diesen Vorgang gleichsam eine logische Geltung. Das Verstehen und Akzeptieren einer Regelbegründung sichert aber nicht notwendig die soziale Geltung einer Regel. Diese ergibt sich erst im Regeldurchsetzungsverfahren. Hier werden Verfahren (Sanktionen) festgelegt, die Menschen, welche am Regelbegründungsverfahren nicht beteiligt waren, veranlassen, die dort begründeten Regeln zu befolgen. Das Regelbefolgen selbst ist jedoch häufig unabhängig von der Begründung und vom Regeldurchsetzungsverfahren; oft liegt es im Belieben der handelnden Person, ob sie einer Regel folgt oder sie durch eine andere ersetzt (etwa beim Befolgen von Moralregeln, vgl. M 54–56, S. 120ff).

Nennen Sie verschiedene gesellschaftliche Bereiche, in denen trotz sinnvoller Regelbegründung und trotz des Bemühens um Regeldurchsetzung nur selten die Regeln befolgt werden. Woran liegt das? Wie verhält sich dieser Zusammenhang im Sport? Worin unterscheidet sich diesbezüglich der Wettkampfsport vom Schulsport bzw. Freizeitsport?

Betrachten wir unter der eben erwähnten Dreiteilung (Regelbegründung, -durchsetzung, -befolgung) die Situation des Sports, so können wir zunächst feststellen, daß für den Bereich des institutionalisierten Wettkampfsports alle drei Regelinstanzen zu beobachten sind. Das Regellegitimationsverfahren steht dabei in einem engen Zusammenhang mit dem Regeldurchsetzungsverfahren; in Distanz dazu ereignet sich das Regelbefolgen. Problematisch ist dabei lediglich, daß die Regeln vielfach von ein und demselben Personenkreis legitimiert und durchgesetzt werden, jene Personen, die die Regeln zu befolgen haben, meist hingegen nur angehört werden. Auf jeden Fall bleibt es im Sport im Gegensatz zum Knigge (vgl. M 54–56) nicht dem Belieben der handelnden Person überlassen, ob sie einer Regel folgt oder anstelle der zu befolgenden Regel eine andere setzt. Dieser Zustand gilt nicht für den Bereich des Wettkampfsports. Die Regelinstanzen der Legitimation und Durchsetzung sind ja gleichsam von den Athleten beauftragt, Regeln so zu gestalten, daß ein Wettkampfbetrieb in optimaler Weise möglich ist. Regeln werden in diesem Sektor von dem Interesse der Athleten geleitet und von den Regelmachern auf die Befriedigung dieser

Interessen bezogen. Dazu gehört, daß die Regeln dem Bedürfnis nach einem internationalen Sportverkehr gerecht werden, daß über Regeländerungen eine Sportart zuschauerattraktiv, telegen wird und daß sie dem erhöhten technischen, taktischen und konditionellen Niveau der Wettkämpfer entspricht. Kommt es zur Befriedigung dieser Interessen, so kann davon ausgegangen werden, daß die Regeln zum Vertrauen der Athleten untereinander und gegenüber den Regelbegründern und Schiedsrichtern führen. Es tritt gleichsam der Idealfall des Regelbefolgens ein:

- Eine Regel wird von einer Person A befolgt, weil sie von A anerkannt wird. Sie wird von A anerkannt, weil sie von A verstanden wird; das Befolgen setzt also das Anerkennen, das Anerkennen das Verstehen voraus.

Im Idealfall bedeutet dies für den Sport, daß ein Athlet mit dem Anerkennen einer Regel gleichermaßen anerkennt, daß die Forderung dieser Regel wirklich berechtigt ist. Den Geltungsanspruch einer Regel anerkennen heißt also: Erklären, daß das, was die Regel vorschreibt, übereinstimmt mit dem, was ich eigentlich selbst will.

Dieser Idealfall ist jedoch selbst im Bereich des Wettkampfsports selten anzutreffen. Doch immerhin kann für den Wettkampfsport behauptet werden, daß es zu einer regulären Wirkungsweise der Regeln kommt.

Die übrigen Bereiche des Sports hingegen zeichnen sich eher durch irreguläre Wirkungsweisen der Regeln aus. Dies zeigt sich uns, wenn wir z. B. die Situation des Schul- und Freizeitsports unter dem Aspekt der eingeführten Regeldreiteilung betrachten. Zunächst müssen wir dabei feststellen, daß die Regelbegründungspraxis sowohl im Freizeitsport als auch im Schulsport selbst nicht vorzufinden ist. Sie findet z. B. außerhalb der Schule statt und wird von Autoritäten des Sports (etwa von den Sportfachverbänden) vorgenommen. Gleiches gilt für das Regeldurchsetzungsverfahren, das im Normalfall abgeschlossen ist, bevor die Regeln an die Schule kommen, wo es letztlich nur um das Regelbefolgen geht; denn im Freizeitsport in der Schule vertrauen die Sporttreibenden dank der vielfältigen Verflechtungen zwischen Wettkampfsport und übrigem Sport auf die Begründungskompetenz der Fachverbände. Daß dieses arbeitsteilige Verfahren aber kaum sinnvoll ist, läßt sich schon daran erkennen, daß in der außerschulischen Begründungspraxis die Logik der Begründung immer an der Prämisse gemessen wird, ob die einzelnen Regeln der zentralen Leitidee des organisierten internationalen Leistungssports entsprechen. Die zentrale Leitidee ist darauf gerichtet, daß über die Regeln ein Wettkampf erzeugt wird, der durch das Merkmal der Konkurrenz sich auszeichnet und bei dem zu Beginn des Wettkampfs gleiche Chancen herrschen. Weiter müssen die Regeln gewährleisten, daß eine Sportart über die Nationen hinweg auf die gleiche Weise ausgeübt wird; denn nur dann ist ein internationaler Wettkampfbetrieb möglich. Für diese Belange sind die Regeln der Sportfach-

verbände sinnvoll begündet, und es kann zu Recht darauf hingewiesen werden, daß diese Regeln auch den Bedürfnissen jener Menschen entsprechen, die in jenen Systemen sportlich handeln, auf die diese Regeln gerichtet sind.
Diese Regeln werden also nicht für die Belange des Schulsports und damit für die Belange von Schülern konzipiert. Die Regelkommissionen der einzelnen Fachverbände hatten und haben bei ihren Regelvereinbarungen immer nur die Belange der organisierten Wettkampfereignisse im Blick. Wenn nun aber der Schulsport pädagogische Ansprüche erhebt, so ist es unmittelbar einsichtig, daß diese eindimensionale Begründungslogik für das sportliche Handeln im Schulsport kaum ausreichend sein dürfte. Übernimmt der Schulsport die Regeln der Sportverbände, so wirkt er so lange fremdbestimmt, solange er diese Regeln ohne Prüfung übernimmt. Prüfen heißt aber, daß auch in der Schule der in den Regelkommissionen übliche Vereinbarungsprozeß zwischen den Betroffenen stattfinden muß. Die Prüfung führt zu der Vereinbarung, daß die Regeln für die Belange des Schulsports taugen und deshalb zu befolgen sind, oder sie führt zu dem Entschluß, daß zur Erfüllung der Schulsportbelange neue Regeln anstelle der außerschulischen Regeln zu treten haben.
Solch ein Verfahren schließt aus, daß z. B. den Schülern die Regeln durch die Sanktionskraft des Lehrers zur Kenntnis gebracht werden. Denn dies birgt die Gefahr in sich, daß Regeln ihre befähigende Funktion verlieren und von dem Schüler lediglich als Befehle erfahren werden. Im Extremfall kann dies dazu führen, daß die Sportregeln restriktiven, statutarischen Charakter einnehmen, das heißt, das Verhalten der Schüler wird gegen deren eigene Präferenzen kontrolliert. Die Sportregeln haben dann für die Schüler zumeist Verbotscharakter und werden durch die Autorität des Lehrers, dem die Organisationsmacht zukommt, geäußert, ohne daß dieser sie rechtfertigen muß.
Die heute übliche Regelbegründungspraxis ist jedoch auch für das Handeln all jener Menschen fragwürdig, die außerhalb von Schul- und Wettkampfsport ihre Bewegungsbedürfnisse befriedigen möchten. Betrachtet man z. B. das Engagement in Situationen des Freizeitsports, im Behindertensport, im Sport im Strafvollzug, im Altensport, so ist zu beobachten, daß wir bei unserem Sporttreiben der Geltung vieler Regeln unterworfen sind, die mehr oder weniger dringend geändert, ersetzt oder abgeschafft werden sollten. Dies ist nicht als ein Vorwurf gegenüber jenen zu verstehen, die für die derzeit gültigen Regeln verantwortlich zeichnen. Die Regeln, die in den Freizeitsituationen befolgt werden, sind nicht für diese geschaffen und nicht auf diese Situation hin begründet worden. Sollten die Regeln mit den Bedürfnissen der Menschen in diesen Situationen übereinstimmen, so müssen offensichtlich neue Regeln an die Stelle jener Regeln treten, die uns über die Sportfachverbände bekannt sind. Vor diesem Sachverhalt gewinnt

M 34

Durch welche Regelveränderungen unterscheidet sich M 33, Seite 81, von M 34? Welche Regeln müssen nun eingeführt werden, will man von M 34 zum modernen Basketball gelangen?

die Fähigkeit, neuen Sport zu gestalten, ihre besondere Bedeutung, und deshalb könnte darin auch der besondere Sinn unseres «Regellückenspiels» liegen. Daß wir die Sportregeln als revisionsbedürftig erachten, hängt grundsätzlich aber auch damit zusammen, daß wir heute vieles ‹neu› und anders wollen, daß sich die Verhältnisse geändert haben. Heute wollen sich mehr Menschen als in früheren Zeiten sportlich betätigen, ihren Körper erfahren, durch aktive Bewegung sich gesund erhalten. Geschlechter sind im Sport nur noch in Situationen des Wettkampfsports rigide getrennt, und auch dort scheint sich eine Veränderung anzubahnen. In erste Linie handelt es sich dabei um Bedürfnisse, deren Befriedigung aber bislang nur im Ausnahmefall gelingt. Soll sich dies ändern, so muß wohl auch die Regelbegründungspraxis im Sport neu gestaltet werden. Schon deshalb ist es wichtig, auf die Unterscheidung zwischen sozialer Geltung und logischer Gültigkeit von Regeln zurückzukommen. Denn im Sport gibt es viele Regeln, die heute sozial gelten, deren Inkraftsetzungsverfahren somit abgeschlossen ist, die aber nachträglich aus der Perspektive derer, die diesen Regeln zu folgen haben, auf keiner soliden Begründung basieren.

Die mächtigen Institutionen der Sportfachverbände legen fest, wie Sport zu betreiben ist, wenn Menschen sich im Feld der sportlichen Bewegung betätigen wollen. Sie tun dies in ihrer Reichweite weit über jene Grenzen hinaus, unter denen die Sportfachverbände, insbesondere deren Regelbegründungs- und Durchsetzungsinstanzen, antreten. Sie tun es unbewußt und vor allem, ohne daß sie in Kontakt treten zu jenen Personen, die ihre Regeln zu befolgen haben. Für den Bereich des Schulsports ist dieser Sachverhalt gefährlich, für den Freizeitsport nicht weniger bedenklich. Akzeptiert man diese Bewertung, so muß geprüft werden, ob es auch für den Bereich des Sports möglich ist, daß das Begründungsverfahren vom Durchsetzungsverfahren getrennt wird, daß neue informelle Einsetzungsverfahren eingerichtet werden, die dieser bedenklichen Wirkung entgegentreten. – Das «Regellückenspiel» kann als ein erster Schritt in diese Richtung verstanden werden, T 13 soll der zweite werden.

Berücksichtigte, einführende und weiterführende Literatur

Digel, H.: Möglichkeiten zur Erweiterung der kommunikativen Kompetenz im und durch Sport. In: Zeitschrift für Sportpädagogik 1 (1977) 2, 148–169.

Habermas, J.: Sprachspiel, Intention und Bedeutung. Zu Motiven bei Sellars und Wittgenstein. In: Wiggershaus, R.: Sprachanalyse und Soziologie. Frankfurt 1975, S. 319–342.

Heringer, J., u. a.: Einführung in die praktische Semantik. Heidelberg 1977.

IHF: Handbuch der Internationalen Handball-Federation. Ausgabe 1975.

Lübbe, H.: Sind Normen methodisch begründbar? Rekonstruktion der Antwort Max Webers. In: Oelmüller, W. (Hrsg.): Transzendental-philosophische Normenbegründungen. Paderborn 1978, S. 38–49.

Muckenhaupt, M.: Spiele lehren und lernen. Tübingen 1976.

Searle, J. R.: Sprechakte. Ein sprachphilosophischer Essay. Frankfurt 1971.

T 9: Sportarten in ihrem Regelzusammenhang

«... um Handlungen besser verstehen und einschätzen zu können, muß man Bezug nehmen auf die diesen Handlungen zugrundeliegenden Regeln, die das Verstehen erst ermöglichen ...» (Günther Öhlschläger).

Haben wir in T 5, T 6, T 7 und T 8 gemeinsam die Einsicht entwickelt, daß immer dann, wenn man Sport treibt, auch die Regeln befolgt werden, also nach sozialen Regeln gehandelt wird, die der Sport sich selbst gegeben hat, und hat man erkannt, daß sportliches Handeln ohne Regeln unmöglich ist,

Regeln also immer schon Voraussetzung für sportliches Handeln sind, so bietet sich an, den theoretisch ermöglichten Einblick in die Systematik der Sportregeln und deren Zusammenhang (vgl. T 7) praktisch zu vervollständigen.

Zur Wiederholung:
Welche Regeltypen haben wir bislang kennengelernt? Machen Sie eine Regeltabelle, in der Sie sowohl für Handball als auch für Basketball zu jedem Regeltyp eine Beispielregel eintragen.

Im Mittelpunkt des folgenden Arbeitsthemas steht ein Regelveränderungsprozeß. Über gezielte Veränderungen entlang zweier bekannter sportlicher Regelsysteme wollen wir dabei einen Weg zwischen zwei Sportdisziplinen suchen. Wir sollten uns darüber klar sein, daß es viele Wege geben kann, es also nicht darauf ankommt, *den* richtigen Weg zu finden. Vielmehr ist es wichtig, unseren Weg über einen ‹Regelhandel› zu finden. Im folgenden wird das Ergebnis solch eines Regelhandels beschrieben. Es kann lediglich zur Orientierung dienen; Aufgabe des Lesers soll ja sein, einen eigenen Weg zwischen zwei Sportarten zu finden. Da die Kenntnisse der Regeln beider Disziplinen dazu Voraussetzung sind, bietet es sich an, auf vertraute Disziplinen zurückzugreifen. Ebensogut kann man die Regelhefte zweier Disziplinen studieren, um dann mit der Suche nach einem Weg zu beginnen.

Planen Sie einen Weg vom Tennis zum Volleyball und zurück. Suchen Sie auf dieselbe Weise einen Weg vom Hockey zum Fußball und zurück. Vergleichen Sie Ihre theoretisch gefundenen Wege. Stellen Sie dieselbe Aufgabe Ihrem Lernpartner, und vergleichen Sie Ihre Wege mit denen des Partners. Warum kann es nicht *den* richtigen Weg geben?

Beschreiben wir einen eigenen Weg – und das sollten wir versuchen –, so wird sich das Erleben der strukturellen Merkmale des Sports von der Beschreibung der folgenden Erlebnisse unterscheiden.
Wie hängt Fußball mit Basketball, wie Leichtathletik mit Schwimmen oder gar Gerätturnen mit Volleyball zusammen? Diese Fragen lassen sich einerseits theoretisch beantworten. Wir können aber auch versuchen, durch praktische Erprobungen zu erfahren, wie einzelne Sportarten miteinander zusammenhängen. Dabei wollen wir eine Sportart (hier: Handball) zum Ausgangspunkt unserer Erprobung machen. Über gezielte Regeländerungen versuchen wir nun, einen Weg zu einer anderen Sportart (hier: Basketball) zu finden. Im folgenden wird ein Weg beschrieben, wie ihn Schüler eines Leistungskurses Sport gefunden haben, und es werden jene Erfah-

rungen wiedergegeben, die die Schüler dabei gemacht haben. Die Darstellung des Beispiels gliedert sich jeweils in eine Charakterisierung der Regelveränderungen, in die Beschreibung der dadurch bedingten neuen Spielwirklichkeit und in die Erfahrungen, die wir dabei machen können.

1. Regeländerung
Bei Beibehaltung aller bekannten Handballspielregeln tritt im Bereich der Inventarregeln folgende Veränderung ein:
«Die Tore sind so aufzustellen, daß sie nach Drehung von 180 Grad im Abstand von 1 bis 1,5 m zu einer ballreflektierenden Wand stehen.»

Inwiefern wird mit dieser Regeländerung mehr als nur eine Regel geändert?

Konsequenzen
Tore können nur noch durch indirekte Würfe erzielt werden, indem der Ball von der Wand ins Tor prallt. Die Rolle des Torwarts im Hallenhandball wird durch diese Änderung neu definiert. Torwurfstrategien und Angriffstaktiken sind umzudenken, feste Rollenverteilungen in Kreisläufer und Rückraumpositionen verlieren an Bedeutung.

Erfahrungen
Da das Ziel der Veränderung das Basketballspiel ist, zielen die Veränderungsvorschläge verständlicherweise auf das ab, was man als ‹basketballtypisch› bezeichnet. In unserem Beispiel haben die Veränderer die Möglichkeit des indirekten Korbwurfs im Basketball im Auge: Der Wand wird die Funktion des Brettes zugemessen. Spielt man nun auf diese Weise Handball, so erfährt man die handlungsregulierende Funktion dieses Inventartausches. Dominierte vor der Veränderung noch die Wurfkraft über die Wurfgenauigkeit, so ist es jetzt so, daß der Wurfgenauigkeit eine überhöhte Bedeutung zukommt, die Wurfkraft für die Reflexion des Balls aber ebenso entscheidend ist. Dennoch hat man das Gefühl, daß man Handball spielt und das Ganze im Grunde noch wenig mit Basketball zu tun hat.
Durch die zweite Regeländerung ändert sich dies aber.

2. Regeländerung
Bei Beibehaltung aller bekannten Handballregeln außer der vereinbarten Veränderung tritt im Bereich der Personalregeln folgende Veränderung ein:
«Alle Regeln bezüglich der Person des Torwarts treten außer Kraft. Eine Mannschaft besteht somit aus 6 Spielern.»

Nennen Sie drei kodifizierte Regeln des Handballspiels, die durch diese Regelveränderung automatisch außer Kraft treten.

Konsequenzen
Durch den Verzicht auf die Rolle des Torwarts verändert sich das Handeln im spielstrategischen Bereich grundsätzlich. Abwehrformationen wie 6:0 oder 5:1 haben keine Bedeutung mehr; Wurftraining, wie es bislang im Handball notwendig war, wird bedeutungslos; insgesamt ist eine Lockerung der sonst üblichen geballten Aktionen vor dem Schußkreis die Folge.

Erfahrungen
Da das Zielobjekt des Spiels durch diese Änderung hüterlos geworden ist, ist jeder gezielt geworfene Ball auf das Tor erfolgreich. Es dominiert nun also die Wurfgenauigkeit eindeutig über die Wurfkraft, und man erfährt, weshalb die genaue Wurfdosierung offensichtlich ein spielbestimmendes Merkmal des Basketballs sein muß. Die neue Wurfqualität bedingt aber auch ein neues Verhältnis der Spieler zu ihren Mit- und Gegenspielern im Bereich zwischen Wurfkreis und Freiwurflinie.

3. Regeländerung
Bei Beibehaltung aller bekannten Handballregeln außer den bereits vereinbarten Veränderungen tritt im Bereich der Handlungsregeln folgende Veränderung ein:
«Tore dürfen nur noch mittels Bogenwürfen über die Torlatte erzielt werden.»

Warum ist diese Regel in den offiziellen Basketballregeln nicht zu finden?

Konsequenzen
Waren bislang noch geradlinige Würfe an den Seiten zwischen Auslinie und Torpfosten möglich, gab es also noch typische Handballwürfe, so ist nun durch die endgültige Einführung des Bogenwurfs das zentrale Wurfelement des Basketballspiels vorhanden, der qualitative Sprung vom Basketball zum Handball vollzogen. Man kann mit indirekten Würfen Punkte machen, das Ziel befindet sich wie im Basketball ‹über› den Spielern (hier bedingt durch die Latte, dort durch den hängenden Korb), Würfe müssen vermehrt das Merkmal der Genauigkeit besitzen; bedingt durch die neue Zielorientierung, wird die Abwehr noch früher angreifen müssen, da gezielte Bogenwürfe auch über eine stehende Mauer möglich sind.

Erfahrungen
Durch die Neudefinition des Zielobjekts wird erfahrbar, warum man im Basketball nur selten die Möglichkeit hat, durch kraftvolle Horizontalbewegungen Punkte zu erzielen, wie es im Handball beim Wurf aus dem Lauf, beim Fallwurf oder auch beim Sprungwurf üblich ist. Es wird auch erfahrbar, warum man im Basketball ‹Ruhe› zum Wurf benötigt, warum das Stoppen (aber auch der Sternschritt) ein weiteres zentrales Merkmal im Wettkampfbasketball ist und warum man im Basketball immer geneigt ist, beim Werfen sich Zielorientierungshilfen zu suchen.

Werfen Sie einen Blick auf all jene Regeln, die von den einzelnen Veränderungsschritten immer mitbetroffen waren. Nennen Sie weitere Konsequenzen und Erfahrungen, die dadurch innerhalb der einzelnen Veränderungsschritte zusätzlich zu ziehen bzw. zu machen sind.

4. Regeländerung
Bei Beibehaltung aller bekannten Handballregeln außer den bereits vereinbarten Veränderungen tritt im Bereich der Raumregeln folgende Veränderung ein:
«Die Regeln bezüglich des Wurf- und Freiwurfkreises treten außer Kraft. An deren Stelle treten die Zonenregeln des Basketballs, einschließlich der damit verbundenen Zeitregel (3 Sek.).»

Welche übrigen Regeln des Basketballs kommen durch die Einführung der Zonenregel zum Tragen?

Konsequenzen
Das typische Abwehrverhalten im Hallenhandball, das in erster Linie durch die Halbkreisformation des Wurfkreises bestimmt ist, löst sich nun völlig auf. Das Zielobjekt kann nah und fern bewacht werden. Dem Abwehr-Mannschaftsspiel werden ebenso völlig neue taktische Strategien eröffnet, wie es neuartige Angriffsmöglichkeiten gibt. Nah- und Distanzwürfe, Block, Schirm oder Abstreifen als basketballtypische Angriffsmittel können gezielt eingesetzt werden.

Erfahrungen
Als Spieler kann man durch diese Regeländerung erfahren, wie Raumregeln sowohl das individuelle Bewegungsrepertoire als auch das der Gruppe beeinflussen. Mußte man vorher noch ‹schieben›, Beine kreuzen, in Schlußsprüngen sich bewegen, sich also als typischer Handballer bewegen und dabei immer darauf achten, daß man den Wurfkreis nicht berührt, hatte man sich als Kreisläufer, bedingt durch den Wurfkreis, einen eigenen ‹Schlängelstil› anzueignen, sich in gebückter Haltung im-

mer anspielbereit seinem Rückraumspieler entgegenzubewegen, oder hatte man als Rückraumspieler zu ‹stoßen›, um eine Lücke am Wurfkreis aufzureißen, zu kreuzen, um einen Verteidiger vom Kreis zu locken, ist davon jetzt nur noch wenig übriggeblieben. Als Verteidiger braucht man nicht mehr auf den Wurfkreis zu achten; die Bewegungen orientieren sich nur noch am Angriffsverhalten der Gegner. Als Angreifer hingegen wird nun die Raum-Zeit-Regel des Basketballs zu einer ständigen kognitiven Kontrollinstanz. Schnelle Kreuzbewegungen durch die Zone werden erforderlich, und immer ist an die 3-Sek.-Regel zu denken.

5. Regeländerung

Bei Beibehaltung aller bekannten Handballregeln außer den bereits vereinbarten Veränderungen tritt im Bereich der Inventarregeln folgende Veränderung ein:

«Die Regel bezüglich des Zielobjekts (umgedrehtes Tor) tritt außer Kraft, als neues Zielobjekt wird der Basketballkorb eingeführt. Alle damit zusammenhängenden offiziellen Regeln des Basketballs (Höhe des Korbes, Brettmaterial, Maße etc.) treten in Kraft.»

Welche Typen wurden in den gemachten fünf Schritten bislang verändert? Inwiefern deutet die Auswahl der Regeltypen auf die konstitutiven Elemente des Basketballs bzw. des Handballs hin?

Konsequenzen

Erhöhung und Verkleinerung des Zielobjekts bewirken Veränderungen im Wurfrepertoire, in der Orientierung im Abwehrverhalten und im Bereich der Angriffs- und Abwehrstrategien. Die Wurfgenauigkeit hat nun die Wurfkraft völlig verdrängt, der Bogenwurf hat sich bezüglich seiner Wurfkurve dem basketballtypischen Wurf zugewandt, mit dem Korbleger tritt ein neues typisches Basketball-Element ins Blickfeld.

Erfahrungen

Obgleich wir noch immer mit dem Handball spielen, wird nach dieser Veränderung weder ein außenstehender Beobachter noch die spielende Gruppe das ‹neu› geregelte Spiel weiterhin als Handballspiel bezeichnen. Gleichsam intuitiv legt das Zielobjekt ‹Korb am vertikalen Brett› die Bezeichnung ‹Basketball› nahe. Was dieses typische Basketball-Konstituens alles bewirkt, wird den Schülern aber nur durch die gezielte Änderung klar. Die Bewegungsorientierung des Spiels wird zunehmend vertikal, der Sprung in die Höhe, einbeinig oder beidbeinig, wird zu einem spielbestimmenden Bewegungsmuster, die Körperstreckung zum Brett, der Luftkampf um den Ball, das Reboundspiel sind die neuen durch diese Inventarregel hervorgerufenen Erfahrungen.

Beschreiben Sie einen Weg mit fünf Veränderungsschritten, bei dem selbst nach der fünften Veränderung der Unterschied zum kodifizierten Handballspiel noch so bedeutungslos ist, daß man zu Recht noch immer vom Handballspiel sprechen kann.

Tragen wir den fünfteiligen Veränderungsprozeß der Schüler in unsere Regeltypiktabelle ein, wie wir sie in T 7 kennengelernt haben, so gewinnt diese folgendes Bild:

Konstitutive Regel	1. VÄ	2. VÄ	3. VÄ	4. VÄ	5. VÄ
Inventar	x				x
Personal		x			
Raum				x	
Zeit					
Handlung			x		

M 35 (Digel 1980, S. 339)

Der Weg zurück, vom Basketball wieder zum Handball also, läßt sich auf ähnliche Weise finden. Die Reihenfolge der Veränderungen wird dabei das Erfahrungserlebnis ebenso bestimmen wie der jeweils zur Veränderung bestimmte Regeltypus.

Inwiefern ist die Suche des Wegs von den konstitutiven Merkmalen des Zieles beeinflußt? Warum ist es unwahrscheinlich, daß der Weg zurück die Umkehrung des Hinwegs darstellt?

Als Veränderungsbeispiel soll hierzu ein achtstufiger Weg beispielhaft beschrieben werden. Welche Konsequenzen die jeweilige Veränderung für das Spielverhalten hat und was man als spielender Veränderer dabei bezüglich der Spiele Handball und Basketball erfahren kann, soll jedoch nicht beschrieben werden. ‹Beschriebene Konsequenzen und Erfahrungen› sind nämlich nicht die ‹Konsequenzen und Erfahrungen selbst›. Diese sollte man am besten selbst und in der Praxis sammeln.

Mögliche Regelschritte vom Basketball zum Handball

Schritt 1: Änderung der Inventarregel: «Der Basketball wird durch einen Handball ersetzt.»

Schritt 2: Änderung der Raumregel: «Die Zone wird zur Wurfzone, die keiner betreten darf.»
Schritt 3: Änderung der Personalregel: «Jede Mannschaft erhält einen Korbwächter, dem das Betreten der Wurfzone gestattet ist.»
Schritt 4: Änderung der Inventarregel: «Anstelle des Zielobjekts ‹Korb› tritt das Zielobjekt ‹Basketballbrett›. Ein Punkt ist erzielt, wenn man mit dem Ball das Brett trifft.»
Schritt 5: Änderung der Inventarregel: «Das Basketballbrett wird durch ein Handballtor ersetzt, das an der Endlinie des Basketballfeldes aufgestellt ist.»
Schritt 6: Änderung der Raumregel: «Die Wurfzone wird durch den Wurfkreis des Handballspiels ersetzt, das Spielfeld wird vergrößert.»
Schritt 7: Änderung der Handlungsregel bezogen auf den Ball: «Anstelle der Zweier-Kontakt-Regel des Basketballs tritt die Drei-Schritte-Regel des Handballs.»
Schritt 8: Änderung der Handlungsregel bezogen auf das Personal: «Es ist erlaubt, den Gegner mit dem Rumpf zu sperren, auch wenn er nicht im Ballbesitz ist.»

Das Resultat in der Regeltypiktabelle nach Beendigung dieses Veränderungsprozesses hätte folgendes Bild:

Konstitutive Regel	1. VÄ	2. VÄ	3. VÄ	4. VÄ	5. VÄ	6. VÄ	7. VÄ	8. VÄ
Inventar	x			x	x			
Personal			x					
Raum		x				x		
Zeit								
Handlung							x	x

M 36 (Digel 1980, S. 340)

Vergleichen Sie Tabelle M 35 mit Tabelle M 36. Was läßt sich bezüglich der Hierarchie von konstitutiven Regeln für das Basket- und Handballspiel ablesen? Welche Regeln konstituieren die Spiele am stärksten, welche am wenigsten?

Zusätzliche Erfahrungen lassen sich bei einem alternativen Vorgehen machen. In M 37, Seite 94/95, wird ein Veränderungsweg von einer Sportdisziplin zur anderen durch eine Bildreihe vorgegeben, an die sich 7 Aufgaben anschließen.

1

M 37
Vom Fußball zum Volleyball
(sportpädagogik 4/1979.
Fotos Birgit Schnitker)

3

4

2

5

Aufgabe 1
Welche Regelveränderungen werden in M 37 gezeigt? Tragen Sie die Änderungen in unsere Regeltypiktabelle ein.

Aufgabe 2
Jedes Foto zeigt uns ein Spiel. Was ermöglicht uns, die dargestellten Spiele zu unterscheiden? Welcher Sinn kann hinter der dargestellten Reihenfolge vermutet werden? Warum steht Foto 3 im Mittelpunkt der Bildfolge?

Aufgabe 3
Jedes Spiel hat eine Spielidee. Wo hört die Idee des Fußballspielens auf, wo beginnt die Idee des Volleyballs? Welche übrigen Spielideen liegen dazwischen?

Aufgabe 4
Die Fotos zeigen uns, was in dem jeweiligen Spiel erlaubt ist. Inwieweit können wir vom erlaubten auf unerlaubte Spielhandlungen schließen? Welche Handlungen könnten über die dargestellten hinaus noch erlaubt sein? Inwieweit regulieren die dargestellten materiellen Dinge (Ball, Tor, Kastenteil, Hindernis, Netz) unser sportliches Handeln?

Aufgabe 5
Die Fotos zeigen einen Weg vom Fußball zum Volleyball in fünf Etappen. Welche Spiele können ergänzt werden, damit sich der Weg gradlinig auf acht Etappen erweitert? Erspiele und erprobe diesen neuen Weg. Spiele auch auf einem Weg, der einige Sackgassen aufweist.

Aufgabe 6
Die Fotoreihe zeigt einen denkbaren Weg vom Fußball zum Volleyball. Andere Wege sind ebenso möglich. Die Fotoreihe zeigt auch einen denkbaren Rückweg. Welche anderen Rückwege können erspielt werden? Erspiele und erprobe zwei verschiedene Rückwege.

Aufgabe 7
Vom Fußball gehen viele Wege aus. An welchen Stellen deuten die Bilder darauf hin, daß wir uns an einer Kreuzung befinden, wo Wege zu anderen Sportarten weitergehen? Wo könnte es beispielsweise zum Basketball, zum Tennis oder zum Hockey weitergehen? Erprobe und erspiele jene Wege, die dich am meisten interessieren.

Daß Fußball und Volleyball, Handball und Fußball, Basketball und Handball oder Fußball und Basketball auf diese Art zusammenhängen, mag uns überraschen.
Der Vorwurf ist sogar denkbar, daß in dieser Fotoreihe ein Zusammenhang zwischen verschiedenen Sportdisziplinen künstlich konstruiert wurde, der in der Sportpraxis eigentlich nicht existiert. Dieser Vorwurf ist verständlich und in seiner Einschätzung bezüglich der Sportpraxis zumindest teilweise berechtigt.
Verständlich ist er vor allem deshalb, weil heute der Zusammenhang der Regeln verschiedener Sportdisziplinen weit weniger leicht erkennbar ist als zu Zeiten, in denen verschiedene Sportarten noch eng miteinander verbunden waren.

M 38

Betrachten wir das Bild auf dieser Seite, können wir erkennen, daß das dargestellte Spiel verschiedene Elemente motorischen Handelns in sich vereint, die heute streng nach Sportdisziplinen getrennt sind. Der Ball wird von den Spielern mit dem Fuß geschlagen, mit der Hand geworfen, es wird um den Ball gerungen etc. Heute ist aus diesem Spiel eine Vielzahl von Einzelspielen geworden. So können Fußball, Rugby und Handball als ‹Kinder› dieses Spiels bezeichnet werden. Das Bild kann uns also noch einmal verdeutlichen, daß die Verwandtschaft der Sportregeln zumindest bei diesen Spielen nicht von ungefähr kommt und daß der heute noch zu beobachtende Zusammenhang vermutlich auf ein einmal geschlossenes Ganzes zurückgeführt werden kann.
Damit ist das Bild und dessen Vergleich mit unseren modernen Sportdisziplinen aber auch zum Ausgangspunkt für eine weitere Frage geworden. Um die Berechtigung des eben zitierten Vorwurfs prüfen zu können, müssen wir eine Antwort auf die Frage finden, wie die Regeln des Sports entstanden sind. Dazu wollen wir einen historischen Vorläufer unserer Sportspiele betrachten (vgl. M 39).

«Der Ursprung des neuzeitlichen Feldhandballspiels ist unklar. Nicht weniger als 23 Männer haben seinerzeit den Anspruch erhoben, Erfinder dieses Spiels gewesen zu sein. Auch steht heute fest, daß die Ansicht, der frühere Frauenturnwart des Kreises Brandenburg der Deutschen Turnerschaft, Max Heiser, habe das Spiel ersonnen, falsch ist. Max Heiser hat dem Handballspiel lediglich seinen Namen gegeben, die Regeln verfeinert und Meisterschaftsrunden eingeführt.
Die Anfänge des Handballspiels gehen vermutlich auf das amerikanische Basketballspiel der neunziger Jahre des vorigen Jahrhunderts zurück, das auch seinen Weg nach Deutschland nahm, aber nur von Frauen als Kampfspiel betrieben wurde. Eine andere Form des Spieles entstand 1906 in Nordwestdeutschland mit dem Turmballspiel, in dem der Wurf an den gegnerischen Turm (Sprungständer) das Spiel entschied. Gleichlaufend mit diesen Spielarten dürfen Raffball, Wiesbadener Torball und Königsberger Ball, die in der Zeit von 1905 bis 1918 entstanden sind, als Vorläufer des Handballspiels gelten, da sie statt des Korbes oder Turmes ein Tor zum Ziel hatten, bis schließlich 1919 im Turnkreis Brandenburg das heutige Feldhandballspiel geschaffen wurde. Der tatsächliche Entwicklungsgang läßt sich aus einer Reihe von Urkunden belegen, soweit sie den letzten Krieg überstanden haben.
Im September 1909 führte der Königsberger Damen-Turnverein unter dem Namen ‹Königsberger Ball› einer Anzahl geladener Gäste ein Spiel vor, das sich vom Fußball dadurch unterschied, daß der Ball nur mit dem Unterarm oder der Faust geschlagen werden durfte. Die Zahl der Teilnehmerinnen betrug wie beim Fußball 22 Spielerinnen, dagegen war das Spielfeld nur mit 50 mal 30 Metern bemessen. Auch das normale Fußballtor fand Verwendung. Im Mai 1910 übergab dann Marie Meyer (Königsberg) die Regeln der Öffentlichkeit. Der Ball wurde von der Mitte angespielt und durfte nur in der Luft oder nach ein- oder mehrmaligem Aufspielen geschlagen werden. Rollte der Ball, wurde er von der Partei gespielt, die ihn zuerst berührte.
1911 führte der Turnlehrer August Stober (Pforzheim) ein von ihm erfundenes Spiel vor, dem er den Namen Pforzheimer Torball gab. Teilnehmerzahl und Spielfeldeinteilung waren die gleichen wie beim Fußball. Zur Beförderung des Balles gebrauchte man vornehmlich die Hände, doch war auch die Benutzung jedes anderen Körperteiles außer den Füßen gestattet. Vom Königsberger Ball unterschied sich das Spiel besonders dadurch, daß der Ball auch gefangen und geworfen werden durfte.
Vier Jahre vergingen, ohne daß Königsberger Ball und Pforzheimer Torball Eingang in die Vereine fanden. Am 5. August 1915 gab der Vizefeldwebel und spätere Turnlehrer in Potsdam, Ernst Schulz, eine neue Form des Raffballspieles bekannt. Es ähnelte dem Pforzheimer Torball, die Regeln waren aber dem heutigen Handballspiel noch ähnlicher. Das Tor glich dem Hockeytor und war von einem Halbkreis, dem Torkreis, umgeben. Mit dem Ball in der Hand durfte nicht gelaufen werden, Fehler wurden mit Freiwürfen bestraft. Der Spieler konnte durch Halten oder Fortnehmen des Balles am Wurf gehindert werden.
Aber auch die Potsdamer Anregung blieb ungenutzt. Nur vom Berliner Turnlehrer-Verein wurde die Anregung aufgegriffen. Sein Vorsitzender Ruhnke legte in den Regeln fest, daß es verboten war, den im Ballbesitz befindlichen Gegner oder den Ball in dessen Händen anzufassen. In den Meisterschaftsspielen des Kreises IIIb der Deutschen Turnerschaft taucht erstmalig ein Torballspiel auf, das am 19. September 1915 zwischen dem Damen-TV Berlin und TiB Berlin ausgetragen wurde.

Am 1. Februar 1917 fand im Unterausschuß Frauenturnen des Kreises IIb eine Besprechung der Torballregeln statt. Am 29. Oktober 1917 tritt in einer Bekanntmachung des Berliner Turnrats ‹Bestimmungen für die Abhaltung des Handballspieles für Damenabteilungen› erstmalig der Name ‹Handball› in Erscheinung. Unterschrieben ist das Schriftstück von dem damaligen Frauenturnwart Max Heiser. Bis dahin wurde Handball nur als Frauenspiel betrachtet. Erst am 5. Oktober 1920 erließ Kreisspielwart Döring (Berlin) einen Aufruf zur Pflege des Spieles auch für Männer. Der damalige Kreisturnwart Max Preuß (Berlin) ließ sofort Rundenspiele einrichten und beantragte die Einrichtung einer Deutschen Handball-Meisterschaft. Sie fand dann 1921 in Hannover statt. W. W.»

M 39 (Veit 1977/78)

Wie läßt sich die Entstehung des Handballspiels nach Etappen gliedern?
Was ist ausschlaggebend für das Entstehen von Handballvarianten gewesen?
Wie läßt sich die Etappengliederung regeltheoretisch begründen?
Wer entscheidet über die Neueinführung von Regeln?
Wie geht eine Neueinführung vonstatten?

Lesen wir M 39 aufmerksam, so lassen sich einmal die Etappen der Regelentstehung des Handballspiels beobachten. In der Beschreibung der «Vorläufer des Handballs» zeigt sich aber auch, wer an der Entstehung von Regeln maßgeblich beteiligt war. Ein Max Heiser hat dem Spiel «einen Namen gegeben» und die Regeln verfeinert. Der «Königsberger Turnverein» hatte sich offensichtlich vor seiner Vorführung geeinigt, sein Spiel «Königsberger Ball» zu nennen und das Spiel gemäß festgelegter Regeln zu spielen. Ob die Damen dabei die Regeln selbst erfanden oder bestehende Regeln eines Spiels übernommen haben, geht aus M 39 nicht hervor. Der Text zeigt uns aber auch, daß Regeln gleichsam durch ihre Publizierung entstehen können.

Mit der Weitergabe der Regeln an die Öffentlichkeit waren nämlich offensichtlich für viele weitere Vereine neue Regeln entstanden. Kraft ihres Amtes besaßen zu jener Zeit die Sportlehrer die Autorität, neue Regeln einzuführen und sie zumindest in ihren Kreisen durchzusetzen. Im Berliner Turnlehrer-Verein war es der Vorsitzende, der festlegte, daß es verboten sei, den im Ballbesitz befindlichen Gegner oder den Ball in dessen Händen anzufassen. 1917 war es ein Unterausschuß, der festlegte, wie gespielt werden soll. Die Beispiele zeigen, daß offensichtlich auch im Sport die Regeln zumeist von Autoritäten festgelegt wurden, wobei die Festlegung in erster Linie eine Präzisierung der Verbindlichkeit der Regeln bedeutet. Vieles deutet ansonsten im Zusammenhang mit diesen Beispielen darauf hin, daß die Regeln von diesen Autoritäten nicht eigens kreiert wurden, sie also bereits vor ihrer Präzisierung bestanden hatten. Wie aber sind die eigentlichen Regeln des Sports entstanden?

Die Beschäftigung mit historischen Materialien kann uns nur bedingt eine Antwort auf diese Frage liefern. Genaueres hingegen läßt sich über eine Beantwortung der Frage finden, wie heute Regeln entstehen. Wissen wir, wie heute Regeln entstehen, wie wir selbst Sportregeln machen können (vgl. T 13), wie neue Regeln in den bekannten Sportdisziplinen entstehen (vgl. T 12), so müssen wir lediglich prüfen, ob unsere Annahme berechtigt ist, daß so, wie heute Regeln entstehen, auch früher die Sportregeln entstanden sind. Daß diese Annahme ein hohes Maß an Plausibilität besitzt, ist vor dem Hintergrund unserer Regelmerkmale, die wir in T 5 herausgearbeitet haben, offensichtlich. Denn Regeln beruhen auf Konventionen, sind von Menschen gemacht und können von Menschen verändert werden. Dies gilt für unsere heutigen Regeln und hat – wie unsere Beispiele in M 39 und M 46, Seite 109 – auch zu früheren Zeiten gegolten. Wer eine neue Sportdisziplin macht (vgl. T 13), weiß also spätestens dann eine Antwort auf die Frage, wie die Regeln des Sports entstanden sind und wie sie heute noch zusammenhängen.

Selbst wenn die so beschriebene Antwort auf unsere Themenfrage als befriedigend akzeptiert wird, bietet es sich am Schluß dieses Arbeitsthemas noch einmal an, auf unsere Regelveränderung vom Handball zum Basketball zurückzukommen, um ein Detail unseres Problems zu erörtern. Handball und Basketball wurden nämlich nicht zufällig als die miteinander zu verbindenden Disziplinen vorgeschlagen. Handball wäre mit Turmspringen gewiß weit schwieriger zu verknüpfen gewesen, ebenso Fußball mit Reckturnen. Offensichtlich weisen einige Disziplinen einen engeren Regelzusammenhang auf als andere. Will man diesen Zusammenhang näher bestimmen, so müssen die Regelgemeinsamkeiten bzw. die Regelunterschiede beobachtet werden. Unsere Regelsystematik ist dabei ebenso hilfreich wie eine Betrachtung der verschiedenen Sportdisziplinen nach bewegungsanalytischen Kriterien, wie sie eingangs beschrieben worden sind (vgl. T 3). Diese Beobachtungen können verdeutlichen, daß es sowohl grundlegende Regelzusammenhänge für alle sportlichen Disziplinen gibt als auch spezifische Zusammenhänge, die von Disziplin zu Disziplin verschieden sind.

Warum läßt sich die Frage, wie Regeln entstanden sind, heute nur noch bedingt beantworten? Warum ist es plausibel anzunehmen, daß so, wie heute neue Regeln eingeführt werden, früher auch Sportregeln entstanden sind?

Berücksichtigte, einführende und weiterführende Literatur

DFB: Offizielle Basketballregeln für Männer und Frauen 1974–1976. Berlin 1973.

IHF: Handbuch der internationalen Handball-Federation, Ausgabe 1975.

Öhlschläger, G.: Einige Unterschiede zwischen Naturgesetzen und sozialen Regeln. In: Heringer, H. J.: Seminar: Der Regelbegriff in der praktischen Semantik. Frankfurt 1974, S. 88–110.

Veit, H.: Der Werdegang des Feldhandballs aus der Sicht einer norddeutschen Kleinstadt (unveröff. Mskr.). Lehrte 1977/78.

T 10: In Vergessenheit geratene Sportarten

Beim Schlagballspiel mit Einschenker zeichneten sich die Berliner Studenten durch außerordentlich sicheres Schlagen aus, was bei den Partieen, die nach den Schnell'schen Regeln spielten, nicht so durchgehend der Fall war. Doch haben die Regeln dieses Spieles den Kampfrichtern nicht zugesagt, sie fanden die Spieler zu wenig beschäftigt; auch nach dem Urteil der Zuschauer ist das Spiel ohne Einschenker vorzuziehen.

Beim Schleuderballspiel, das auffälligerweise nur mit 7 Wettspielen vertreten war, zeigte sich die alte Unsitte, daß einer aus der Mannschaft den Kampf durch Abfangen der feindlichen Bälle ganz an sich riß, sodaß von einem Spiele der Parteien gegeneinander keine Rede mehr sein konnte. Mit 5 Punkten ist darum in den auf das Spielen sich beziehenden Rubriken kein Verein gewertet worden.

Das Tamburinballspiel wurde durch Hamburger Damen des St. Pauli-Turnvereins und durch Mitglieder eines akademischen Turnvereins gezeigt; mit besonderen Erwartungen hatte man dem von den Friesen in der Weise des Schleuderballspieles vorgeführten Klootschießen und dem von den Königsbergern gezeigten Kurnik entgegengesehen.

Vom Spielausschuß war ferner auf Anregung des Altonaer und des Hamburg-Eimsbütteler Turnvereins ein Stafettenlaufen mit Fahne über 500 m mit je 5 Läufern veranstaltet worden, gleichfalls eine Erstlingsvorführung auf deutschen Turnfesten, die aber die Feuerprobe der öffentlichen Kritik so glänzend bestanden hat, daß sie wohl bald wieder wird unternommen werden. Es siegten die Altonaer in 61″, die Eimsbüttler wurden Zweite in 61 1/5″. Vorzüglich liefen ebenfalls die Münchener, die leider das Unglück hatten, ihre Fahne beim Wechsel zu Boden fallen zu lassen, welche Verzögerung sie nicht wieder einholen konnten.

M 40 (v. Schenckendorff / F. A. Schmidt [Hrsg.] 1899)

In M 40 finden sich Wettkämpfe aus dem Jahr 1899, die heute auf nationaler Ebene wettkampfmäßig nicht mehr ausgeübt werden. Die Beschreibungen der Disziplinen deuten auf Regelfragen in dieser Zeit ebenso hin, wie die Popularität dieser Disziplinen einschätzbar wird.

Suchen Sie in alten Sportspielbüchern nach den Regeln der Wettkämpfe aus M 40. Worin könnten die Ursachen liegen, daß wir heute diese Disziplinen nicht mehr wettkampfmäßig betreiben? Vergleichen Sie Ihre Ursachen mit den Merkmalen des Wandels von EICHBERG (vgl. T 2).

Sucht man die strukturellen Merkmale des Sports und seiner Disziplinen, so findet man immer auch das Phänomen des Wandels. Die Möglichkeit des Regelveränderns verweist auf den Wandel des Sports; sie läßt zu, daß völlig neue Sportarten entstehen, wie auch bekannte, aktuell noch ausgeübte in der Zukunft verlorengehen können (vgl. T 5). Von EICHBERG und DUNNING haben wir im einleitenden Kapitel erfahren, wie weitreichend solche Veränderungen im Sport sein können.
In diesem Arbeitsthema soll nun jener Zusammenhang direkter erfahrbar gemacht werden. An konkreten Bewegungsspielen oder an ausgewählten Sportarten, die zu einem früheren Zeitpunkt attraktive Spiele oder Wettkampfdisziplinen waren, heute aber nahezu völlig in Vergessenheit geraten sind und fast nirgendwo mehr praktisch ausgeübt werden, soll der Frage nachgegangen werden, wie die Sportregeln in kulturelle, gesellschaftliche Regeln eingebettet sind und wie sie sich in Abhängigkeit zu diesen entwikkeln bzw. verändern.
Diskutiert man diesen Zusammenhang am isolierten Beispiel moderner Sportdisziplinen wie dem Fußball, so kann dies heute nur sehr ungenau verdeutlicht werden (vgl. T 11 und T 12). Wohl läßt sich anhand einer Untersuchung über den modernen Fußball alles über jene Faktoren herausfinden, die diese Sportart derzeit am meisten beeinflussen. Zu denken wäre dabei an den Einfluß des Fernsehens, der Werbung oder an den immer offensichtlicheren Zusammenhang zwischen Fußball und Politik. Daß diese Faktoren nicht aus heiterem Himmel gefallen sind, sondern bereits eine historische Tradition besitzen, kann bei einem solchen Vorgehen aber nicht erfaßt werden. Für unser Vorhaben noch nachteiliger ist der Tatbestand, daß die sich wandelnden strukturellen Merkmale des Sports verdeckt bleiben und die Frage, inwieweit sich der Wandel im Sport auch aus sich heraus vollzogen hat, kaum in Blick kommt.
Will man diese Frage mitbeantworten, so bietet es sich an, nicht nur die aktuelle Situation einer Sportart zu betrachten, sondern, in Distanz zur heutigen Lage, gleichsam aus einer Vergleichsposition heraus, den Wandel des Sports zu untersuchen.

Rekonstruieren Sie die Entwicklung einer Ihnen gut bekannten Sportdisziplin über den Zeitraum der letzten 15 Jahre. In welchen Bereichen der Disziplin hat sich viel, in welchen nichts verändert?

Dazu ist es hilfreich, eine heute nicht mehr ausgeübte Wettkampfdisziplin oder ein heute nicht mehr gespieltes und in Vergessenheit geratenes Bewegungsspiel zu suchen und als ‹neu› in den Sportbetrieb wieder einzuführen. Besonders interessant ist zum Beispiel der Wandel vom Feld- zum Hallenhandball.

Feldhandball ist in vieler Hinsicht didaktisch ‹wertvoller› als Hallenhandball. In Lehrplänen wird Feldhandball nicht einmal erwähnt. Suchen Sie Gründe, warum Feldhandball im Aussterben begriffen ist, Hallenhandball hingegen im internationalen Bereich sich zunehmend ausweitet.

Die Wiedereinführung in den Sportbetrieb sollte sich aber nicht nur darauf beschränken, die alten Regeln im Vergleich zu modernen Spiel- und Sportregeln zu interpretieren. Die alten Spiele müssen wir auch in ihrer Praxis erfahren. Sie sollten also geübt, gespielt und als Wettkampf betrieben werden. Es darf dabei freilich nicht übersehen werden, daß die Erfahrungen, die man als Sportler mit diesen Disziplinen heute macht, nicht jene Erfahrungen sind, die man mittels dieser Sportarten früher machen konnte.
Im folgenden soll die Wiedereinführung mittels zweier Spiele versucht werden, die längst in Vergessenheit geraten sind. In Schnepfenthal wurde um 1800 von GUTS MUTHS Schülern u. a. auch «Scheibenball» gespielt. GUTS MUTHS' ‹Regeln› sollen hierzu auszugsweise wiedergegeben werden:

«Auf dem Rasenplatz hatte Hr. W. einen starken Stab senkrecht fest in den Boden gesteckt, so daß er 4 Fuß hoch heraus hervorragte. Oben am Kopf war dieser Stab wenigstens 4 Zoll stark und gerade geschnitten. Auf dieses Ende lehnte er eine hölzerne, tellergroße Scheibe, im Gleichgewicht festliegend.
Dicht neben dem Stabe ward in den Boden eine kleine Grube gemacht, und in diese wurden 50 Steinchen gelegt.
Zwey Schritt von dem Stabe abwärts zog Hr. W. rings um den Stab eine Linie, die Schlaggränze. Von dieser 10, 12 Schritte abwärts riß er eine gerade Linie in den Boden ... Man nannte sie die Wurfgränzen. 15 Schritt von jener ersten Grube entfernt ward eine zweyte in den Boden gemacht. Jene heißt die Schuld, diese die Gewinnstgrube ...
Am bequemsten ist das Spiel unter 8, 10 bis 12 Personen. Ihre Zahl muß gleich seyn. Sie theilen sich in zwey Parteyen, die eine ist die schlagende, die andere die werfende. Wir wollen die Personen dieser A, B, C, D, jener ‹A›, ‹B›, ‹C›, ‹D› nennen.
A–D schickt einen ins Spiel ... dieser (stellt sich) mit dem Ballholz neben die Scheibe, innerhalb der Schlaggränze. Hier hat er folgende Geschäfte: a) Er muß mit dem Ballholze den nach der Scheibe abgeworfenen Ball abwehren, damit sie nicht herunterfällt. b) Er muß hierbey den Ball aus den Händen der Gegner a–d zu bringen versuchen, so daß diese genöthigt sind, ihn aus der Entfernung her-

beyzuholen. c) Wenn der Ball auf diese oder irgend eine andere zufällige Art nicht in der Nähe ist, so muß er seiner Partey so viel wie möglich Points machen. Dies letzte geschieht dadurch, daß er aus der Schuldgrube einen Stein nach dem anderen in die Gewinnstgrube trägt ... Jene Geschäfte (a–c) setzt er solange fort, bis er matt wird, d. i. durch einen Fehler seine Stelle verliert ... Das Gewinnen beruht auf der Mehrheit der Points, die von einer oder der anderen Partey in einer vorausbestimmten Zahl von Gängen gemacht worden sind ... Hier noch einige Gesetze:

1. Jeder herüber getragene Stein gilt ein Point.
2. Wird die Scheibe von den Werfenden herabgebracht und sie rollt über die Schlaggränze völlig weg, so zählt die Partey der Werfenden 1 Point.
3. Der Schläger darf weder Ballholz, noch Körper, noch sonst etwas vor die Scheibe halten, um sie zu decken.
4. Die Werfenden dürfen beym Wurfe die Wurfgränze nicht überschreiten. Seitwärts können sie aber von ihrem Standpunkte abweichen.»

M 41 (GUTS MUTHS 1802)

Wodurch unterscheidet sich obenstehende Regelbeschreibung von modernen Spielregeln?
Inwieweit läßt sich über die Regeln das soziohistorische Umfeld des Sports aus dieser Zeit herausfinden?
Vergleichen Sie Ihre Antworten mit DUNNINGS Strukturvergleich (vgl. S. 22f).
Welche Regeln wären zu ändern bzw. zu spezifizieren, wenn «Scheibenball» als Wettkampfsport betrieben werden soll?

Die Frage, ob dieses Spiel auch heute noch spielbar ist, erübrigt sich, sobald wir das Spiel praktisch erprobt haben. Die Suche nach einer Antwort auf die Frage, warum dieses Spiel heute nicht mehr gespielt wird, muß hingegen aufgenommen werden. Wenn wir das Spiel auf der Grundlage der GUTS MUTHSschen Regeln spielen und uns dann unmittelbar danach die Frage nach dem Verlust stellen, so wird vermutlich in der mangelnden Dynamik des Spiels und in der fehlenden Möglichkeit zum Zusammenspiel eine Ursache gesehen. Beide Interpretationen deuten in die Richtung jener Theorie, die annimmt, daß die ‹Spielbarkeit› eines Spiels bzw. einer Sportart in Abhängigkeit zur gesellschaftlichen Entwicklung der Sporttreibenden zu sehen ist, Dynamik und Kooperation als Merkmale moderner Industriegesellschaften also auch wesentliche Merkmale der Spiele dieser Gesellschaft bilden. Die Berechtigung dieser Annahmen könnte freilich unter Berufung auf andere Sportarten und andere Gesellschaften bezweifelt werden. Vergleichende Analysen über ‹statische Spiele› wie Baseball und Golf, die sich in den USA einer besonderen Popularität erfreuen, könnten zu einer kontroversen Wiederbelebung der Diskussion führen, die DUNNING und EICHBERG angeregt haben (vgl. T 2).

Wie läßt sich die Popularität von Sportarten in Abhängigkeit zur kulturellen Umwelt erklären?
Welche Rolle spielen dabei heute die Massenmedien?
Inwiefern ist dadurch heute im Vergleich zum 19. Jahrhundert eine neue Situation eingetreten?

Das Spielen selbst und ein genaueres Studium der Regeln lassen uns aber noch zusätzliche Erfahrungen machen. Spielt man das Spiel von GUTS MUTHS längere Zeit und nimmt man Einblick in die originalen Spielregeln, so wird der kulturelle Hintergrund des Spiels etwas deutlicher. Es fällt auf, daß im Gegensatz zu den bekannten Sportspielen dieses Spiel kaum wettkampfmäßig in Leistungsklassen gespielt werden konnte, da die Regeln weit weniger exakt und diktierend als moderne Spielregeln definiert sind, daß weder zum Spielinventar noch zu den einzelnen Spielhandlungen eindeutige Beschreibungen geliefert werden, daß Korrektheit und Exaktheit in bezug auf Raum, Zeit und Material (Organisationsprobleme des moder-

nen Sports) zur Zeit von GUTS MUTHS vermutlich keine allzu große Bedeutung hatten. Hingegen verweist die Sprache der Spielregeln auf moralische Einflüsse der damaligen Spielkultur: Regeln heißen «Gesetze», «Schuld-» und «Gewinnstgrube» werden unterschieden.
Auch der Einfluß ausländischen Sports auf die deutsche Spielkultur wird deutlich (vgl. «points»). So wie «Scheibenball» sind in den letzten hundert Jahren eine Vielzahl von Bewegungsspielen verlorengegangen. Für die Gruppe der sportlichen Wettkämpfe zeigt uns dies die Turnchronik der Deutschen Turnerschaft. Hier finden sich zahlreiche sportliche Wettkämpfe, die Zuschauerattraktionen bei deutschen Turnfesten waren, heute jedoch nur noch belächelt würden:

II. Freie Wettspiele.

A. Schlagball.

Bremer Tv. 85 P. : Berliner Tgmde. 43 P.
Düsseldorf, A. Tv. 78 „ : Flensburg, Mtv. 41 „
Dresden, Turnlust 76 „ : Aussig, Tv. 53 „
Dresden, Turnlust 54 „ : Berl., Akad. Tbd. 28 „
Bonner Tv. 51 „ : Quedlinburg, Tv. 42 „

Musterspiel im Schlagball:
Hamburg. Lehrer Tv. 139 P.; München, Mtv. 55 P.

B. Faustball. 104 Spiele im ganzen.

C. Fußball.

1. Essener Tbd. 6 Tore : Allg. Tv. Liegnitz 0 Tore
2. Berliner Tschft. 0 „ : Tgmde. Leipzig 2 „
3. Alt. Tv. Liegnitz 5 „ : Lübecker Tschft. 1 „
4. Essener Tbd. 18 „ : Tv. Teplitz 0 „

D. Treibball (Hockey).

1. Berliner Tschft. 7 Tore : Magdeburg, Tv. 2 Tore
2: „ „ 5 „ : Ak. Tbd. Leipzig 2 „

E. Trommelball.

1. Magdeburg, Tv. Jahn 98 P. : Braunschweig, Mtv. 46 P.
2. Allg. Tv. Bremen 70 „ : Magdeburg, Tv. Jahn 33 P.
3. Allg. Tv. Bremen 78 „ : Braunschweig, Mtv. 26 P.
4. Tv. Saarbrücken v. 1848 150 „ : Tv. Recklinghausen 125 P.
5. Allg. Tv. Bremen (Turnerinnen) 114 P. : Recklinghausen (Turner) 114 P.

F. Barrlauf.

1. Berliner Tschft. 37 P. : Akad. Tv. Berlin 24 P.
2. Tv. Guts Muths Berlin 53 P. : Allg. Tv. Düsseldorf 20 P.
3. Hamburger Tschft. v. 1816 21 P. : Berliner Tschft. 36 P.

III. Musterspiele.

A. Schleuderball mit Vorwerfen.

Musterspiel einer Kreismannschaft des Kr. V. Ergebnis 5 : 1.

B. Turul (Adler).

Musterspiel vom Allg. Tv. Czernowitz.

C. Barrlauf.

Es konnten wegen Platzmangel nur 4 Spiele stattfinden. Zahl der Teilnehmer: 96 Mann.

1. Tv. Guts Muths Berlin : Akad. Tv. Berlin.
2. Tgmde. Charlottenburg : Tv. Friesen, Berlin.
3. Tvg. Berliner Lehrer : Allg. Tschft. Charlottenburg.
4. Akad. Tv. Kurmark : Lübeckscher Tv., Reinickendorf, Tvg. Weißensee u. Tv. Jahn Neu-Köln.

D. Schlagball.

Hambg. Lehrertv. gegen Mtv. München 139 : 55.

M 42 (GASCH 1914)

Wodurch unterscheidet sich M 42 von einer modernen Tabelle?
Welche Spiele werden heute noch gespielt?
Welche sind verlorengegangen?

Eine ähnlich geeignete Fundgrube sind Darstellungen zur Geschichte der modernen Olympischen Spiele. In Paris 1900 gab es beispielsweise keinen 100-m-Lauf, dafür aber einen 60-m-Lauf in der Leichtathletik, ebenso gab es einen Hindernislauf über 2500 m. Die Hindernisse waren nach Belieben aufgestellt; Tauziehen, Hochsprung aus dem Stand, Weitsprung aus dem

Stand und Dreisprung aus dem Stand gehörten ebenso zu den olympischen Disziplinen wie Steinstoßen.
Wir wollen uns aber noch einmal der Deutschen Turnchronik zuwenden und dort unsere Aufmerksamkeit dem *Barlaufen* schenken.

> Hübsch wurde Barlauf gespielt; das darf nicht wunder nehmen, da es in der „guten alten Zeit" des Turnens das einzige turnerische Spiel war, das Feinheiten aufzuweisen hatte. Von den Vereinen, die die feineren Ballspiele pflegen, hatte kaum einer ein Barlaufspiel angemeldet, ein deutliches Zeichen, wo das Bessere zu suchen ist. Mit 5 Punkten ist nur das Spiel des Akademischen Turnvereins Berlin gewertet worden. Angenehm berührt es, daß die Parteien sich nicht auf das bei Barlaufspielen gebräuchliche „Lauern" gelegt haben, sondern frisch und energisch gelaufen sind; dafür zeugen die Resultate: Hamburg siegte gegen die Berliner Turnerschaft mit 8 : 4, der Askanische Turnverein Berlin gegen die Akademischen Turnvereine Berlin mit 3 : 1.

M 43 (v. SCHENCKENDORFF / F. A. SCHMIDT [Hrsg.] 1899)

> Auf welche Regelprobleme des Barlaufens verweist der Bericht in M 43? Wodurch wird die Hinwendung bzw. das Abwenden zum bzw. vom Barlaufen u. a. bedingt? Deutet dies auf ein Merkmal sportlichen Wandels hin?

Barlaufen gehörte um die Jahrhundertwende zu den beliebtesten Turnspielen der deutschen Turnbewegung und gemäß einer Erhebung zu den Spielmannschaften aus dem Jahr 1926 in der Deutschen Turnchronik von 1927 war diese Sportart besonders in Ost- und Mitteldeutschland beliebt. In Meisterschaftsrunden wurden in den verschiedenen Turnbezirken Meister ermittelt, die auf höchster Ebene – beim Deutschen Turnfest – den Deutschen Barlauf-Meister sowohl für Frauen als auch für Männer ermittelten. Nicht in allen Bezirken wurde dabei nach den gleichen Regeln gespielt (vgl. M 44). Einer Berliner Regelauffassung stand eine sächsische gegenüber, die sich aber in den Endkämpfen bei den Deutschen Turnfesten nicht durchsetzen konnte.

> Die Turnkreise sollen 1924 Versuche mit Regeln nach eigenem Belieben machen, die dann 1925 hoffentlich zu einem einheitlichen Regelwerk führen. Dasselbe gilt für Barrlauf. Hier stehen die sächsischen Regeln, welche die Entscheidung allein dem Schiedsrichter zusprechen und den Haltruf nicht unbedingt verlangen, den Berliner

Regeln gegenüber, die den Spieler mit entscheiden lassen und den Haltruf unbedingt fordern. Der Spielausschuß der D. T. hatte sich den Sachsen angeschlossen und die Spiele in München zeigten nicht, daß di: Berliner Auffassung die bessere war, andererseits trugen sie nicht zur Klärung der Regelfrage bei. Auch hier wird weiteres nötig sein, ehe wir uns festlegen.

M 44 (Gasch 1924)

Gibt es auch heute nationale Differenzen in der Regelauslegung? In welchen Disziplinen gibt es internationale Differenzen? Wodurch entstanden bzw. entstehen Differenzen? Wie lassen sich derartige Differenzen beseitigen?

Wie wurde Barlaufen aber gespielt? Die Regeln aus dem Jahr 1920 (vgl. M 46, Seite 109) können uns als Anleitung für die praktische Erprobung dienen.

Versuchen Sie mit Hilfe der Regeln auf Seite 109, einen des Barlaufs unkundigen Partner in die Regeln dieser Sportart einzuführen.
Auf welche Weise werden in vorstehenden Regeln mögliche Regelauslegungskonflikte gelöst? Worin liegen die Vorteile, worin die Nachteile dieser Lösung?
Inwiefern sind die Regeln offen bzw. interpretationsfähig?

Bei der Lektüre der Regeln in M 46 fällt vermutlich als erstes die ungewöhnliche Form der Regelbeschreibung ins Auge. Formulierungen wie «ein Mal als Lager», «die Spieler, die nicht gut unter 20 und über 30», das «feindliche Lager», «Flucht ergreifen», «Gefangene machen» deuten auf einen allgemeinen Sprachgebrauch der zwanziger Jahre und damit auch auf gesellschaftspolitische Zusammenhänge dieser Zeit hin, die heute nur noch mit Schwierigkeiten zu verstehen sind.

Bemerkungen zum Barlaufspiel.

Das Barlaufspiel ist ein schönes Spiel, bei dem alle Spieler im gleichen Maße beteiligt sind; es verliert aber an ethischem Wert, wenn ein sichtbares Jagen nach Punkten in den Vordergrund tritt. Gewiß muß die erreichte Punktzahl das Spiel entscheiden, aber gehässiges Betragen und rohes Schlagen erniedrigen das Spiel und nehmen ihm den Schönheitscharakter. Leider ist das oft bei Wettspielen zu beobachten; besonders dann, wenn große Spieler kleineren Spielern gegenüberstehen und durch rohes Spiel oder unschöne Bemerkungen die Gegner einschüchtern, so daß diese nur ängstlich ihren Lauf ausführen, da sie sich vor dem rohen Schlagen des Gegners fürchten. Unter den Spielern sollte eine ritterliche Kameradschaft herrschen, die in gleicher Wertschätzung des Mitspielers ihren Kernpunkt hat.

Vergleichen Sie in nebenstehender Beschreibung den geforderten Spielethos mit der ‹Spielethik› im modernen Wettkampfspiel. Inwiefern stützt die Beschreibung Eichbergs These, daß die Auswüchse im Massensport unserer Zeit keineswegs moderne Auswüchse des Sports sind (vgl. M 5 bis M 7)?

M 45 (Wohlrath 1924/25)

38. *Barlaufen.

Der Spielplatz (**Fig. 19**) ist ein Rechteck, 25 m lang und 20 m breit und von allen Seiten deutlich begrenzt. An jeder Schmalseite befindet sich ein Mal als Lager; die Malgrenze

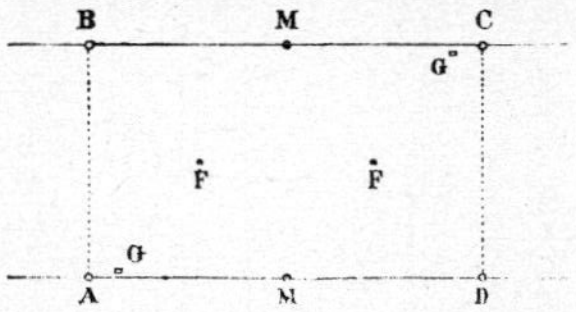

Fig. 19.

A B und C D muß recht deutlich und weithin zu erkennen sein. Rechts vor jeder Malgrenze, 3 m davon entfernt, wird auf oder nahe an der Seitengrenze durch einen Pfahl, einen Stein oder dergl. eine Stelle als **Gefangenenmal**, G, bezeichnet, sodaß also diese Male in den einander gegenüber liegenden Ecken des Platzes sich befinden. Die Spieler, nicht gut unter 20 und über 30, bei Wettspielen 24, teilen sich in zwei gleiche Parteien (Gespielschaften), A und B, und jede besetzt ein Lager. Das Spiel wird nun dadurch eröffnet, daß ein guter Spieler der Partei A, er heiße N, gegen das feindliche Lager vorläuft und die Gegner zum Auslaufen reizt und lockt. Er darf sich indes nicht zu weit vorwagen, denn aus der Partei B laufen ihm einer oder mehrere entgegen, um ihn durch einen leichten Schlag mit der Hand zum Gefangenen zu machen. N kann keinen von diesen schlagen, weil sie später als er selbst das Mal verlassen haben; er flüchtet daher in sein Mal zurück, wodurch er wieder „Bar" erhält, d. h. aufs neue auslaufen und schlagen kann. Unterdes sind aber andere der Partei A ausgelaufen, vor denen alle aus der Partei B, die früher ausgelaufen sind, nun die Flucht ergreifen müssen, denn es gilt als Hauptregel des Spieles: Nur ein **später Ausgelaufener kann einen früher ausgelaufenen** Gegner durch einen leichten Schlag mit der Hand zum Gefangenen machen. Das Auslaufen geschieht in keiner bestimmten Ordnung, doch sollen nie zu viele auf einmal auslaufen.

Wird ein Spieler geschlagen, so ruft der Schläger laut „Halt!" Damit kommt das Spiel für einen Augenblick zur Ruhe; ein Gang desselben ist aus, alles weitere Schlagen und Erlösen ist dann ungültig, denn in jedem „Gange" des Spieles kann immer nur **einer** gefangen genommen werden. Alle Spieler kehren in ihr Lager zurück, und der Geschlagene nimmt Aufstellung an dem Gefangenenmale. Der Gefangene muß dieses mit dem linken Fuße berühren, darf aber den rechten Fuß vorstellen und die rechte Hand seiner Gespielschaft entgegenstrecken. Wird ein zweiter gefangen, so löst dieser den ersten Gefangenen ab, der zu seiner Partei zurückkehrt, aber als Gefangener mitgezählt wird*) (oder er stellt sich mit seinem linken Fuße an den rechten Fuß des ersteren, faßt dessen Hand und nimmt im übrigen Stellung wie jener). Drei Gefangene beenden ein Spiel (eine Partie).

Jede Partei muß ihre Gefangenen zu erlösen trachten. Dies geschieht dadurch, daß ein Spieler, ohne selbst geschlagen worden zu sein, die vorgestreckte Hand des Gefangenen berührt. Er ruft laut: „Erlöst!" (oder „Halt!"). Die Erlösten (und alle übrigen Spieler) kehren in ihr Lager zurück. Stehen die Gefangenen nicht verbunden da oder ohne das Gefangenenmal zu berühren, oder behindern sie die Gegner, so sind sie nicht frei. Steht nur einer von zwei Gefangenen, so gelten beide für befreit, falls jener richtig stand.

Es gelten noch folgende Regeln:

1. Wer über die Seitengrenzen des Platzes läuft (von zweien der zuerst Hinüberlaufende, meistens also der Verfolgte), gilt als gefangen. Die Gegner rufen dann „Raus!" oder „Halt!"

2. Wer sich hinwirft (um den Gegner zu Fall zu bringen) oder sich nachwirft (um ihn noch am Bein zu treffen) hat sich als Gefangener zu stellen.

3. Wer einen Spieler schlägt, den er nicht schlagen darf, oder ohne getroffen zu haben „Halt!" ruft, ist Gefangener. Ebenso derjenige, welcher zu Unrecht „Raus!" oder „Erlöst!" ruft. Bei Meinungsverschiedenheiten darüber, ob getroffen ist oder nicht, entscheidet der Schläger; denn er allein kann in allen Fällen mit Bestimmtheit angeben, ob er getroffen hat. Der Getroffene braucht den Schlag nicht immer zu fühlen, da auch die Kleidungsstücke getroffen sein können.

4. Behauptet jeder der beiden Gegner, daß er später ausgelaufen und mithin allein zum Schlagen berechtigt sei, und kann der Streit durch andere nicht leicht entschieden werden, so „hebt es sich", und es bleibt alles beim alten.

5. Wenn gleichzeitig von beiden Parteien jemand geschlagen wird, oder wenn die eine Partei einen Gefangenen macht, und die andere gleichzeitig einen erlöst, so ist beides ungültig.

Wenn eine Partei gleichzeitig einen Gefangenen erlöst und einen Spieler der Gegenpartei schlägt, oder wenn sie gleichzeitig zwei Spieler gefangen nimmt, so gilt nur eines von beiden, wobei ihr indes die Wahl freisteht.

6. Wer ohne geschlagen zu werden ins feindliche Mal läuft, kann außerhalb der Seitengrenze zu seiner Partei frei zurückkehren. Er darf auch von der Seite her das Spielfeld wieder betreten, hat dann aber kein Schlagrecht und kein Recht zum Erlösen und kann von den Gegnern geschlagen werden, die später auslaufen, als er das Spielfeld betritt. Das „Durchlaufen", das übrigens den Gang des Spieles nicht unterbricht, dient eben nicht zur Belebung des Spieles und sollte daher nur im Notfall vorkommen.

7. Die Gefangenen dürfen die Spieler ihrer Gegenpartei nicht stören, wohl aber sollen sie darauf sehen, daß diese vor dem Auslaufen im Male stehen.

8. Bei einem **Wettspiele** hat die Partei gesiegt, die in der verabredeten Zeit (zwei mal 15 Minuten) die meisten Punkte erlangt.

9. Mit je einem Punkte wird gewertet:

a) die Gefangennahme eines Gegners,
b) die Befreiung eines oder zweier Gefangener,
c) der Gewinn eines Spiels (einer Partie).

10. Nach Ablauf der Hälfte der Spielzeit werden die Male gewechselt.

Anmerkung. Geübten Barlaufspielern ist der „**Fahnenbarlauf**" zu empfehlen. Jede Partei pflanzt etwa 6—8 m vor ihrem Lager eine Fahne (Fig. 18 F) auf — z. B. einen Stock mit einem Taschentuche daran oder einer Mütze darauf. Wenn es einem Spieler gelingt, ungeschlagen die Fahne der Gegner in sein Lager zu schaffen, so hat seine Partei dadurch ein Spiel gewonnen; etwa vorhandene Gefangene kehren also auch in ihr Lager zurück. Im übrigen gelten alle Regeln des einfachen Barlaufs. Bei einem „Halt!" während des Fahnenraubes entscheidet billiges Urteil darüber, ob der Raub als geglückt oder nicht gelungen anzusehen ist. Bisweilen zählt man den Fahnenraub als 3 Punkte; er beendet dann das Spiel nicht.

*) Bei rauhem Wetter empfiehlt es sich, statt des Gefangenen einen Stoßball an das Gefangenenmal zu legen. Wird dieser von dem Erlöser berührt, so sind die Gefangenen befreit.

Für unser Arbeitsthema bedeutsam ist u. a. die Frage, wie die Beziehung der gegeneinander spielenden Mannschaften in den Regeln beschrieben und welche Rolle dabei den einzelnen Spielern zugewiesen wird.
Ausrufe einzelner Spieler wie «halt», «erlöst» haben spielregulierende Funktionen, und in Konfliktfällen wird dem Spielpartner und dem Gegner so viel Vertrauen entgegengebracht, daß man zu dieser Zeit offensichtlich akzeptierte, daß bei Meinungsverschiedenheiten, etwa «ob getroffen ist oder nicht», der Schläger zu entscheiden hat; «denn er allein kann in allen Fällen mit Bestimmtheit angeben, ob er getroffen hat». Die Frage, warum es solche Regeln in modernen Sportwettkämpfen heute nicht mehr gibt, zu jener Zeit aber anscheinend als selbstverständliche Regeln vorausgesetzt werden konnten, scheint sowohl auf einen Wandel im Verhältnis der Sportler untereinander als auch auf einen Wandel in der Bedeutung hinzuweisen, die die Athleten ihren sportlichen Wettkämpfen zumaßen bzw. zumessen.

Auch Fußball wird häufig ohne Schiedsrichter gespielt. In welchen Situationen spielt man ohne Schiedsrichter? Warum gelingt in diesen Situationen das ‹schiedsrichterlose› Spiel? Warum gelingt es in anderen Situationen nicht?

Barlaufen, so wie es um die Jahrhundertwende in Deutschland gespielt wurde, war offensichtlich ohne Schiedrichter spielbar, und die Sportler waren in der Lage, ein Spiel bis zur höchsten Meisterschaft zu betreiben, ohne dabei einem von außen an das Spiel herangetragenen Schiedsgericht unterworfen zu sein. Diese Beobachtung schließt jedoch nicht aus, daß die Sportler zu jener Zeit die Offenheit der Regeln in einer Weise strategisch nutzten, daß unfaires oder aggressives Spiel die Folgen waren. Die «Bemerkungen zum Barlaufspiel» (vgl. M 45, Seite 108) aus dem Jahr 1924 deuten zumindest darauf hin.
Aber auch die Frage nach der Notwendigkeit eines Schiedsgerichts stand zu jener Zeit bereits zur Diskussion. Die Entscheidung des Spielausschusses des Deutschen Turnfestes aus dem Jahre 1924, die die Entscheidung des Schiedsrechts im Barlauf zur Folge hatte, scheint dabei auf einen Wandel zu verweisen, der nur in engem Zusammenhang mit der zunehmenden Konkurrenz zwischen Turn- und Sportspielen zu erklären ist:

Wir müssen mit dem Trommelballspiel zurück zum Spielgedanken des Faustballspiels mit erheblich entfernterer Angabelinie. Wer in flachen, scharfen Bällen das Spiel genießen will, wünscht die Schnur 2 m hoch; wer die hohen, weiten Bälle retten will, glaubt dies mit 4—5 m hoher Schnur zu erreichen. Die Turnkreise sollen 1924 Versuche mit Regeln nach eigenem Belieben machen, die dann 1925 hoffentlich zu einem einheitlichen Regelwerk führen. Dasselbe gilt für *Barrlauf*. Hier stehen die sächsischen Regeln, welche die Entscheidung allein dem Schiedsrichter zusprechen und den Haltruf nicht unbedingt verlangen, den Berliner Regeln gegenüber, die den Spieler mit entscheiden lassen und den Haltruf unbedingt fordern. Der Spielausschuß der D. T. hatte sich den Sachsen angeschlossen und die Spiele in München zeigten nicht, daß di: Berliner Auffassung die bessere war, andererseits trugen sie nicht zur Klärung der Regelfrage bei. Auch hier wird weiteres nötig sein, ehe wir uns festlegen.

M 47 (Gasch 1924)

Die Frage, warum Barlaufen heute nicht mehr wettkampfmäßig gespielt wird, warum bei Deutschen Turnfesten kein Deutscher Barlaufmeister mehr ermittelt wird, kann mittels der bislang gemachten Beobachtungen allerdings nur verkürzt beantwortet werden. Trainiert und spielt man das Spiel, wird eine genaue Antwort hingegen eher möglich sein. Die Erfahrungen können dann in Beziehung zu jenen gesetzt werden, die man bei einem Wettkampf im Basketball, in der Leichtathletik oder in anderen modernen Sportdisziplinen heute üblicherweise machen kann. Erfahrungen wie ‹Langeweile›, ‹Spannung›, ‹Aggression›, ‹Dynamik›, ‹ohne Überraschungen›, ‹zu wenig Risiko›, ‹genau kalkulierbar›, ‹immer auf sich allein gestellt›, ‹zuviel Kooperation›, ‹zu viele Pausen›, ‹zuviel Gerede› etc. können so Grundlage für die Beantwortung unserer Themenfrage werden.

Berücksichtigte, einführende und weiterführende Literatur

Braungardt, W.: Die Turnspiele 1923. In: Jahrbuch der Turnkunst 1924. Dresden 1924, S. 72–79.

Fischer, E.: Entwicklung und Stand der Turnspiele in der Deutschen Turnerschaft. In: Jahrbuch der Turnkunst 1908. Leipzig 1908, S. 160–167.

Gasch, R.: Jahrbuch der Turnkunst. Jahrbuch der Deutschen Turnerschaft 1909. Leipzig 1909.

ders.: Jahrbuch der Turnkunst. Jahrbuch der Deutschen Turnerschaft 1914. Leipzig 1914.

Guts Muths, J. Ch. F.: Spielalmanach für die Jugend 1802, 1803. München 1975.

Jahn, F. L./Eiselen, E.: Die Deutsche Turnkunst. Zur Einrichtung der Turnplätze. Berlin 1816.

Kohlrausch, E./Marten, A.: Turnspiele nebst Anleitung zu Wettkämpfen und Turnfahrten für Lehrer, Vorturner und Schüler höherer Lehranstalten, Hannover 1911.

Wohlrath, Th.: Deutsche Meisterschafts- und Wettkampfspiele. Stuttgart 1924/25.

ders.: Ein Leitfaden und Wegweiser für deutsche Wett- und Kampfspiele für Sport, Turnen, Athletik nebst den allgemeinen und offiziellen Regeln dieser Verbände. Stuttgart (o. J.).

v. Schenckendorff, E./Schmidt, F. A.: Jahrbuch für Volks- und Jugendspiele. Leipzig 1899.

T 11: Regelwandel im Sport

«Es könnte gut sein, daß den später Kommenden unserer Stufe der Zivilisation unser Verhalten ähnliche Peinlichkeitsgefühle auslöst wie uns zuweilen das Verhalten jener, deren Nachkommen wir sind» (NORBERT ELIAS).

Neue Regeln und Spiele werden in jedem Jahre auftauchen. Besonders der scharfe Betrieb aller Spiele als Wettspiele, der auch sehr bedenkliche Schattenseiten hat, bedingt eine Verschärfung der Regeln, die nicht immer als eine Verfeinerung des Spieles im Sinne des allgemeinen Spielgedankens bezeichnet werden kann. Das von Turnvereinen wohl am meisten gepflegte Faustballspiel hat während des Jahres zu lebhaftem Gedankenaustausch Anlaß gegeben, der Plan eines Kampfes um die Meisterschaft in Frankfurt, die Änderung der Regeln durch den Technischen Ausschuß des Zentralausschusses (Straßburg 1908), der das sogenannte „Hauen" und das Nachschlagen im feindlichen Felde verbot, die Erfindung eines Zählapparates durch Raabe in Leipzig, die wiederum Ring in Essen zur Darlegung seiner Anschreibweise bewog (Deutsche Turnzeitung, 1908, Seite 367), schließlich die Empfehlung eines Faustballspieles bei niedrig gespannter Leine durch Dr. Walther in Berlin (vergl. Dtsch. Turnztg., S. 703), die aber lebhaften Widerspruch fand, zeugen für die Teilnahme, die man in Turnerkreisen diesem tüchtigen Spiele widmet. Tamburin- oder Trommelball wird mit Recht immer mehr den Frauen überlassen, wünschenswert erscheint hier trotzdem eine Erhöhung der Leine, über die auch viel gestritten worden ist; desgleichen denkt man an eine Veränderung der Barlaufregeln, im Norden hat man auch am Schlagball geändert und wechselt nicht mehr nach dem Fange, nur im Lager des Fußballes wird es wenigstens bei den Turnern recht still. Noch sind wir nicht auf dem Standpunkt angekommen, einen richtigen Spielkanon einführen zu können; sind wir erst so weit, dann wird Fußball stets eine wohltuende natürliche Ergänzung des Faust- und Schlagballes bilden. Daß er durch den Korbball oder gar durch den an sich gewiß sehr reizvollen und kräftigen „Schiebeball" oder „Riesenball" verdrängt wird, glaube ich nicht. Zum Schlusse mache ich noch auf die Anschreibeblocks für Wettspiele von Pflugbeil-Dresden und auf das Kampfspielbuch von E. Fischer in Hamburg aufmerksam, das in erster Linie den Turnvereinen die Einführung der Kampfspiele erleichtern will.

M 48 (GASCH 1909)

In M 48 werden Regeländerungen bzw. Vorschläge zur Regeländerung beschrieben. Wie werden Sie begründet? Sammeln Sie analoge Beispiele aus modernen Sportdisziplinen. Wie werden die modernen Änderungen begründet?

Kulturen und Gesellschaften sind zu keiner Zeit statisch gewesen und unterscheiden sich lediglich im Grad der Dynamik ihrer Veränderungen. Im Gegensatz zur Natur, die trotz aller menschlichen Eingriffe uns immer in einer gesetzlichen Konstanz entgegentritt, in der Wasser immer noch Wasser ist und in der das Feuer von heute sich vom Feuer unserer Vorfahren

nicht unterscheidet, unterliegen das menschliche Handeln und Zusammenleben einem Wandel.
Auch der Sport, den wir gewöhnlich als ein Besitztum moderner Zivilisation betrachten, der uns – fertig, wie er uns erscheint – einfach zukommt, ohne daß wir fragen, wie wir eigentlich zu ihm gekommen sind, dieser Sport ist Prozeß oder Teil eines Prozesses, in dem wir selbst stehen.
Mit dem Wandel veränderten sich jeweils die Bedeutungen menschlichen Handelns. Was heute als angemessene Handlung gilt, war zu früheren Zeiten unmoralisch; was früher kultische Bedeutung hatte, kann heute nur noch kommerzielle Funktion haben. Beispiele für solchen Wandel finden sich in allen Geschichtsbüchern, in zeitkritischen Abhandlungen über die verschiedenen Epochen der Menschheit oder auch in Romanen, Parlamentsdebatten und Predigttexten der letzten Jahrhunderte.

Heute ist vieles erlaubt, was früher verboten war, und vieles ist heute verboten, was früher erlaubt war. Nennen Sie einige Beispiele, und prüfen Sie, ob es einen Zusammenhang zwischen dem Erlaubten und dem Verbotenen gibt.

Der gesellschaftliche Wandel steht in einer Wechselbeziehung zum sportlichen Wandel. Bevor wir uns der zentralen Frage dieses Kapitels zuwenden, wie sich der Sport – in unserem Zusammenhang seine Regeln – in den letzten Jahren verändert haben, ist es angebracht, zunächst auf Regelveränderungen in außersportlichen Bereichen aufmerksam zu machen. Mit deren Hilfe soll gezeigt werden, daß Veränderungen im Sport sich nie unabhängig von außersportlichen Entwicklungen ereignen und daß der Sport ein Zeugnis für den Aufbau menschlicher Beziehungen in einer Gesellschaft, für eine bestimmte Art des menschlichen Handelns ist. Wir wollen also die Ursachen und die Bedingungen der Regeln und Regelveränderungen im Sport erfassen. Dadurch soll die Fähigkeit entwickelt werden, aktuelle Regelveränderungen zu verstehen und sich aktiv an Regelveränderungen im Sport zu beteiligen.

Neben dem Sport sind zahlreiche andere gesellschaftliche Bereiche einem Wandel unterworfen. Nennen Sie einige Bereiche, die Ihnen selbst zugänglich sind, und charakterisieren Sie deren Wandel in den letzten zehn Jahren (Beispiel: Jugendhaus, kirchliche Jugendarbeit, Popszene).

Daneben soll auch die These, daß Sport ein Spiegelbild unserer Gesellschaft ist, einer kritischen Prüfung unterzogen werden (vgl. T 2). Würde sie stimmen, so wäre die Frage, was Sport ist, immer auch mit der Frage verbunden, wie die Gesellschaft aussieht, in der der befragte Sport sich ereignet. Zur Überprüfung der These und zur Verwirklichung unserer Absichten bietet es sich an, die gesellschaftlich-kulturellen Veränderungen an ko-

difizierten nichtsportlichen Regelsystemen nachzuvollziehen. Die Ähnlichkeit und die Unterschiede von Sportregeln zu übrigen Regelsystemen können dadurch ebenso beobachtet werden, wie die Frage nach dem Zusammenhang zwischen gesellschaftlicher Entwicklung und Regelveränderung im System des Sports dadurch beantwortbar wird.
Die folgenden allgemeinen Beispieltexte stammen jeweils aus zwei bzw. drei verschiedenen Zeitabschnitten, die Sportbeispiele hingegen beziehen sich auf einen Zeitraum von mehr als hundert Jahren. Historische Vergleichbarkeit ist dadurch sehr eingeschränkt. Die zu prüfende Frage, inwiefern sich die Regeln im Sport analog zu Regeln außerhalb des Sports verändern, kann jedoch gestellt werden. Als gesellschaftliche Bezugspunkte wurden Politik, Verkehr und ‹gutes Benehmen› ausgewählt.

Politische Regeln im Wandel
Die Gegenüberstellung verschiedener politischer Regeln (‹Gesetze›) aus zwei Epochen soll uns einen Einblick in die verschiedenen Möglichkeiten sprachlicher Regelbeschreibungen, in das Phänomen der bedeutsamen Nuance einer Regel und in die Tatsache geben, daß mittels verschiedener sprachlicher Beschreibungen ein und dieselben Handlungen beschrieben werden können. Die Tatbestände der Regelannullierung und des Regelersatzes im außersportlichen Bereich werden dadurch ebenfalls erfahrbar.
Wenn im folgenden Gesetze aus den Jahren 1919 und 1949 miteinander verglichen werden, so wird damit beispielhaft einer von vielen möglichen Vorschlägen unterbreitet. Die Frage, was in bestimmten Gesellschaften wie geregelt wurde (wird), soll unser zentrales Diskussionsthema sein.

M 49

Grundgesetze 1919
Weimar

1. «Alle Deutschen genießen Freizügigkeit im ganzen Reiche. Jeder hat das Recht, sich an beliebigem Ort des Reichs aufzuhalten und niederzulassen, Grundstücke zu erwerben und jeden Nahrungsbetrieb zu betreiben. Einschränkungen bedürfen eines Reichsgesetzes.» Art. 111, VDR 1919.
2. «Eine Handlung kann nur dann mit einer Strafe belegt werden, wenn die Strafbarkeit gesetzlich bestimmt war, bevor die Handlung begangen war.» Art. 116, VDR 1919.
3. «Jeder Deutsche hat das Recht, innerhalb der Schranken der allgemeinen Gesetze seine Meinung durch Wort, Schrift, Druck, Bild oder in sonstiger Weise frei zu äußern. An diesem Rechte darf ihn kein Arbeits- oder Anstellungsverhältnis hindern, und niemand darf ihn benachteiligen, wenn er von diesem Recht Gebrauch macht.
   Eine Zensur findet nicht statt, doch können für Lichtspiele durch Gesetz abweichende Bestimmungen getroffen werden. Auch sind zur Bekämpfung der Schund- und Schmutzliteratur sowie zum Schutze der Jugend bei öffentlichen

Schaustellungen und Darstellungen gesetzliche Maßnahmen zulässig.» Art. 118, VDR 1919.

4. «Die Verteilung und Nutzung des Bodens wird von Staats wegen in einer Weise überwacht, die Mißbrauch verhütet und dem Ziele zustrebt, jedem Deutschen eine gesunde Wohnung und allen deutschen Familien, besonders den kinderreichen, eine ihren Bedürfnissen entsprechende Wohn- und Wirtschaftsheimstätte zu sichern. Kriegsteilnehmer sind bei dem zu schaffenden Heimstättenrechte besonders zu berücksichtigen. Grundbesitz, dessen Erwerb zur Befriedigung des Wohnungsbedürfnisses, zur Förderung der Siedlung und Urbarmachung oder zur Hebung der Landwirtschaft nötig ist, kann enteignet werden. Die Fideikommisse sind aufzulösen.
Die Bearbeitung und Ausnutzung des Bodens ist eine Pflicht des Grundbesitzers gegenüber der Gemeinschaft. Die Wertsteigerung des Bodens, die ohne eine Arbeits- oder Kapitalaufwendung auf das Grundstück entsteht, ist für die Gesamtheit nutzbar zu machen.
Alle Bodenschätze und alle wirtschaftlich nutzbaren Naturkräfte stehen unter Aufsicht des Staates. Private Regale sind im Wege der Gesetzgebung auf den Staat zu überführen.» Art. 155, VDR 1919.

M 50

Grundgesetze 1949
Bonn

1. «Alle Deutschen genießen Freizügigkeit im ganzen Bundesgebiet. Dieses Recht darf nur durch Gesetz und nur für die Fälle eingeschränkt werden, in denen eine ausreichende Lebensgrundlage nicht vorhanden ist und der Allgemeinheit daraus besondere Lasten entstehen würden und in denen es zum Schutz der Jugend vor Verwahrlosung, zur Bekämpfung von Seuchengefahr oder um strafbaren Handlungen vorzubeugen, erforderlich ist.» GG 1949, Art. 11.
2. «Die Freiheit der Person kann nur auf Grund eines förmlichen Gesetzes und nur unter Beachtung der darin vorgeschriebenen Formen beschränkt werden. Festgehaltene Personen dürfen weder seelisch noch körperlich mißhandelt werden.» GG Art. 104.
3. «Jeder hat das Recht, seine Meinung in Wort, Schrift und Bild frei zu äußern und zu verbreiten und sich aus allgemein zugänglichen Quellen ungehindert zu unterrichten. Die Pressefreiheit und die Freiheit der Berichterstattung durch Rundfunk und Film werden gewährleistet. Eine Zensur findet nicht statt.
Diese Rechte finden ihre Schranken in den Vorschriften der allgemeinen Gesetze, den gesetzlichen Bestimmungen zum Schutze der Jugend und in dem Recht der persönlichen Ehre.
Kunst und Wissenschaft, Forschung und Lehre sind frei. Die Freiheit der Lehre entbindet nicht von der Treue zur Verfassung.» GG Art. 5.
4. «Grund und Boden, Naturschätze und Produktionsmittel können zum Zwekke der Vergesellschaftung durch ein Gesetz, das Art und Ausmaß der Entschädigung regelt, in Gemeineigentum überführt werden. Für die Entschädigung gilt Artikel 14 Absatz 3 Satz 3 und 4 entsprechend.» GG Art. 15.

Grundgesetze 1949
Pankow

1. «Persönliche Freiheit, Unverletzlichkeit der Wohnung, Postgeheimnis und das Recht, sich an einem beliebigen Orte niederzulassen, sind gewährleistet. Die Staatsgewalt kann diese Freiheiten nur auf Grund der für alle Bürger geltenden Gesetze einschränken oder entziehen.» Art. 8, DDR 1949.
2. «Bei vorläufigen Festnahmen, Hausdurchsuchungen sowie Beschlagnahmungen ist die richterliche Bestätigung einzuholen. Über die Zulässigkeit und Fortdauer einer Freiheitsentziehung hat nur der Richter zu entscheiden.» Art. 136, DDR 1949.
3. «Alle Bürger haben das Recht, innerhalb der Schranken der für alle geltenden Gesetze ihre Meinung frei und öffentlich zu äußern und sich zu diesem Zweck friedlich und unbewaffnet zu versammeln. Diese Freiheit wird durch kein Dienst- oder Arbeitsverhältnis beschränkt; niemand darf benachteiligt werden, wenn er von diesem Recht Gebrauch macht. Eine Pressezensur findet nicht statt.» Art. 9, DDR 1949.
4. «Der private Großgrundbesitz, der mehr als 100 Hektar umfaßt, ist aufgelöst und wird ohne Entschädigung aufgeteilt. Nach Durchführung dieser Bodenreform wird den Bauern das Privateigentum an ihrem Boden gewährleistet.
Alle Bodenschätze, alle wirtschaftlich nutzbaren Naturkräfte sowie die zu ihrer Nutzbarmachung bestimmten Betriebe des Bergbaus, der Eisen- und Stahlerzeugung und der Energiewirtschaft sind in Volkseigentum zu überführen. Bis dahin untersteht ihre Nutzung der Aufsicht der Länder und, soweit gesamtdeutsche Interessen in Frage kommen, der Aufsicht der Republik.» Art. 24, 25, DDR 1949.

M 51

Vergleichen Sie vorstehende Gesetzestexte auf ihre Gemeinsamkeiten und Unterschiede. Wodurch sind die Unterschiede bedingt? Inwieweit werden über Regelnuancen der Grundgesetztexte gesellschaftliche Hintergründe sichtbar?

Grundgesetze zeigen sich von einer auffälligen Konstanz. Andere Bereiche des Zivil- und Verfahrensrechts unterliegen einer ständigen Veränderung. Wodurch werden solche Veränderungen ausgelöst?
Wie ist das Verfahren einer Neuregelung oder Regeländerung legislativ geregelt? (Beispiele neuer Gesetze: Datenzentralgesetz, Landesabfallgesetz etc.)

Welche Gemeinsamkeiten bestehen zwischen den Regelbeschreibungen in den Grundgesetzen und den Beschreibungen in den Regelheften des Sports?
Worin liegen die entscheidenden Unterschiede?

Verkehrsregeln im Wandel

Ist der Bezug zum Sport im Bereich der politischen Regeln nur indirekt gegeben, so wird in der Gegenüberstellung von Verkehrsregeln dieser Bezug in zweifacher Hinsicht direkter (vgl. M 52, M 53). Zum einen wird dabei die Ähnlichkeit der Regelformulierungen sichtbar. Zum anderen werden die jeweiligen Bedingungen offensichtlich, die eine Veränderung von Regeln erforderlich machen. Bei den Verkehrsregeln sind das in erster Linie neue Erfindungen, statistische Erkenntnisse über Unfallzahlen, Erfahrungen mit bislang gemachten Verkehrsregelungen etc. Hier zeigt sich also, daß ein Zusammenhang zwischen allgemeinem Wandel und technologischem Wandel besteht, technologische Veränderungen unser Handeln in vieler Hinsicht beeinflussen. Die Frage, inwiefern diese Beobachtungen auch im Sport bedeutsam sind, wollen wir allerdings erst beantworten, wenn wir Beispiele über Veränderungen im Sport kennengelernt haben (vgl. M 57–79, Seite 124 ff).

Verkehrsregeln gestern (1928)

§ 3.

Die Kraftfahrzeuge müssen verkehrssicher und insbesondere so gebaut, eingerichtet und ausgerüstet sein, daß Feuers- und Explosionsgefahr sowie jede vermeidbare Belästigung von Personen und Gefährdung von Fuhrwerken durch Geräusch, Rauch, Dampf oder üblen Geruch ausgeschlossen ist.

Die Radkränze dürfen keine Unebenheiten besitzen, die geeignet sind, die Fahrbahn zu beschädigen.

§ 4.

Jedes Fahrzeug muß versehen sein:

1. mit einer zuverlässigen Lenkvorrichtung, die gestattet, sicher und rasch auszuweichen; die zur Lenkung benutzten Wagenräder sollen nach beiden Seiten möglichst weit einschlagen, um kurz wenden zu können;
2. mit zwei voneinander unabhängigen Bremseinrichtungen, von denen jede auf die Wagenräder der gebremsten Achse gleichmäßig einwirkt; mindestens eine Bremseinrichtung muß unmittelbar auf die Hinterräder oder auf Bestandteile, die mit diesen Rädern fest verbunden sind, wirken; diese Bremse muß feststellbar sein. Jede Bremseinrichtung muß für sich geeignet sein, den Lauf des Fahrzeugs sofort zu hemmen und es auf die kürzeste Entfernung zum Stehen zu bringen;
3. mit einer zuverlässigen Vorrichtung, die beim Befahren von Steigungen die unbeabsichtigte Rückwärtsbewegung verhindert, sofern nicht eine der Bremsen diese Forderung erfüllt;
4. mit einer tieftönenden Huppe zum Abgeben von Warnungszeichen; falls die Huppe mehrtonig ist, müssen die verschiedenen Töne gleichzeitig anklingen;
5. nach eingetretener Dunkelheit und bei starkem Nebel mit mindestens zwei in gleicher Höhe angebrachten, die seitliche Begrenzung des Fahrzeugs anzeigenden, hellbrennenden Laternen mit farblosem Glase, die den Lichtschein derart auf die Fahrbahn werfen, daß diese auf mindestens 20 Meter vor dem Fahrzeug von dem Führer übersehen werden kann. Übermäßig stark wirkende Scheinwerfer dürfen nicht verwendet werden;
6. mit einer Vorrichtung, die verhindert, daß das Fahrzeug von Unbefugten in Betrieb gesetzt werden kann.

§ 17.

Der Führer ist zu besonderer Vorsicht in Leitung und Bedienung seines Fahrzeugs verpflichtet. Er darf von dem Fahrzeug nicht absteigen, so lange es in Bewegung ist, und darf sich von ihm nicht entfernen, so lange die Maschine oder der Motor läuft; auch muß er, falls er sich von dem Fahrzeug entfernt, die Vorrichtung (§ 4 Abs. 1 Nr. 6) in Wirksamkeit setzen, die verhindern soll, daß ein Unbefugter das Fahrzeug in Betrieb setzt.

Der Führer ist insbesondere verpflichtet, dafür Sorge zu tragen, daß eine nach der Beschaffenheit des Kraftfahrzeugs (§ 3 Abs. 1) vermeidbare Entwicklung von Geräusch, Rauch, Dampf oder üblem Geruch in keinem Falle eintritt.

Das Öffnen etwa vorhandener Auspuffklappen ist verboten.

§ 18.

Die Fahrgeschwindigkeit ist jederzeit so einzurichten, daß Unfälle und Verkehrsstörungen vermieden werden und daß der Führer in der Lage bleibt, unter allen Umständen seinen Verpflichtungen Genüge zu leisten.

Innerhalb geschlossener Ortsteile darf die Fahrgeschwindigkeit von 15 Kilometer in der Stunde nicht überschritten werden. Bei Kraftfahrzeugen von mehr als 5,5 Tonnen Gesamtgewicht beträgt die überhaupt zulässige Höchstgeschwindigkeit 12 Kilometer in der Stunde; sie kann — vorbehaltlich der Vorschrift in Satz 1 — bis auf 16 Kilometer gesteigert werden, wenn wenigstens die Triebräder mit Gummi bereift sind. Die höhere Verwaltungsbehörde kann höhere Fahrgeschwindigkeiten zulassen.

Auf unübersichtlichen Wegen, insbesondere nach Eintritt der Dunkelheit oder bei starkem Nebel, beim Einbiegen aus einer Straße in die andere, bei Straßenkreuzungen, bei Straßeneinmündungen, bei scharfen Straßenkrümmungen, bei der Ausfahrt aus Grundstücken, die an öffentlichen Wegen liegen, und bei der Einfahrt in solche Grundstücke, bei der Annäherung an Eisenbahnübergänge in Schienenhöhe, ferner beim Passieren enger Brücken und Tore sowie schmaler oder abschüssiger Wege sowie da, wo die Wirksamkeit der Bremsen durch die Schlüpfrigkeit des Weges in Frage gestellt ist, endlich überall da, wo ein lebhafter Verkehr herrscht, muß langsam und so vorsichtig gefahren werden, daß das Fahrzeug sofort zum Halten gebracht werden kann.

§ 19.

Der Führer hat entgegenkommende, zu überholende, in der Fahrtrichtung stehende oder die Fahrtrichtung kreuzende Menschen sowie die Führer von Fuhrwerken, Reiter, Radfahrer, Viehtreiber usw. durch deutlich hörbares Warnungszeichen rechtzeitig auf das Nahen des Kraftfahrzeugs aufmerksam zu machen; auf die Notwendigkeit, das Warnungszeichen abzugeben, ist in besonderem Maße an unübersichtlichen Stellen (§ 18 Abs. 3) zu achten.

Das Abgeben von Warnungszeichen ist sofort einzustellen, wenn Pferde oder andere Tiere dadurch unruhig oder scheu werden.

Innerhalb geschlossener Ortsteile sind Warnungszeichen mit der im § 4 Abs. 1 Nr. 4 vorgeschriebenen Huppe abzugeben. Außerhalb geschlossener Ortsteile kann das Warnungszeichen auch mit einer Fanfarentrompete abgegeben werden; dies Signalinstrument darf auch lose im Kraftfahrzeuge mitgeführt und unter Verantwortung des Führers auch durch eine andere im Fahrzeug beförderte Person angewendet werden.

Das Abgeben langgezogener Warnungssignale, die Ähnlichkeit mit Feuersignalen haben, sowie die Verwendung anderer Signalinstrumente ist nicht statthaft.

§ 20.

Merkt der Führer, daß ein Pferd oder ein anderes Tier vor dem Kraftfahrzeuge scheut, oder daß sonst durch das Vorbeifahren mit dem Kraftfahrzeuge Menschen oder

Tiere in Gefahr gebracht werden, so hat er langsam zu fahren sowie erforderlichenfalls anzuhalten und die Maschine oder den Motor außer Tätigkeit zu setzen.

Auf den Haltruf oder das Haltzeichen eines als solcher kenntlichen Polizeibeamten hat der Führer sofort anzuhalten. Zur Kenntlichmachung eines Polizeibeamten ist auch das Tragen einer Dienstmütze ausreichend.

§ 21.

Beim Einbiegen in eine andere Straße ist nach rechts in kurzer Wendung, nach links in weitem Bogen zu fahren. Diese Vorschrift gilt entsprechend für das Durchfahren von scharfen oder unübersichtlichen Wegekrümmungen.

Der Führer hat entgegenkommenden Kraftfahrzeugen, Fuhrwerken, Reitern, Radfahrern, Viehtransporten oder dergleichen rechtzeitig und genügend nach rechts auszuweichen oder, falls dies die Umstände oder die Örtlichkeit nicht gestatten, so lange anzuhalten, bis die Bahn frei ist.

Das Vorbeifahren an eingeholten Kraftfahrzeugen, Fuhrwerken, Reitern, Radfahrern, Viehtransporten oder dergleichen hat auf der linken Seite zu erfolgen.

M 52

M 53

Verkehrsregeln heute (1978)

1. Die Teilnahme am Straßenverkehr erfordert ständige Vorsicht und gegenseitige Rücksichtnahme. § 1
2. Die zulässige Höchstgeschwindigkeit beträgt auch unter günstigen Umständen innerhalb geschlossener Ortschaften 50 km/h. § 3
3. Es ist links zu überholen. § 5
4. Das Halten ist unzulässig an engen und an unübersichtlichen Straßenstellen, im Bereich von scharfen Kurven. § 12
5. An Parkuhren darf nur gehalten werden zum Ein- oder Aussteigen, zum Be- oder Entladen oder während des Laufs der Uhr. § 13
6. An Fußgängerüberwegen haben Fahrzeuge mit Ausnahme von Schienenfahrzeugen den Fußgängern, welche die Fahrbahn auf dem Überweg erkennbar überschreiten wollen, das Überqueren zu ermöglichen. § 26
7. Sport und Spiel auf der Fahrbahn und den Seitenstreifen sind nur auf den dafür zugelassenen Straßen erlaubt. § 31
8. Das Zusatzschild erlaubt, auf dieser Straße Wintersport zu treiben.

9. Bei Kraftfahrzeugen und Anhängern beträgt die höchstzulässige Breite über alles 2,5 m. § 32
10. Personenkraftwagen müssen mit Einrichtungen zum Anbringen von mindestens je einem Schultergurt ... versehen sein. § 35a
11. Die Mündungen von Auspuffrohren dürfen nur nach oben oder nach hinten oder nach hinten links bis zu einem Winkel von 45° zur Fahrzeuglängsachse gerichtet sein. § 47
12. Kraftfahrzeuge müssen mit einem im Blickfeld des Führers liegenden Geschwindigkeitsmesser, der mit einem Wegstreckenzähler verbunden sein kann, ausgerüstet sein. § 57

Vergleichen Sie die Verkehrsregeln in M 52 und M 53. Welche Veränderungen sind eingetreten, welche Regelveränderungstendenzen lassen sich über diesen Vergleich ablesen, welche Regelprognosen sind denkbar?

Welche Rolle spielt die technologische Entwicklung bei der Veränderung der Verkehrsregeln? Gibt es hierzu Parallelen im Sport?

Wodurch unterscheiden sich Verkehrsregeln von Sportregeln? Was sind die Folgen sportlichen Handelns? Inwiefern läßt sich von den Folgen einer Handlung auf die Regeln dieser Handlung schließen?

Kniggeregeln im Wandel

Nichtkodifizierte Regeln unterliegen einem sehr viel intensiveren Wandel als kodifizierte. Dies liegt einmal an der Tatsache, daß alles schriftlich Fixierte sich sehr viel schwieriger ändern läßt als informelle Vereinbarungen. Zum anderen sind Veränderungen im informellen Bereich meist folgenloser und werden deshalb auch als weniger bedeutsam erachtet. Daß dem nicht immer so ist, ja daß ein Wandel in diesem Bereich weitreichende Folgen hat, zeigen in jüngster Zeit beinahe alle Bereiche unserer Gesellschaft, die solchen unkodifizierten Regeln unterliegen. Gemeint sind die Bereiche der gesellschaftlichen Moral, insbesondere im Zusammenhang mit Fragen der Sexualität, der Erziehung und der Religion. Der meist unbewußt vollzogene Wandel, der dazu sich häufig von einer sozialen Schicht zur anderen, von einer Familie zur nächsten unterscheidet, wird dabei in seiner Bedeutung für das menschliche Handeln der Einzelperson kaum mehr erfaßbar.

Nennen Sie einige Regeln, die Sie befolgen, wenn Sie mit einem Ihnen bekannten Partner in Kontakt treten möchten.
Wie ist die Beziehung zwischen Ihnen und Ihren Eltern, Ihren Großeltern, Ihrer Freundin, Ihrem Freund etc. geregelt?
Vergleichen Sie Ihre Anrederegeln mit denen anderer Personen.

Mit den folgenden Beispielen wird versucht, einen Zusammenhang zwischen kodifizierten Kniggeregeln und unkodifizierten Regeln der Bereiche Moral und Religion zu konstruieren, um diesen Wandel sichtbar zu machen und zu fragen, ob es dabei auch einen Bezug zum Sport gibt.

Kniggeregeln von einst

«Dergleichen daß niemand, der sei auch wer er wolle, unter, nach oder vor den Mahlzeiten, spät oder früh, die Wendelsteine, Treppen, Gänge und Gemächer mit dem Urin oder anderm Unflath verunreinigen, sondern wegen solcher Nothdurft an gebührliche, verordnete Orte gehen thue» (aus der Braunschweigischen Hofordnung von 1589).

«Gehet man bey einer Person vorbey, welche sich erleichtert, so stellet man sich, als, ob man solches nicht gewähr würde, und also ist es auch wider die Höflichkeit, selbige zu grüßen» (aus Joh. Christ. Barth, Die galanthe Ethica, 1731).

«Ehemals aß man aus der gemeinsamen Platte und tauchte Brot und Finger in die Soße. Heute ißt man mit Löffel und Gabel von seinem eigenen Teller, und ein Lakai wäscht das Besteck von Zeit zu Zeit am Büffet» (aus einem Chanson des Marquis de Coulanges zwischen 1640 und 1680).

«Die Finger in die Soße tauchen ist bäurisch. Man nehme, was man will mit Messer und Gabel, und man suche nicht in der ganzen Platte, wie es Genüßliche zu tun pflegen, sondern nehme das, was zufällig gerade vor einem liegt» (aus «De civilitae morum puerilium» von Erasmus von Rotterdam, 1530).

«Du solt dein fatzenetlein niemand überreichen als ob es new gewaschen werde. Es gehört sich auch nicht, wenn du die nase gewischet hast, daß du das schnuptuch auseinander ziehest und hineinguckest gleich als ob dir perlen und rubinen vom gehirn hätte abfallen mögen» (aus dem «Galateo» des Giovanni della Casa, Erzbischof von Benevent, 1558).

«Spucke nicht über oder auf den Tisch» (aus einer mittelalterlichen Tischzucht «Stans puer ad mensam»).

«Teilst du das Bett mit einem Mann höheren Standes, frage ihn, welche Seite er vorzieht. Lieg gerade im Bett und biete ihm gute Nacht» (aus «Stans puer ad mensam» zwischen 1463 und 1483).

«Weit aufgerissene Augen sind ein Zeichen von Stupidität, zu starren ein Zeichen von Tragkeit, allzu scharf blicken zum Zorn Geneigte, allzu lebhaft und beredt ist der Blick von Schamlosen; zeigt er einen ruhigen Geist und respektvolle Freundlichkeit, das ist das Beste» (aus «De civilitae morum puerilium» von Erasmus von Rotterdam, 1530).

«Wenn beim Schneuzen mit zwei Fingern etwas aus der Nase fällt muß es sofort mit dem Fuss ausgetreten werden» (aus «De civilitae morum puerilium» von Erasmus von Rotterdam, 1530).

M 54 (nach ELIAS 1976, S. 65–222)

Kniggeregeln 1955

1. Zunächst der Gang

   Was wir fortan tun müssen: den Kopf erhoben und hoch tragen, die Schultern leicht und nicht krampfhaft zurücknehmen, die Füße nur leicht nach außen gedreht, die Knie beim Gehen durchgedrückt.

2. Das richtige Grüßen

Als Grundregel gilt, der Herr grüßt die Dame, die jüngere Person die ältere, der Untergebene oder Niedrigergestellte die vorgesetzte oder höhergestellte Person.

Die Baskenmütze wird beim Grüßen nicht abgenommen. Es ist auch falsch, beim Gruß an sie zu tippen.

Der Dame ist es erlaubt, den Handschuh anzubehalten.

3. Sprache und Gespräche

Stelle dich selbst und deine Sorgen nicht in den Vordergrund, wenn du mit anderen sprichst.

Beim Begrüßen und Grüßen, beim Empfang und Verabschieden von Gästen, auch beim Applaudieren nimmt man die Zigarette aus dem Mund.

Wer schreit hat Unrecht.

4. Richtig essen und trinken

Der Löffel wird mit der Spitze, nicht mit der Breitseite zum Mund geführt.

Klöße jeder Art schneidet man nicht mit dem Messer.

Sektschalen bleiben während des Eingießens auf dem Tisch stehen, Kelche und Sektflöten dagegen nimmt man in die Hand.

5. Der Fußgänger

Man spricht nicht so laut, daß jeder Vorbeigehende von der Unterhaltung etwas abbekommt.

Auch das Essen auf der Straße ist ein Verstoß gegen die guten Sitten.

6. Das Tanzen

Die Dame entschuldigt sich nie, wenn sie der Schuldige beim Anrempeln war, das besorgt der Tänzer für sie.

M 55 (nach Oheim 1955)

Kniggeregeln heute

1. Gute Haltung im Stehen, Gehen und Sitzen

Eine aufrechte und doch nicht überhebliche Haltung, eine Bewegung der Arme zwischen den Extremen des ziellosen Schwenkens und des gehemmten Abpressens, ein festes Auftreten, nicht zu kleine und nicht zu große Schritte, gelöste Schulterhaltung.

Die Beine übereinanderzuschlagen ist bei Damen und Herren wider den guten Ton, hingegen darf man als Dame die Füße beim Sitzen kreuzen.

2. Vom Grüßen

Der Herr grüßt die Dame zuerst, die Dame dankt.

Beim Sichvorstellen erhebt sich die Dame und wartet die Aufforderung des Prinzipals zum Handreichen ab.

Die Tradition verlangt, daß der Herr im Lift immer den Hut abnimmt.

3. Während eines Gesprächs

Man führt als Erwachsener weder Bleistifte noch Zahnstocher noch Zündhölzer zum Mund; Zigarette, Zigarre oder Pfeife nimmt man vor dem Sprechen aus dem Mund.

4. Beim Essen

In keiner Situation dürfen die Arme oder gar die Ellbogen auf dem Tisch aufgestützt werden oder auch nur über die Tischplatte gehalten werden.

Löffel und Messer werden grundsätzlich in der rechten Hand gehalten.

Salat darf nur mit der Gabel zerkleinert werden.

Beim Mokkatrinken nimmt man das Untertellerchen in die Hand. Beim Kaffeetrinken läßt man den Unterteller auf dem Tisch.

5. Auf der Straße

So ungezogen es ist, über die Straße zu rufen, so wenig schickt es sich, von der Straße aus zu einer Wohnung Gespräche zu führen.

6. Beim Tanz

Als Richtlinie gilt, daß der Oberkörper der Dame eher etwas nach hinten gebeugt sein soll als nach vorn. Es ergibt sich dann von selbst, daß die Oberkörper von Dame und Herrn nicht aneinanderliegen.

M 56 (nach Sigg 1974)

Ordnen Sie die vorstehenden Kniggeregeln den in T 6 dargestellten Regeltypen zu. Vergleichen Sie die Folgen eines Regelverstoßes im Bereich der Kniggeregeln mit den Folgen in den Bereichen politischer Regeln und Verkehrsregeln. Kniggeregeln haben sich im Verlauf der letzten 20 Jahre kaum verändert. Worin könnten die Ursachen dafür liegen?
Kniggeregeln sind kodifizierte Regeln der öffentlichen Moral. Der Konstanz der Kniggeregeln steht der auffallende Wandel in der öffentlichen Moral entgegen. Wie kann man diese Diskrepanz erklären? Kniggeregeln beschreiben u. a. auch die Praxis von Alltagsbewegungen. Wodurch unterscheiden sich diese Regelbeschreibungen von den Beschreibungen der motorischen Handlungsregeln im Sport? Kniggeregeln haben viel mit ‹Körpermoral› und ‹Körperbewußtsein› zu tun. Inwiefern wird das Körperbewußtsein im Sport davon beeinträchtigt? Ist der Sport ein Reservat für Körperhandlungen, wie sie außerhalb des Sports aufgrund moralischer Kontrollen verlorengegangen sind?

Die Kniggeregeln stellen den Versuch dar, unkodifizierte Regeln kodifizierbar zu machen. In ihren Beschreibungen charakterisieren sie den Typus von «vagen Regeln» ebenso wie den von exakten «definitorischen Regeln». Im Verhältnis zu den Veränderungen im Sport verweist der Kniggewandel auf die Ähnlichkeit der Regelbeschreibungen sowie auf die Art und den Unterschied von Bewegungsbeschreibungen außerhalb des Sports. Daneben wird uns über diesen Vergleich gezeigt, welche Unterschiede in bezug auf den Regelverstoß vorliegen; auch wird das Problem des folgenlosen Regelverstoßes bzw. die Frage nach der relativen Folgenlosigkeit des Handelns nach solchen Regeln im Vergleich zu den Regeln des Sports bzw. im Vergleich zu den Verkehrsregeln und politischen Regeln beantwortbar. Schließlich zeigt sich, daß im Gegensatz zum technologischen Charakter der Verkehrsregeln bei den Kniggeregeln ein Zusammenhang zwischen allgemeinem und sozialem Wandel besteht, soziale Veränderungen unser Handeln somit in vieler Hinsicht beeinflussen. Es zeigt sich freilich auch der Zusammenhang zwischen technologischem und sozialem Wandel. In Zeiten, in denen es keine Gabeln und Taschentücher gab, herrschten andere Tischsitten als in Zeiten, in denen Servietten für bestimmte soziale Gruppen wichtiger sind als die Gewährleistung einer ausreichenden Ernährung für ganze Völker.

Zur Begrüßung ein Küßchen

MAINZ, 4. April (dpa). Der Handschlag nach Altväterart kommt aus der Mode, immer mehr Leute umarmen und umhalsen sich zur Begrüßung, wobei Partner des anderen Geschlechts auch ein Küßchen rechts und links auf die Wange erwarten dürfen. Die in südlichen Ländern übliche Sitte der Begegnung ist in der Bundesrepublik mittlerweile schon derart verbreitet, daß der Deutsche Tanzlehrerverband sich jetzt genötigt sieht, in der geplanten Überarbeitung seines „Knigge" darauf ausführlich einzugehen. Strenge Reglementierungen will der Verband auf dem Tanzlehrerkongreß „Intako 80" in Mainz nicht empfehlen. Verbandssprecher Hans-Georg Schnitzer: „Es muß nicht unbedingt an der linken Wange, der Herzseite, angefangen werden, auch die Zahl der Küßchen, etwa drei oder vier, liegt im Ermessen des einzelnen". Allerdings sind die Benimm-Berater für feine Abstufungen. Erst mit wachsendem Bekanntschaftsgrad sollte langsam von Wange-an-Wange-Legen, über Küßchen auf jeder Seite schließlich zum „Kuß auch in die Mitte" übergegangen werden.

Daraus läßt sich schließen, daß die Verfeinerung des Kniggereglements in erster Linie das Geschäft elitärer Klassen war, Regeln also bewußt als Unterscheidungsinstrumente eingesetzt und somit zu Mitteln rigider Machtausübung werden können.

M 57
(*Frankfurter Rundschau*, 4. April 1980)

Sportliche Regeln im Wandel

Der Wandel der Sportregeln hat sich in der Vergangenheit auf zweifache Weise vollzogen. Einmal haben sich die Sportarten geändert; dieser Wandel läßt sich über einen Vergleich verschiedener Regeltexte aufzeigen. Daneben gibt es aber auch eine ‹Sportmoral›, die als gleichsam den Sportarten übergeordnete schon immer den Sport beinflußt hat. Dazu gehören das Prinzip des Fairplay oder das Postulat des chancengleichen Wettkampfs. Versuche, solche Sportmoral zu kodifizieren, sind mittlerweile selten geworden, was vermutlich daher rührt, daß die Moral zunehmend in Widerspruch zur Sportpraxis getreten ist.

Auch im Sport gibt es moralische Regeln. Nennen Sie einige Prinzipien, die den sogenannten Sportgeist charakterisieren und denen ein ‹echter Sportsmann› in seinem Handeln folgen soll.
Zeigen Sie anhand von Beispielen, wo es zu Widersprüchen zwischen der allgemeinen Sportmoral und der Sportpraxis gekommen ist.

Im folgenden werden allgemeine wie auch sportartspezifische Regeltexte dargestellt, um den Wandel des Sports zu veranschaulichen. Einige Beispiele verdeutlichen, wie sich der Sport im Gegensatz zu anderen gesellschaftlichen Bereichen traditionelle strukturelle Merkmale hat erhalten können, so daß sowohl Wandel als auch Konstanz das Phänomen des Sports bestimmen. Was den Wandel der Sportregeln betrifft, so dürfte das Überraschendste und damit auch das Bedeutsamste in den folgenden Beispielen sein, wie schnell und intensiv sich einige sportliche Disziplinen verändert haben, wie Regelveränderungen im Sport ein Alltagsgeschäft der Sportorganisationen sind und wie man gleichzeitig aber diese Veränderungen kaum bewußt nachvollzieht, meist nicht zur Kenntnis nimmt und sich in den Handlungssituationen des Sports, in denen Regelveränderungen notwendig wären, völlig unbegründet auf die angebliche Unveränderbarkeit von Sportregeln beruft.
Die Konstanz von Sportregeln läßt sich nicht bei allen Regeltypen beobachten; manche sind auf Veränderung geradezu angelegt. Andererseits finden sich Sportarten, die sich in einem Ausmaß konstant bezüglich ihrer Regeln verhalten haben, daß es sich lohnt nach den Ursachen solcher Beständigkeit zu suchen.
Die Darstellung der folgenden Regeltexte erfolgt jeweils chronologisch. Die Jahreszahlen haben aber keinen sporthistorisch bedeutsamen Stellenwert. Allenfalls kann an ihnen verdeutlicht werden, in welchen Zeiträumen im Sport bzw. in einer Disziplin welche Veränderungen eingetreten sind. Die Beispiele für die Sportdisziplinen wurden bewußt aus verschiedenen Regelbereichen genommen.
Die Bevorzugung der Inventarregeln steht im Zusammenhang der eingangs

formulierten These, daß der Sport ein Spiegelbild der Gesellschaft sei und technologischer Wandel in hohem Maße den allgemeinen gesellschaftlichen Wandel beeinflusse. Die Entwicklung der Regeln könnte aber ebenso in anderen Regelbereichen aufgezeigt werden (vgl. Regelquellen im Literaturverzeichnis am Schluß des Kapitels).

Sportmoral im Wandel

Neben detaillierten Disziplinregeln gab es zu allen Zeiten des Sports disziplinübergreifende Regeln. Das Phänomen des Wandels und der Konstanz des Sports läßt sich anhand derartiger Regelbeispiele ebensogut beobachten wie an den verschiedenen Disziplinregeln. Der Zusammenhang zum sozialen Wandel der Gesellschaft und dessen Einfluß auf den Sport ist aber über disziplinübergreifende Reglements besonders genau aufzuzeigen.

1816

B. Allgemeine Turngesetze.

1. Jeder, der Mitglied der Turngemeinschaft werden will, muß zuvor versprechen, der Turnordnung nachzuleben, und nicht anders zu handeln — auf keinerlei Weise.
2. Jeder soll nur in grau leinener Turntracht auf den Turnplatz kommen.
3. Kein Turner soll einigen Unwillen, Fehd und Feindschaft, so er mit einem und dem andern Mitturner hat, während der Turnzeit und auf dem Turnfelde äußern; sondern jeder soll bloß turnen — und in Friede, Freude und Freundschaft.
4. Es soll auch keines Hasses oder Grolles auf dem Turnfelde gedacht werden; und eben so wenig auf dem Hingang und Heimgang, auch auf keinen Turnfahrten.*)
5. Jeder Turner darf nur auf den bezeichneten Wegen und Stegen zum und vom Turnplatze kommen und gehen, (weder durchkriechen, noch übersteigen, auch nicht überspringen).
6. Beim Kommen und Gehen muß jeder Turner auf den Tie gehen, und am Dingbaum schauen, was vor ist, was es giebt und was jedermann kund und zu wissen Noth thut.
7. Welcher Turner irgend etwas erfährt, was für und wider die Turnkunst und unsre Übung derselben Freund oder Feind sprechen, schreiben und wirken: muß davon sogleich Anzeige machen, damit zu seiner Zeit und an seinem Orte aller solcher Kunden — mit Glimpf oder Schimpf — könne gedacht werden.
8. Und so soll ein Jeder nach unserm löblichen Turnbrauch sich richten und nicht neusüchtig Neuerungen aufbringen, ohne vorherige Rücksprache und Berathung.

M 58 (JAHN, EISELEN 1816)

Die Bezeichnung «Turngesetze» unterstreicht die Bedeutung vorstehender Regeln für das Turnen um 1816. Welche moralischen Prinzipien werden in den ‹Gesetzen› genannt? Welche Bedeutung haben diese Prinzipien für den modernen Sport?
Welche historischen Zusammenhänge des damaligen Turnens lassen sich aus den «Turngesetzen» ablesen?
Inwieweit deutet die gewählte Form der Regelbeschreibung auf diese Bedeutung hin?

Jahns «Turngesetze» verweisen auf die Funktion, die man um 1800 dem Turnen zugemessen hat. Wir können über sie erfahren, daß Sport zu jener Zeit ähnlichen Mißbräuchen unterlegen haben muß, wie wir sie heute noch kennen, und es wird deutlich, daß bereits damals ein Zusammenhang zwischen Sport, Politik und Nationalismus bestanden hat.

M 59 (Sigg 1974)

1974
Verhalten bei Spiel und Sport
Der wahre Charakter des Menschen tritt nirgends so unverhüllt zutage wie beim Spiel.

Das Spiel ist kein Übungsfeld der Mimik und Stimmentfaltung, sondern der Bescheidenheit und Beherrschtheit.

Es ist wichtiger mitzumachen als zu gewinnen.

Spiele aus Freude am Spiel oder an seinen Problemen.

Der gute Verlierer ist weit mehr zu achten als der ruhmvolle Gewinner.

Dem echten Sportler geht es um den Sport an sich, um die beste Leistung, die er bei allem Schmerz um die eigene Niederlage auch bei anderen ehrlich anerkennen wird.

Der Sieg über den Partner kann durch Glück erfochten, dem überlegenen materiellen Gewicht zu verdanken sein; aber der Sieg über sich selbst ist immer der schönste aller Siege.

Der echte Sportler hält sich einwandfrei an die geltenden Regeln. Kameradschaft geht ihm über alles und wird ihn den Sport auch dann lieben lassen, wenn er nie der erste war.

Spiele nicht mit Leuten, die anerkannte Grobiane oder Besserwisser oder Geizhälse sind. Denn es gibt bestimmt Ärger, ganz bestimmt dann, wenn du gewinnst.

Wer im Sport Extraansprüche stellt oder Extrarücksichten fordert, ist nicht gern gesehen.

Mogle nicht beim Spiel, denn das ist das Unanständigste vom Unanständigen.

Nach dem Spiel den Fehler dem Partner oder dem Gegner zuzuschreiben oder gar der Sonne, dem Wind und der Wärme, ist eine Unsportlichkeit, die wohl nur durch die Versuche übertroffen wird, sich auf dem Sportplatz durch Simulieren regelwidrige Vorteile zu verschaffen.

Eine Sportlerin weiß, daß sie beim Sport Kamerad unter Kameraden ist und nicht erwarten darf, wie eine Ballschönheit umworben und verwöhnt zu werden.

Die Regeln in M 59 gehören unterschiedlichen Typen an. Nennen Sie die Typen und erinnern Sie sich an deren übliche Funktion (vgl. T 5 und T 6). Warum haben diese Regeln auf unser aktuelles Handeln im Sport kaum einen Einfluß? Inwieweit besteht ein Widerspruch zwischen den Regeln einzelner Sportverbände und den übergreifenden Regeln der Sportmoral?

Die ‹Kniggeregeln des Sports› aus dem Jahr 1974 deuten auf Auswüchse im modernen Sport hin, postulieren gleichzeitig aber einen Sport, den es offensichtlich nirgends mehr gibt. Es ist sogar die Frage angebracht, ob solch ein Sport wünschenswert ist. Zumindest scheint es so zu sein, daß die Regeln als Orientierungswerte zu verstehen sind, die nicht immer (von allen) erreicht werden können.
Es deutet vieles darauf hin, daß diese Regeln auf einen grundlegenden Widerspruch im Sport zwischen Regelforderung und Regelbefolgung verweisen, der immer dann eintritt, wenn der Alltag des Sports ein korrektes Befolgen der Regeln ausschließt bzw. wenn Regeln nur noch ideologischen Charakter haben, zu Sprachfloskeln erstarrt sind und auf deren Befolgen hin meist gar nicht angelegt wurden.

Die ‹Gesetze› in M 60, Seite 129, regelten die Athletik im Jahre 1900. Warum war es zu dieser Zeit möglich, mittels weniger Regeln mehrere Sportwettkämpfe auf einmal zu regeln?
Wodurch unterschieden sich die «Gesetze der Athletik» von den «Turngesetzen» und den Sportmoralregeln?
Wodurch unterscheiden sie sich von den Regeln einer modernen Sportdisziplin?

Die «Gesetze der Athletik» haben bereits den Charakter typischer Disziplinregeln; sie beziehen sich auf das Inventar, auf die handelnden Akteure und auf die Handlungen. Da um das Jahr 1900 bei öffentlichen Wettkämpfen offensichtlich immer in mehreren Disziplinen gegeneinander gekämpft wurde, beziehen sich die Gesetze auf Einzeldisziplinen, regeln aber jene Punkte übergreifend, die in verschiedenen Disziplinen gleichermaßen zutreffen. Bemerkenswert ist die Kürze der Regelformulierungen. 18 Regeln reichten demnach aus, um mehr als acht Disziplinen eines Wettkampfs zu regeln.
Die von DUNNING und EICHBERG aufgezeigten Strukturmerkmale des modernen Sports lassen sich über einen Vergleich dieser Gesetze der Athletik mit entsprechenden Disziplinregeln von heute besonders treffend herausarbeiten. Dabei fallen vor allem die Merkmale Systematisierung, Mathematisierung, Normierung und der Einsatz technologischer Mittel auf (vgl. M 4, Seite 21). Auch die Entwicklung vom umfassenden Bewegungsrepertoire zum Bewegungsspezialisten kann nachgezeichnet werden.

1900

Die Gesetze der Athletik.

Für die öffentlichen Wettkämpfe auf den verschiedenen Gebieten der Athletik gibt es eigene Gesetze, welche Alles bestimmen, was auf die Art der Durchführung solcher Concurrenzen Bezug hat. Diese Gesetze lauten:

1. Es ist nicht gestattet, dass irgend ein Helfer den Athleten zum Start oder im Rennen selbst begleitet.

2. Ein Theilnehmer an einem Rennen, der sich beim Ablauf früher in Bewegung setzt, bevor der Starter noch das Zeichen gegeben hat, kann vom Starter zur Strafe dafür um eine Elle weiter zurückgestellt werden. Bei Wiederholung dieser Ungehörigkeit ist der Schuldige ganz aus dem Rennen zu entfernen.

3. Alle Starts bei den athletischen Rennen erfolgen durch einen Pistolenschuss.

4. In Hürdenrennen hat jeder Theilnehmer seine eigene Bahn bis zum Schlusse beizubehalten.

5. In Sprint-Rennen (kurzes Schnelllaufen) hat ebenfalls jeder Theilnehmer seine eigene gerade Bahn einzuhalten.

6. Anrennen, Drängen, Stossen, Kreuzen oder jede andere absichtliche Behinderung oder Beeinträchtigung eines anderen Theilnehmers zieht den Ausschluss des Schuldigen vom Rennen nach sich.

7. Alle Streitfälle sind unverzüglich dem leitenden Comité anzuzeigen.

8. Die Entscheidung der Richter ist auf alle Fälle endgiltig und gibt es dagegen keinerlei Berufung.

9. Beim Hochspringen wie beim Stabspringen sind in jeder Höhe drei Versuche gestattet. Die Entscheidung, um wie viel die Schnur jedesmal höher zu stellen ist, erfolgt durch die Majorität der Theilnehmer.

10. Beim Weitspringen und Kugelwerfen sind ebenfalls je drei Versuche gestattet. Beim Hammerwerfen sind nur zwei Versuche zulässig. Jene drei Theilnehmer, welche bei ihren ersten drei Versuchen die besten Leistungen erzielt haben, können dann jeder noch drei weitere Versuche machen. Wer dann von diesen drei Athleten unter allen fünf, respective sechs Versuchen die allerbeste Leistung vollbracht hat, wird als Sieger erklärt.

11. Beim Hammerwerfen und Kugelstossen ist die Länge des erlaubten Anlaufes auf 7 Schuh = 2·13 Meter festgesetzt. Die Kugel muss von der Schulter (Achsel) aus geworfen, respective gestossen werden.

12. und 13. Beim Weitspringen sowohl als auch beim Kugelstossen und Hammerwerfen zählt ein Ueberschreiten der Absprunglinie, respective Grenzlinie als »nichts«, doch wird in diesem Falle der Versuch als solcher angerechnet, das heisst die Leistung gilt nicht, der Versuch zählt aber.

14. Das Gewicht des Hammers sowohl als der Kugel soll genau 16 Pfund = $7^1/_4$ Kg. betragen.

15. Die Länge des Hammers soll Alles in Allem 3 Schuh 6 Zoll = $106^1/_2$ Centimeter betragen.

16. Kein Wurf des Hammers oder der Kugel gilt, bei dem der Athlet mit irgend einem Theile seines Körpers jenseits der Grenzlinie den Boden berührt. Als Länge eines Wurfes gilt die Entfernung von dem Rande der ersten Spur auf dem Boden nächst der Grenzlinie, wo das »Projectil« aufgefallen ist, bis zur Grenzlinie, und zwar in senkrechter Richtung auf dieselbe.

17. Wenn bei den Hürdenrennen die Höhe der Hürden auf 3 Schuh 6 Zoll = $106^1/_2$ Centimeter fixirt ist, so ist damit die Höhe der Hürde senkrecht vom Boden bis zum oberen Querholz derselben zu verstehen.

18. Amateur-Bestimmung: Amateur ist Jener, der nie in einer für Alle offenen Concurrenz theilgenommen oder sich an Wettkämpfen betheiligt hat, wo die Bewerber öffentliche Geldpreise erhielten oder die Eintrittsgelder unter sich theilten; der ferner niemals gegen einen Professional, sei es um einen Preis, um Geld oder um die Eintrittsgelder concurrirt hat; der weiters niemals, zu keiner Zeit seines Lebens, als Lehrer oder sonstwie von Hilfeleistung bei der Ausübung athletischer Sportzweige seinen Lebensunterhalt erwarb, und der schliesslich kein Handwerker, Arbeiter oder Taglöhner ist.

M 60 (SILBERER 1900)

Fußballregeln im Wandel

Einen Ball mit dem Fuß zu spielen ist vermutlich eine Handlung, die so alt ist wie die Menschheit. Einige Gewißheit besteht unter Historikern, daß Fußball nicht erst im 18. Jahrhundert in England erfunden wurde, wie vielerorts noch immer angenommen wird und wie es verständlicherweise die Engländer gern glauben. In Italien wird beispielsweise das Fußballspiel bereits um 1490 erwähnt, und im Jahre 1580 veröffentlichte ein Giovanni de Bardi einen Vortrag über das Fußballspiel, aus dem hervorgeht, daß der Ball nur mit der Faust geschlagen oder nur mit den Füßen gestoßen werden durfte. Das Tragen des Balls war verboten. Die Zahl der Stürmer betrug 27; ihre Aufstellung erfolgte in vier Reihen. Der Ball war ein Hohlball, der vorwärts auf das gegnerische Mal gespielt wurde.

Bereits zu dieser Zeit gab es eine beträchtliche Vielfalt von Spieleröffnungsregeln. In Padua wurde zum Beispiel das Spiel durch Anstoß in der Mitte eröffnet. In Florenz wurde durch Mitwirkung eines sonst Unbeteiligten begonnen. Dieser warf den Ball gegen einen im Spielfeld befindlichen Marmorblock. In England wurde der Ball in der Mitte des Feldes hochgeworfen oder auf Kommando durch einen Sprint von der Mallinie aus erkämpft. Die Vorformen des modernen Fußballspiels zeigen noch weitere Unterschiede zu dem uns bekannten Spiel (vgl. M 61 und M 62).

M 61

Ein Blick auf die Regeln aus dem Jahr 1862, auf die wohl ersten offiziellen Fußballregeln, die sogenannten Cambridge-Rules, die von Rektor Thring-Uppingham aufgestellt wurden, zeigen, was zu jener Zeit nicht und was vor allem geregelt war:

1862

1. «Ein Tor ist erzielt, wenn der Ball durchs Tor gebracht worden ist oder unter die Torlatte, ohne daß er getragen oder mit der Hand geschlagen wurde.
2. Es ist nur zugelassen, die Hände zu brauchen, um den Ball zu stoppen, um ihn sich fußgerecht hinzupacken.
3. Mit dem Fuß darf nur der Ball getreten werden.
4. Ein Spieler darf den Ball nicht mit dem Fuß treten, wenn er in der Luft ist.
5. Wenn ein Ball hinter die Seitenlinien gestoßen wird, soll er von dem gleichen Spieler von der Stelle, an der er die Seitenlinie passierte, zurückgegeben werden und zwar in gerader Linie zur Mitte des Platzes.
6. Wenn ein Ball hinter die Torlinie gespielt ist, soll er wieder ins Feld gestoßen werden von der Partei, deren Torlinie es ist.
7. Kein Spieler darf näher als 6 Schritte von einem Spieler stehen, wenn er den Ball spielt.
8. Ein Spieler ist abseits, sobald er sich vor dem Ball befindet und muß hinter den Ball zurückgehen so schnell wie möglich. Wenn der Ball von seiner eigenen Partei gespielt ist, darf er ihn nicht berühren, stoßen oder vorwärtstreiben, bevor ein Spieler der Gegenpartei den Ball gespielt hat oder seine eigene Partei mit aufgerückt und imstande ist, in Front vor ihm den Ball zu stoßen; Rempeln ist verboten, wenn ein Spieler vom Spiel ab ist, jedoch zugelassen, wenn der Ball hinter ihm ist.»

M 62 (Bogeng 1926)

Worin liegen die Gemeinsamkeiten, wodurch unterscheidet sich das Spiel aus dem Jahr 1862 im Vergleich zum modernen Fußball?
Mit welchen modernen Sportdisziplinen weist das Spiel darüber hinaus Gemeinsamkeiten auf?

Eine Regel aus dem Jahr 1862 verdient besondere Aufmerksamkeit: die Abseitsregel (Regel 8). Vergleichen wir diese Regel mit der modernen Abseitsregel (vgl. M 63), so lassen sich einige zentrale Merkmale des Wandels vom traditionalen proletarischen Straßen- und Volksspiel zum modernen bürgerlichen Fußballsport erkennen.
Die Bestimmung, daß sich ein Spieler niemals vor dem Ball befinden darf, läßt vermuten, daß die Angriffe früher vor allem auf Einzelaktionen beruhten bzw. in geballter Mannschaftsformation vorgetragen wurden, wie wir es heute noch beim Rugby beobachten können. Dies war deshalb möglich, weil schnelle Konter durch die Abseitsregel nahezu ausgeschlossen waren.

Regel XI: Abseits

Ein Spieler befindet sich in Abseitsstellung, wenn er näher der gegnerischen Torlinie ist als der Ball, außer

a) er befindet sich in seiner eigenen Spielfeldhälfte oder

b) mindestens zwei Spieler der gegnerischen Mannschaft sind ihrer eigenen Torlinie näher als er.

Ein Spieler wird nur dann für seine Abseitsstellung bestraft, wenn er im Moment, in dem ein Spieler seiner Mannschaft den Ball berührt oder spielt, nach Ansicht des Schiedsrichters

a) das Spiel oder einen Gegner beeinflußt oder

b) versucht, aus dieser Stellung einen Vorteil zu ziehen.

Ein Spieler wird nicht bestraft,

a) nur weil er sich in Abseitsstellung befindet (ohne auf das Spiel einzuwirken oder einen Gegner zu stören)

b) wenn er den Ball direkt aus einem Abstoß, Eckstoß, Einwurf oder Schiedsrichterball bekommt.

Beachte: 1. Entscheidend ist, wo sich der Spieler im Augenblick der Ballabgabe seines Mitspielers befindet (seine Stellung bei Ballannahme ist belanglos).

2. Wichtig für eine Schiedsrichterentscheidung ist ferner, ob der abseits stehende Spieler durch seine Stellung störend auf den Gegner einwirkt, er also in das Spiel eingreift.

3. Bei einem Verstoß gegen diese Regel ist ein indirekter Freistoß durch einen Spieler der gegnerischen Mannschaft von der Stelle auszuführen, an der der Regelverstoß erfolgte.

M 63 (DFB [Hrsg.] 1980)

Auf welche Spielweise läßt die Abseitsregel aus dem Jahre 1862 schließen? Worin liegen die Vor- und Nachteile der neuen bzw. alten Regel?

Die moderne Abseitsregel provoziert hingegen ein den gesamten Spielraum abdeckendes Spiel, aber auch die sogenannte Abseitsfalle.
Seit dem 18. Jahrhundert hat es eine Reihe weiterer wichtiger Regeländerungen im Fußball gegeben. So wurden beispielsweise 1860 die Querlatte für das Tor verordnet und das Handspiel eingeengt. 1874 wurde der Strafstoß eingeführt, 1877 der Einwurf festgelegt und im Jahre 1880 trat zum erstenmal ein Schiedsrichter auf. Daß es zu dieser Zeit freilich schon diffizile taktische Probleme gab, zeigt die Aufstellung beim ersten Länderspiel zwischen England und Schottland, das im Jahre 1873 stattfand. England spielte mit sieben Stürmern, einem Läufer, zwei Verteidigern und einem Torwart. Schottland dagegen stellte sechs Stürmer, zwei Läufer, zwei Verteidiger und einen Torwart auf.

Durch welche Regeln wurde das Spiel in M 64, Seite 133, vermutlich geleitet? Wodurch unterscheiden sich diese vom modernen Fußball?
Welche Schlüsse lassen sich von der Spielkleidung auf das Spielverhalten und damit auf die Spielregeln ziehen?

Wodurch unterscheidet sich das in M 65, Seite 133, beschriebene Fußballspiel von 1899 vom modernen Fußball? Nach welchen Kriterien wurde die Leistung einer Mannschaft im Jahr 1914 bewertet?

M 64

M 65 (v. SCHENCKENDORFF/SCHMIDT [Hrsg.] 1899)

Das Fußballspiel wurde in einer größeren Zahl von Partieen gezeigt; leider konnte keine der besseren Spielmannschaften ihr volles Können entfalten, weil sich bei allen Wettspielen, mit Ausnahme desjenigen zwischen Mittweida und „Jahn"-Magdeburg, das mit 1 : 1 Mal unentschieden blieb, zu ungleiche Gegner gegenüberstanden. Der Zahl der gewonnenen Male nach stehen die Münchener voran, die den Dresdener Turnverein mit 17 : 1 schlugen, deren Spieltüchtigkeit und Zusammenspiel aber trotzdem von den Kampfrichtern nur mit je 3 Punkten gewertet worden ist, woraus wohl schon hervorgeht, daß auch sie den besten Mannschaften, die man sah, den Altonaern, Eimsbüttlern und Leipzigern, nicht gewachsen waren. Am besten gewertet sind die Spiele der Altonaer und der Leipziger mit je 5 Punkten, während den Eimsbüttlern in Spieltüchtigkeit und Zusammenspiel 4½ Punkte zuerkannt wurden. Besonders vermißte der Berichterstatter bei den meisten Mannschaften die Schnelligkeit und kurze Entschlossenheit während des Spieles; am wenigsten befriedigend war bei ihnen das Stürmerspiel, vor allem in der Nähe des feindlichen Thores; einige Mannschaften ließen erkennen, daß sie noch in den Anfangsgründen der Technik steckten. Als das interessanteste Spiel ist wohl die Partie Altona gegen Wien zu bezeichnen; die Hintermannschaft der Wiener, die vorzüglich spielte, wurde leider durch die Stürmerreihe zu wenig entlastet, sodaß selbst der vorzügliche Thorwächter die Niederlage von 6 : 0 nicht abwenden konnte.

Hat die Betrachtung der historischen Vorläufer des modernen Fußballs unser Interesse geweckt und fragen wir uns, wie es gekommen ist, daß sich Fußball aus einem Spiel entwickelt hat, welches sowohl mit Fußball als auch mit Handball, Rugby und Football zu tun hat, dann bietet es sich an, in einem zweiten Schritt den Wandel des Fußballs genauer zu verfolgen.
Drei Beispiele werden mit der Absicht einander gegenübergestellt, Veränderungen im Bereich der kodifizierten Fußballregeln aufzuzeigen, um mögliche Ursachen der Veränderungen erschließen zu können. Die Frage, ob sich mit den Veränderungen auch das Fußballspiel mitverändert hat oder ob das Fußballspiel von heute trotz zunehmender Detailregulierung noch dasselbe geblieben ist, kann dadurch auch gestellt werden.
Zuvor wird jedoch zu prüfen sein, welche Regeln es in erster Linie sind, die sich verändert haben, und welche unverändert geblieben sind. Ob die von EICHBERG beobachtete Tendenz zu vermehrter Mathematisierung, Quantifizierung, zu bewußter Organisation und zum Einsatz technologischer Mittel auch im Fußball anzutreffen ist, scheint ein weiterer interessanter Aspekt zu sein (vgl. M 4, Seite 21).

Vergleichen Sie die Regeln aus dem Jahr 1910 (M 66, Seite 135) mit den Regeln aus den Jahren 1933 (M 67, Seite 136 f) und 1976 (M 68, Seite 138 ff). Vergleichen Sie dabei jeden Regeltypus getrennt, und beachten Sie neben den Regeländerungen auch Regelergänzungen und Neuregelungen.

Welchen Einfluß haben technologische Errungenschaften auf die Regelentwicklung des Fußballs genommen? Welche Regeln haben sich bis heute nicht oder nur unwesentlich verändert? Prüfen Sie, ob es einen Zusammenhang zwischen der Regelkonstanz und der anhaltenden Popularität des Fußballsports gibt.

Besonders zu beachten sind die Regeln zur Ausrüstung der Spieler. Unter welchen Bedingungen wäre es möglich, daß bei einer Fußballweltmeisterschaft die Finalgegner barfuß gegeneinander spielen?
Worin liegen die Ursachen, daß die Ausrüstung zunehmend exakter geregelt wird?

Inwiefern hat sich der Bewegungsspielraum der einzelnen Spieler im Zuge der Regelveränderungen verkleinert? Welche motorischen Handlungen sind davon besonders betroffen? Dokumentiert die Geschichte der Regelveränderungen die Geschichte des Foulspiels?

Inwiefern deuten die Regelbeschreibungen auf eine zunehmende Mathematisierung und Rationalisierung des Spiels hin? Wodurch zeichnet sich die zunehmende Präzisierung der Regeln in erster Linie aus? Welche Regeländerungen sind auf den internationalen Sportbetrieb im Fußball zurückzuführen?

1910

Den Spielplatz soll ein ebener Rasenboden abgeben. Auf Kies- oder Sandboden zu spielen, schadet mehr; denn es darf sich kein Staub bilden, der sich an die Lungen setzt. Der Platz muß groß genug sein, um den 22 Spielern genügend Raum zu bieten.

Für Wettspiele schreibt der „Deutsche Fußballbund" (D. F. B.) folgendes vor:

Wie aus dem Plan (Abbildung S. 12) ersichtlich ist, wird für ein normales Spiel ein rechteckiges Feld von 100×65 Metern erforderlich. Hat man mehr Platz, so sind die Höchstmaße von 110×75 Metern zu empfehlen.

Für die geordnete Abwicklung eines Wettspiels ist, wenn irgend möglich, eine das Publikum abhaltende starke Schranke anzubringen; denn einerseits pflegen interessierte Zuschauer unwillkürlich je nach dem Spielverlauf vorzudrängen und so das Spiel zu hindern, andererseits fällt mit einer Schranke das für beide Teile lästige Zurückdrängen der Zuschauer durch die Linienrichter oder besonders aufgestellte Leute weg.

Die im Plan (Abbildung S. 12) aufgezeichneten Linien werden auf dem Rasen mit Gipsmehl oder Sägmehl (bei Schnee) markiert. An den Ecken des Spielfelds werden Eckflaggen aufgestellt, um welche ein Viertelkreis mit 1 Meter Halbmesser (Radius) beschrieben wird. Die Mitten der Seitenlinien sind durch eine Mittellinie verbunden. Die Mitte dieser wird kenntlich gemacht und bildet den Mittelpunkt eines Kreises von 9 Meter Halbmesser (Radius).

Die Tore stehen auf der Mitte der Torlinien und sind aus je 2 eingerammten oder besser in einen eingelassenen Gehäuse steckenden Pfosten hergestellt, welche durch eine Querstange verbunden sind. Der ganze so entstehende, am besten weiß anzustreichende Holzrahmen umschließt im Lichten eine Fläche von 7,30 Meter Länge und 2,40 Meter Höhe. Dabei dürfen Pfosten und Querstange gegen das Spielfeld zu nur 12 Zentimeter Breite aufweisen. Runde Pfosten oder Stangen sollen nicht benützt werden. Die Tore versieht man am besten mit Netzen aus Draht- oder geteertem Hanfgeflecht, um Irrtümer zu vermeiden.

Der Ball: Der Umfang des kugelförmigen Balls soll sich zwischen den Maßen von $68^1/_2$—71 Zentimeter bewegen. Die lederne Hülle umschließt und schützt den mit Luft aufgepumpten Gummiball. Die Verschnürung des Balles darf nie derart sein, daß ein Spieler verletzt werden könnte (Knoten oder Blechenden der Senkel sind zu vermeiden). Das Gewicht des Balles soll bei Beginn eines Wettspiels 370—430 Gramm betragen.

Dauer eines Wettspiels: Dieselbe beträgt für gewöhnlich 90 Minuten, welche in zwei gleichen Hälften (halftime) ausgespielt werden. Dazwischen findet eine Pause zum Platzwechseln der Mannschaften bis zu 10 Minuten statt.

Platzwahl: Je nach dem Stand der Sonne oder der Richtung des Windes ist es von Vorteil, bei Beginn des Spiels die Wahl der Spielhälfte zu haben. Es wird daher zwischen beiden Parteien gelost, und der Gewinner darf sich für Platz oder Anstoß entscheiden. Wählt er sich den Platz aus, so beginnt der Gegner das Spiel.

Anstoß: Vor Beginn des Spiels liegt der Ball in der Mitte des Platzes auf einer Marke. Die das Spiel einleitende Partei stellt ihre Stürmer dicht an der Mittellinie auf, während der Gegner sich mindestens 9 Meter vom Ball entfernt auf seiner Spielhälfte halten muß, bis der Ball angestoßen ist. Dabei muß der Ball in der Richtung gegen das feindliche Tor eine ganze Umdrehung nach vorwärts gemacht haben, ehe die Gegner über den 9 Meter-Kreis beziehungsweise über die Mittellinie treten dürfen.

Tor (goal): Das zu erreichende Ziel ist, den Fußball ins gegnerische Tor zu bringen, und zwar ohne Anwendung der Hände oder Arme. (Letzteres ist nur dem Torwart gestattet). Hat dabei der Ball die durch den Torrahmen gebildete Ebene durchschritten, so ist ein Mal (Tor, goal) errungen. Nach jedem Tor wird der Ball von der Platzmitte aus von der eben ein Tor verlierenden Partei mit dem Anstoß wieder ins Spiel gebracht.

Abseits (off-side): Eine der wichtigsten Regeln ist die Abseitsregel: Wenn ein Spieler den Ball erhält, so darf er *in dem Augenblick*, wo der Ball an ihn abgegeben wird, der Torlinie nicht näher stehen, als der den Ball abgebende Spieler, es sei denn, daß er selbst drei Gegner vor sich hat, die der Torlinie näher stehen als er, andernfalls steht er abseits (off-side). Bevor der Ball nicht von einem richtig stehenden Spieler übernommen ist, darf der abseits Befindliche weder durch Berühren des Balls noch Hindern eines Gegners in das Spiel eingreifen, andernfalls erhält die hiedurch benachteiligte gegnerische Partei einen Freistoß. Wenn der Ball zuletzt von dieser irgendwie berührt wurde, ist „abseits" ausgeschlossen; ebenso bei einem Eckstoß und Abstoß vom Tor.

Neuerdings gilt noch der Zusatz, daß ein Spieler nicht abseits steht, wenn die ganze gegnerische Verteidigung über die Mitte vorgerückt ist und sich also in der Spielhälfte der angreifenden Partei befindet.

Es ist klar, daß bei Zuspiel des Balls nach rückwärts nie „abseits" eintreten kann; ebensowenig, wenn der Empfänger bis zur Abgabe sich hinter dem den Ball abgebenden Spieler befindet.

M 66 (TRAPP/ULLRICH 1910/11)

1933

Regel 1:

Das Spiel darf nicht von mehr als elf Mann auf jeder Seite durchgeführt werden.

Auf Grund einer vor Beginn des Spieles getroffenen Vereinbarung (aber nicht in einem unter den Bestimmungen eines Wettbewerbs stattfindenden Spiel) können Ersatzleute an Stelle von verletzten Spielern eingestellt werden.

Das Spielfeld soll dem auf Seite 157 aufgezeichneten Plan entsprechen und folgende Maße aufweisen: Länge: 90—120 Meter, Breite: 45 bis 90 Meter.

Das Spielfeld ist durch Linien abzugrenzen. Die Längsseiten heißen Seitenlinien, die Breitseiten Torlinien. Die Seitenlinien liegen im rechten Winkel zu den Torlinien. An jeder Ecke des Spielfeldes ist eine Flagge an einer mindestens 1,50 m hohen Stange anzubringen. Die Mitte der Seitenlinien ist durch eine quer über das Spielfeld gehende Linie, die Mittellinie, zu verbinden. Der Mittelpunkt des Spielfeldes ist kenntlich zu machen und mit einem Kreis von 9,15 m Halbmesser zu umziehen.

Die Tore bestehen aus senkrechten Pfosten, die in gleicher Entfernung von den Eckflaggen auf den Torlinien mit einem Zwischenraum von 7,32 m angebracht und in 2,44 m Höhe durch eine Querlatte verbunden sind. Torpfosten und Querlatte dürfen höchstens 12,5 cm breit sein.

5,50 m von jedem Torpfosten entfernt sind im rechten Winkel zur Torlinie 5,50 m lange Linien zu ziehen und deren Endpunkte durch eine Linie parallel zur Torlinie zu verbinden. Der Raum innerhalb dieser Linien ist der Torraum.

16,50 m von jedem Torpfosten entfernt sind im rechten Winkel zur Torlinie 16,50 m lange Linien zu ziehen und deren Endpunkte durch eine Linie parallel zur Torlinie zu verbinden. Der Raum innerhalb dieser Linien ist der Strafraum.

Gegenüber der Mitte eines jeden Tores, 11 m von der Torlinie entfernt, ist die Strafstoßmarke anzubringen. Von der Strafstoßmarke bleibt der Ball im Spiel, wenn er den Schiedsrichter oder Linienrichter (innerhalb des Spielfeldes) berührt.

Der Ball ist aus dem Spiel, sobald er die Tor- oder Seitenlinie auf dem Boden oder in der Luft ganz überschritten hat.

Regel 6:

Wenn ein Spieler den Ball spielt, ist jeder Spieler der gleichen Partei, der in diesem Augenblick des Spielens der gegnerischen Torlinie näher ist, aus dem Spiel (abseits) und darf weder selbst den Ball spielen, noch auf irgendeine Weise auf einen Gegner oder das Spiel einwirken, bis der Ball wieder gespielt ist, außer es befinden sich in diesem Augenblick des Spielens mindestens zwei Gegner näher ihrer eigenen Torlinie. Ein Spieler ist nicht aus dem Spiel bei Abstoß, Eckstoß, Einwurf, ferner wenn der Ball zuletzt von einem Gegner gespielt worden ist, oder wenn er sich in dem Augenblicke, in dem der Ball durch einen Spieler seiner eigenen Partei gespielt wird, in seiner eigenen Spielhälfte befindet.

Regel 9:

Beinstellen und Unterlaufen, Treten, Schlagen und Anspringen eines Gegners sind verboten.

Kein Spieler (ausgenommen der Torwächter innerhalb seines Strafraumes) darf den Ball absichtlich mit der Hand spielen.

Kein Spieler darf die Hände gebrauchen, um den Gegner zu halten oder zu stoßen.

Rempeln ist erlaubt, doch darf es weder heftig noch gefährlich sein.

Ein Spieler darf nicht von hinten gerempelt werden, außer er hindert absichtlich einen Gegner.

aus ist ein Teilkreis von 9,15 m Halbmesser außerhalb des Strafraumes zu ziehen.

Der Umfang des Balles darf nicht weniger als $68\frac{1}{2}$ cm und nicht mehr als 71 cm betragen. Die äußere Hülle des Balles muß aus Leder sein; für seine Herstellung darf kein Material verwendet werden, das den Spielern Gefahr bringen könnte.

Bei internationalen Spielen soll die Größe des Spielfeldes sein: 100—110 m lang und 65—75 m breit; der Ball soll bei Beginn des Spieles 396—453 g wiegen.

Regel 2:

Die Dauer des Spiels beträgt 90 Minuten, wenn nichts anderes vereinbart worden ist.

Der Gewinner des Loses kann den Anstoß oder die Seite wählen.

Das Spiel beginnt durch den Anstoß vom Mittelpunkt des Spielfeldes aus in der Richtung auf die gegnerische Torlinie; die Gegner dürfen vor Ausführung des Anstoßes nicht näher als 9,15 m an den Ball herankommen, auch darf vorher kein Spieler der beiden Parteien die Mittellinie in der Richtung auf das gegnerische Tor überschreiten.

Regel 4:

Soweit diese Regeln nichts anderes bestimmen, ist ein Tor erzielt, wenn der Ball zwischen den Torpfosten unter der Latte hindurchgegangen ist, ohne dabei von einem Spieler der angreifenden Partei mit der Hand geworfen, geschlagen oder getragen worden zu sein.

Das Spiel ist von der Mannschaft gewonnen, die die meisten Tore erzielt hat. Wenn keine Tore erzielt worden sind, oder wenn die Zahl der Tore am Spielende beiderseits gleich ist, so ist das Spiel unentschieden.

Wenn im Verlauf des Spieles infolge irgendeiner Ursache die Querlatte des Tores entfernt ist, hat der Schiedsrichter das Recht, auf Tor zu entscheiden, wenn nach seiner Ansicht der Ball bei nichtentfernter Querlatte unter ihr durchgegangen wäre.

Der Ball bleibt im Spiel, wenn er vom Torpfosten, von der Querlatte oder von der Eckflaggenstange ins Spielfeld zurückspringt. Ebenso

Regel 12:

Kein Spieler darf Schuhe mit Nägeln tragen, die nicht vollständig ins Leder versenkt sind, auch dürfen an den Schuhen oder Schienbeinschützern keine Metallplatten oder hervorstehende Metallteile oder Guttaperchastücke befestigt sein. Wenn Leisten oder Klötze aus Leder auf den Sohlen oder Absätzen verwendet werden, so dürfen dieselben nicht mehr als 12 mm vorstehen, und das Befestigungsmittel muß vollständig im Leder versenkt sein. Die Leisten müssen quer über die ganze Sohle laufen, flach und mindestens 12 mm breit sein. Die Klötze müssen rund sein, einen Durchmesser von mindestens 12 mm haben und dürfen keinesfalls kegelförmig oder spitz sein. Leisten, die mit den Klötzen verbunden sind, dürfen verwendet werden, sofern die Leisten quer über die ganze Sohle laufen und das Ganze den allgemeinen Bedingungen dieser Regel entspricht. Die mit den Klötzen verbundene Leiste muß an den Ecken abgerundet sein und darf keine Metallplatte irgendwelcher Art enthalten. Jeder Spieler, dessen Schuhe als nicht übereinstimmend mit dieser Regel festgestellt werden, ist des Feldes zu verweisen.

M 67 (Otto 1938)

1976

Regel I – Das Spielfeld

Das Spielfeld und sein Aufbau müssen dem auf Seite 4 aufgezeichneten Plan entsprechen.

1. A u s m a ß e : **Das Spielfeld muß rechtwinklig sein. Seine Länge soll nicht mehr als 120 m und nicht weniger als 90 m, seine Breite nicht mehr als 90 m und nicht weniger als 45 m betragen. (In internationalen Spielen soll die Länge nicht mehr als 110 m und nicht weniger als 100 m, die Breite nicht mehr als 75 m und nicht weniger als 64 m betragen.) Die Länge muß in jedem Falle die Breite übertreffen.**

6. D i e T o r e : In der Mitte jeder Torlinie sind die Tore aufzustellen. Diese bestehen aus zwei senkrechten Pfosten, die in gleichem Abstand von den Eckfahnen mit einem Zwischenraum von 7,32 m (innen gemessen) aufgestellt und durch eine Querlatte verbunden sind, deren Unterkante 2,44 m vom Boden entfernt ist. Die Torpfosten und die Querlatte dürfen höchstens 12 cm breit und tief sein. Die Torpfosten und Querlatten sollen die gleiche Breite haben.

Anmerkung:

Tornetze: Verwendung von Netzen aus Hanf, Jute oder Nylon ist gestattet, wobei die Schnüre aus Nylon nicht dünner als diejenigen aus Hanf oder Jute sein dürfen.

Amtliche Entscheidungen der FIFA

1. Bei internationalen Spielen sollen die Ausmaße des Spielfeldes höchstens 110 m × 75 m, mindestens 100 m × 64 m sein.

2. Die Nationalverbände müssen sich streng an diese Maße halten. Jeder Nationalverband, der ein internationales Spiel veranstaltet, muß vor dessen Beginn den besuchenden Verband hinsichtlich des Platzes und der Ausmaße des Spielfeldes in Kenntnis setzen.

3. Das International Board hat die Maße für die Spielregeln wie folgt festgesetzt:

130 Yards	120 Meter	8 Yards	7,32 Meter
120 Yards	110	6 Yards	5,50
110 Yards	100	1 Yard	1
100 Yards	90	8 Feet	2,44
80 Yards	75	5 Feet	1,50
70 Yards	64	28 Inches	0,71
50 Yards	45	27 Inches	0,68
18 Yards	16,50	5 Inches	0,12
12 Yards	11	14 Ounces ...	396 Gramm
10 Yards	9,15	16 Ounces ...	453 Gramm

herausragen darf, müssen die Stollen im Querschnitt rund sein und nicht weniger als 12,7 mm Durchmesser haben. Wo die Stollen sich verjüngen, darf der Mindestdurchmesser jedes Teils des Stollens nicht weniger als 12,7 mm betragen. Wo Metallgewinde für Schraubstollen verwendet wird, muß das Gewinde in der Sohle der Fußbekleidung versenkt sein, und jede Befestigungsschraube muß Bestandteil des Stollens sein. Mit Ausnahme des Metallgewindes für Schraubstollen dürfen keine Metallplatten, auch wenn sie mit Leder oder Gummi überzogen sind, keine Stollen, die ein Gewinde enthalten, damit man sie auf eine Basis-Schraube aufschrauben kann, die mit Nägeln oder auf andere Weise an den Sohlen der Fußbekleidung befestigt ist, und auch keine Stollen, die, abgesehen von der Basis, in irgendeiner Form eine vorspringende Kante, ein Profil oder eine Verzierung aufweisen, erlaubt werden.

c) Stollen, die als fester Bestandteil der Sohle geprägt und nicht auswechselbar sind, müssen aus Gummi, Plastik, Polyurethan oder ähnlichen weichen Materialien bestehen. Unter der Voraussetzung, daß die Sohle nicht weniger als zehn Stollen aufweist, müssen sie einen Mindestdurchmesser von 10 mm haben. Zusätzliches Stützmaterial zur Stabilisierung von Stollen aus weichem Material und Leisten, die nicht mehr als 5 mm von der Sohle hervorstehen und zur Verstärkung dienen, sind gestattet, vorausgesetzt, daß sie in keiner Weise andere Spieler gefährden. In jeder anderen Beziehung müssen sie mit den allgemeinen Vorschriften dieser Regel übereinstimmen.

d) Kombinierte Leisten und Stollen können getragen werden, vorausgesetzt, daß das Ganze den allgemeinen Vorschriften dieser Regel entspricht. Weder Leisten noch Stollen auf den Sohlen dürfen mehr als 19 mm hervorstehen. Wenn Nägel verwendet werden, müssen sie vollständig versenkt werden, so daß sie glatt mit der Oberfläche abschneiden.

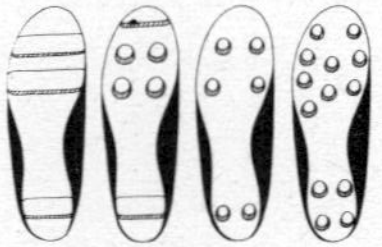

Stollen und Leisten nach den Vorschriften der Spielregel

3. Der Torwart muß eine Sportkleidung tragen, die ihn in der Farbe von den anderen Spielern und vom Schiedsrichter unterscheidet.

Spieler der Aufforderung des Schiedsrichters nicht Folge leistet, darf er am Spiel nicht teilnehmen.

5. Ein Spieler, der wegen Verletzung der Regel IV daran gehindert wurde, am Spiel teilzunehmen, oder ein Spieler, der deswegen vom Spielfeld gewiesen wurde, muß sich beim Schiedsrichter während einer Spielunterbrechung zurückmelden. Er darf das Spielfeld erst wieder betreten, nachdem der Schiedsrichter sich davon überzeugt hat, daß der Spieler den beanstandeten Mangel beseitigt hat.

Regel VII – Dauer des Spieles

1. Das Spiel besteht, wenn nichts anderes vereinbart worden ist, aus zwei Spielzeithälften von je 45 Minuten Dauer. Dabei soll der Schiedsrichter jeder Spielzeithälfte die nach seinem Ermessen durch Unfall oder aus einem anderen Grunde verlorengegangene Zeit hinzufügen.

2. Der Schiedsrichter muß jede Spielzeithälfte verlängern, um einen innerhalb der normalen Spielzeit verwirkten Strafstoß ausführen zu lassen.

3. Die Halbzeitpause soll fünf Minuten nicht überschreiten, außer mit Zustimmung des Schiedsrichters.

Regel VIII – Spielbeginn

a) V o r B e g i n n d e s S p i e l e s wird mittels einer Münze um die Spielfeldhälften und den Anstoß gelost. Die das Los gewinnende Mannschaft kann die Spielfeldhälfte oder den Anstoß wählen.

Regel X – Wie ein Tor erzielt wird

Soweit diese Regeln nichts anderes bestimmen, ist ein Tor erzielt, wenn der Ball die Torlinie zwischen den Torpfosten und unter der Querlatte vollständig überquert hat, ohne dabei von einem Spieler der angreifenden Mannschaft absichtlich mit dem Arm oder mit der Hand angehalten bzw. geworfen, getragen oder gestoßen worden zu sein, ausgenommen vom Torwart, der sich innerhalb seines eigenen Strafraumes befindet.

Die Mannschaft, die während des Spiels die meisten Tore erzielt, hat gewonnen. Wenn keine Tore erzielt worden sind oder wenn jede Mannschaft die gleiche Anzahl von Toren erzielt hat, gilt das Spiel als „unentschieden".

Amtliche Entscheidungen der FIFA

1. Regel X bestimmt die einzige Methode, nach welcher ein Spiel gewonnen oder unentschieden ist. Keine Änderung, wie

7. Alle Verbände müssen, vor allem für internationale Spiele, bei welchen die Spielregeln in jeder Hinsicht zu beachten sind, eine Standard-Ausrüstung zur Verfügung halten, vor allem bezüglich der Größe des Balles und des anderen Zubehörs, die den Bestimmungen entsprechen muß. Alle Fälle, in denen es unterlassen wird, eine Standard-Ausrüstung bereitzuhalten, sind der FIFA zu melden.

10. Die Torpfosten und Querlatten müssen aus Holz, Metall oder einem anderen, vom International Board von Zeit zu Zeit geprüften und genehmigten Material bestehen.

Torpfosten und Querlatten können quadratisch, rechteckig, rund halbrund oder elliptisch sein. Aus anderem Material oder in anderen Formen sind sie nicht erlaubt.

Regel II – Der Ball

1. Der Ball muß kugelförmig sein; die äußere Hülle muß aus Leder oder einem anderen genehmigten Material bestehen; für seine Herstellung darf kein Material verwendet werden, das den Spielern Gefahr bringen könnte.

2. Der Umfang des Balles darf nicht mehr als 71 cm und nicht weniger als 68 cm betragen. Das Gewicht des Balles bei Spielbeginn darf nicht mehr als 453 g und nicht weniger als 396 g betragen. Der Druck soll 0,6 – 0,7 Atmosphären betragen, was 600 – 700 g/cm² auf Meereshöhe entspricht.

3. Der Ball darf während des Spiels nur mit Genehmigung des Schiedsrichters ausgewechselt werden.

Regel III – Zahl der Spieler

1. Das Spiel wird mit zwei Mannschaften durchgeführt, von denen jede nicht mehr als elf Spieler aufweisen darf; einer von ihnen ist der Torwart.

Regel IV – Ausrüstung der Spieler

1. Ein Spieler darf nichts tragen, was für einen anderen Spieler gefährlich ist.

2. Die Fußbekleidung (Stiefel oder Schuhe) muß den folgenden Vorschriften entsprechen:

a) Leisten müssen aus Leder oder Gummi hergestellt sein, quer verlaufen und flach sein. Sie dürfen nicht weniger als 12,7 mm breit sein, müssen sich über die ganze Breite der Sohle erstrecken und an den Ecken abgerundet sein.

b) Stollen, die unabhängig voneinander einzeln an der Sohle angebracht und auswechselbar sind, müssen aus Leder, Gummi, Aluminium, Plastik oder einem ähnlichen Material hergestellt und massiv sein. Mit Ausnahme des Teiles, der die Basis der Stollen bildet, der nicht mehr als 6,35 mm aus der Sohle

S t r a f b e s t i m m u n g. Bei jedem Verstoß gegen diese Regel soll der schuldige Spieler des Feldes verwiesen werden, um seine Ausrüstung in Ordnung zu bringen. Er darf erst dann zurückkehren, wenn er sich beim Schiedsrichter gemeldet hat, der sich davon überzeugen muß, daß die Ausrüstung in Ordnung ist. Der Spieler darf erst wieder ins Spiel eintreten, wenn der Ball aus dem Spiel ist.

Amtliche Entscheidungen der FIFA

1. Die übliche Ausrüstung eines Spielers besteht aus Jersey oder Hemd, Shorts, Strümpfen und Fußbekleidung. In einem Spiel, das nach den Regeln eines Wettbewerbes ausgetragen wird, brauchen Spieler keine Stiefel oder Schuhe zu tragen, aber sie müssen Jersey oder Hemd, Shorts oder Trainingshose oder eine ähnliche Hose und Strümpfe tragen.

Beispiel für die übliche Ausrüstung des Spielers

2. Die Regel verlangt nicht, daß Stiefel oder Schuhe getragen werden müssen. In Wettbewerbsspielen sollten die Schiedsrichter jedoch nicht zulassen, daß ein Spieler oder einige Spieler ohne Fußbekleidung spielen, wenn alle anderen Spieler Fußbekleidung tragen.

3. Bei internationalen Spielen, internationalen Wettbewerbsspielen, internationalen Klub-Wettbewerben und Freundschaftsspielen zwischen Klubs verschiedener Nationalverbände hat der Schiedsrichter vor Spielbeginn das Schuhwerk der Spieler zu prüfen und jedem Spieler, dessen Schuhwerk nicht mit den Anforderungen dieser Regel übereinstimmt, das Spielen zu verbieten, bis es den Anforderungen entspricht.

Die Reglemente irgendwelcher Wettbewerbe können eine ähnliche Klausel enthalten.

4. Wenn der Schiedsrichter feststellt, daß ein Spieler Gegenstände an sich trägt, die nach den Spielregeln nicht erlaubt sind und die eine Gefahr für die anderen Spieler darstellen könnten, hat er den Spieler aufzufordern, sie zu entfernen. Wenn der

immer sie auch lauten mag, kann anerkannt werden.

2. Ein Tor kann auf keinen Fall anerkannt werden, wenn der Ball, bevor er die Torlinie überquert hat, durch einen äußeren Einfluß aufgehalten wurde. Wenn dies im normalen Spielverlauf geschieht – außer beim Treten eines Strafstoßes –, muß das Spiel unterbrochen und durch Schiedsrichterball an jener Stelle fortgesetzt werden, an welcher der Ball durch diesen äußeren Einfluß aufgehalten wurde.

Regel XI – Abseits

Ein Spieler ist abseits, wenn er im Augenblick, in dem der Ball gespielt wird, näher der gegnerischen Torlinie ist als der Ball, ausgenommen:

a) er befindet sich in seiner eigenen Spielfeldhälfte;

b) zwei Spieler der gegnerischen Mannschaft sind ihrer Torlinie näher als er;

c) der Ball wurde zuletzt von einem Gegner berührt oder gespielt;

d) er bekommt den Ball direkt von einem Abstoß, Eckstoß, Einwurf oder von einem Schiedsrichterball.

S t r a f b e s t i m m u n g : Bei einem Verstoß gegen diese Regel ist ein indirekter Freistoß durch einen Spieler der gegnerischen Mannschaft von der Stelle auszuführen, wo der Regelverstoß erfolgte.

Ein Spieler, der sich in einer Abseitsstellung befindet, soll jedoch nicht bestraft werden, wenn er nach Ansicht des Schiedsrichters nicht auf das Spiel oder einen Gegner störend einwirkt oder nicht bestrebt ist, aus seiner Abseitsstellung einen Vorteil zu ziehen.

Regel XII – Verbotenes Spiel und unsportliches Betragen

I. Ein Spieler, der absichtlich einen der folgenden neun Verstöße begeht:

a) einen Gegner tritt oder versucht, ihn zu treten,

b) einem Gegner das Bein stellt, worunter auch ein Zu-Fall-Bringen oder der Versuch dazu unter Gebrauch der Beine zu verstehen ist, oder sich vor oder hinter ihm niederbückt,

c) einen Gegner anspringt,

d) einen Gegner in heftiger oder gefährlicher Weise rempelt,

e) einen Gegner von hinten rempelt, ohne daß letzterer ihn behindert,

f) einen Gegner schlägt oder versucht, ihn zu schlagen,

g) einen Gegner hält,

h) einen Gegner stößt,

i) den Ball mit der Hand spielt, d. h. ihn mit dem Arm oder mit

(Forts. Seite 140, linke Spalte)

der Hand anhält bzw. wirft, trägt oder stößt (dies gilt nicht für den Torwart in seinem eigenen Strafraum),
ist durch Erteilung eines direkten Freistoßes zu bestrafen, der von der gegnerischen Mannschaft an der Stelle auszuführen ist, wo der Regelverstoß begangen wurde.
Begeht ein Spieler der verteidigenden Mannschaft absichtlich innerhalb des Strafraumes einen der oben genannten neun Verstöße, so ist er durch einen Strafstoß zu bestrafen.
Ein Strafstoß kann ohne Rücksicht auf die jeweilige Stellung des Balles verhängt werden, vorausgesetzt, daß der Ball sich im Augenblick des Verstoßes im Spiel befindet und das Vergehen im Strafraum stattfand.

II. Ein Spieler, der einen der folgenden fünf Verstöße begeht:

1. in einer nach Ansicht des Schiedsrichters gefährlichen Weise spielt, z. B. versucht, den Ball zu treten, während der Torwart ihn hält,

2. korrekt rempelt, d. h. mit der Schulter, wenn der Ball nicht in Spielnähe der betreffenden Spieler ist und wenn diese nicht ernstlich versuchen, ihn zu spielen,

3. ohne den Ball spielen zu wollen, absichtlich den Gegner sperrt, d. h. zwischen den Ball und den Gegner läuft oder durch Einsatz des Körpers ein Hindernis für den Gegner bildet,

4. den Torwart rempelt, außer wenn dieser:

a) den Ball hält oder

b) einen Gegner hindert oder

c) seinen Torraum verlassen hat;

5. als Torwart:

a) mit dem Ball mehr als vier Schritte macht, ihn dabei hält oder auf den Boden aufspringen läßt oder in die Luft wirft und wieder auffängt und nach dem vierten Schritt den Ball nicht freigibt, so daß er von keinem anderen Spieler gespielt werden kann, oder

b) sich einer Taktik bedient, die nach Auffassung des Schiedsrichters allein dazu dient, das Spiel zu verzögern und dadurch Zeit zu vergeuden, um seiner eigenen Mannschaft einen unsportlichen Vorteil zu verschaffen,

ist durch Erteilung eines indirekten Freistoßes zu bestrafen, der von der gegnerischen Mannschaft an der Stelle auszuführen ist, wo der Regelverstoß begangen wurde.

III. Ein Spieler ist zu verwarnen, wenn er:

j) das Spielfeld betritt oder wiederbetritt, um in seine Mannschaft einzutreten oder wiedereinzutreten, nachdem das Spiel begonnen hat, oder wenn er das Spielfeld während des Spieles verläßt (ausgenommen bei Unglücksfällen), ohne in diesen Fällen vorher die Einwilligung des Schiedsrichters erhalten zu haben.

Wenn der Schiedsrichter das Spiel unterbricht, um die Verwarnung auszusprechen, ist es durch einen indirekten Freistoß, ausgeführt durch einen Spieler der gegnerischen Mannschaft, an der Stelle, wo sich der Ball bei der Unterbrechung des Spieles durch den Schiedsrichter befand, wieder aufzunehmen.
Wenn jedoch der Spieler einen schwereren Regelverstoß beging, soll er gemäß der dafür in Frage kommenden Bestimmung der Spielregeln bestraft werden.

k) dauernd gegen die Spielregeln verstößt,

l) durch Worte oder Handlungen die Ablehnung irgendeiner Entscheidung des Schiedsrichters zu erkennen gibt,

m) sich eines unsportlichen Betragens schuldig macht.

Für jede Übertretung der Regel gemäß Absatz k, l und m soll der betreffende Spieler verwarnt werden, und ein indirekter Freistoß soll von einem Spieler der gegnerischen Mannschaft an der Stelle ausgeführt werden, wo der Regelverstoß erfolgte, wenn nicht ein schwererer Verstoß gegen die Spielregeln begangen wurde.

IV. Ein Spieler soll vom Spielfeld gewiesen werden, wenn er:

n) sich nach Auffassung des Schiedsrichters eines grob unsportlichen Betragens schuldig macht oder roh spielt,

o) beleidigende oder schmähende Äußerungen gebraucht,

p) sich weiterhin unsportlich benimmt, nachdem er bereits verwarnt worden ist.

Wenn das Spiel unterbrochen wurde, weil ein Spieler wegen Unsportlichkeit, ohne daß er einen besonderen Regelverstoß beging, vom Spielfeld gewiesen wurde, so ist das Spiel durch einen indirekten Freistoß wieder aufzunehmen, der von einem Spieler der gegnerischen Mannschaft an der Stelle auszuführen ist, wo die Unsportlichkeit geschah.

M 68 (DFB [Hrsg.] 1976/77)

Bei der Lektüre der Regeltexte sollte der Form der Regelbeschreibungen und deren sprachlicher Gestaltung unsere Aufmerksamkeit gewidmet sein. Einmal deutet die Sprache auf das Heimatland des modernen Fußballspiels hin. Zum anderen haben die Regeln des DFB aus dem Jahr 1910/11 den zu dieser Zeit üblichen Regelcharakter: Sie sind nahezu ausschließlich Empfehlungen. Besondere Beachtung sollte der durch die Regeln beschriebenen Technologie dieser Zeit geschenkt werden. Die Tore und der Ball verweisen auf Probleme im Fußballspiel zu jener Zeit, die heute nicht mehr bestehen. Die Regeln aus dem Jahr 1938 unterscheiden sich nicht nur im Umfang von den Regeln aus dem Jahr 1910/11. Neben Unterschieden in der Regelformulierung, die sich durch zunehmende Genauigkeit auszeichnen, und neben der Neuregelung des Materials und der nichterlaubten Handlungen zeichnet sich im Vergleich zu 1910/11 bereits ab, was offensichtlich unveränderlich im Fußball geblieben ist. Dies gilt für die Abseitsregel ebenso wie für die Regeln zur Spieldauer und Spielerzahl. Hier deutet alles darauf hin, daß die Regelmacher des Fußballs in solchen Regeln die Grundlage ihres Fußballspiels sahen bzw. sehen. Der internationale Sportverkehr hat immer auch Einfluß auf die Regulierung des nationalen Sporttreibens gehabt, und viele Regeländerungen sind auf die notwendige Konsensbildung verschiedener nationaler Sportfachverbände zurückzuführen. Die Internationalität der Regeln ist deshalb das herausragende Merkmal der Regeln aus dem Jahr 1976.

«Yard» und «Unze» als internationales FIFA-Maß lassen erklären, warum man im deutschen Fußball mit so ungereimten Zahlen wie 7,32 oder 2,44 m (Tormaße) mißt oder warum ein Ball zwischen 396 und 453 g zu wiegen hat. Neben der internationalen Entwicklung des Fußballs zeigt sich im Vergleich zu 1910/11 und 1938 aber auch der immense technologische Einfluß, dem der Sport in den letzten Jahrzehnten unterworfen war. Die Regeln zur Ausrüstung der Spieler, zum Ball, zur Qualität der Torpfosten können dies verdeutlichen. Die Ausweitung der Regel über verbotenes Spiel und unsportliches Betragen ist schließlich ein weiteres Merkmal moderner Regeln. Die Frage stellt sich, ob dies mit einer Zunahme der aggressiven Handlungen zusammenhängt oder ob eher das Gegenteil zutrifft: ob also unsere Gesellschaft zunehmend Rauhbeinigkeit und direkten Körperkontakt tabuisiert und deshalb auch im Sport diese Erfahrungen von vornherein ausgeschlossen werden. Die Beobachtung von Dunning, der im modernen Sport eine Abnahme von Aggressivität konstatiert, sollte bei der Antwort auf diese Frage berücksichtigt werden (vgl. M 6, Seite 22 f). Die Szene vom Straßenfußball, wie sie in M 64, Seite 133, gezeigt wird, deutet auf diesen Sachverhalt ebenfalls hin.

Am Beispiel der Fußballregeln sollte ferner die Wechselbeziehung zwischen der Entwicklung der Spielregeln und des Spielens selbst betrachtet werden. So erfordern bestimmte Spielweisen Regelanpassungen, und die neuen Regeln wiederum riefen neue Spielweisen hervor. In den ersten Spielregeln aus dem Jahre 1862 wird zum Beispiel nichts über Technik und Taktik des Spiels ausgesagt, festgelegt wurden lediglich einige strittige Punkte des Spiels. Die ersten Spielregeln enthielten auch keine Bestimmungen über die Spielerzahl, die Spieldauer und den Ball. Eine Regelerweiterung hatte aber in der darauffolgenden Zeit eine ganze Reihe von Neuregelungen zur Folge. Nachdem das Spielfeld geregelt war, mußte die vage Regel aus dem Jahr 1871, daß «elf Spieler auf jeder Seite üblich sind», notwendigerweise in die genauere Bestimmung aus dem Jahre 1897 überführt werden, wonach «jede Mannschaft aus elf Spielern zu bestehen hat». In den Anfängen des Fußballs wurde ohne Torwart gespielt. Ein guter Fang eines Balls berechtigte jeden Spieler zu einem Freistoß; für Handspiel wur-

de man also nicht bestraft. 1869 wurde das Handspiel verboten, und in die Regeln wurde die neue Rolle des Torwarts eingeführt. Diese Einführung hatte einige Neuregelungen zur Folge: Torwartschrittregel, Torwartwechsel, Handspiel durch Torwart, Spiel gegen den Torwart.
Am Wandel der Fußballregeln läßt sich schließlich belegen, daß sich Regeln im Sport ständig verändern, dabei aber häufig früher gültige an die Stelle von aktuellen Regeln gesetzt werden. Ein Beispiel hierzu ist die Einwurfregel aus dem Fußball. Gemäß der ersten Spielregeln mußte der Ball in gerader Richtung ins Feld gestoßen werden. 1864 wurde an Stelle des Einstoßes der Einwurf gesetzt. 1877 wurde der Wurf mit beiden Händen über den Kopf vorgeschrieben. 1976 wurde beim Europäischen Jugendturnier in Monaco wieder mit der Einstoßregel gespielt (vgl. M 91, Seite 174 ff).

Schwimmregeln im Wandel

Die folgenden Regelauszüge beziehen sich zumeist auf die motorischen Handlungen des Schwimmens. Als Handlungsregeln sind sie also innerhalb der Gruppe der konstitutiven Regeln die gewichtigsten. Sie ermöglichen dem Beobachter die Unterscheidung der verschiedenen Disziplinen des Schwimmens. Die übergeordnete Frage im Vergleich dieser Regelauszüge soll deshalb sein, inwieweit sich in mehr als fünfzig Jahren die einzelnen Schwimmdisziplinen gewandelt haben bzw. dieselben geblieben sind.

M 69 (DSV [Hrsg.] 1931)

1931

§ 7. Beschreibung der Leistungsgebiete.

a) **Kraulschwimmen:** Der Körper befindet sich in unveränderlicher Brustlage. Die Armbewegungen sind wechselseitig. Während der eine Arm durch das Wasser gezogen wird, wird der andere außerhalb des Wassers nach vorn geführt. Die Beine werden im Wechselschlag aus der Hüfte gependelt (Beinschlag, Kraul, Crawl). Der Beinschlag kann aus gleichmäßigen Schlägen (Schraubenschlag) oder aus Haupt- und Nebenschlägen bestehen. Die zweite Art entsteht dadurch, daß ein enger Spreizschlag (Hauptschlag) mit mehreren Pendelschlägen (Nebenschläge) verbunden wird. Die Beinbewegung darf nicht ausschließlich Grätsch- oder Spreizschlag sein (siehe Abs. g 3).

b) **Rückenschwimmen:** Das sportliche Rückenschwimmen ist Kraulschwimmen in der Rückenlage (Rückenwechselzug). Die Arme werden abwechselnd durchs Wasser gezogen und herausgehoben. Die Beine werden im Wechselschlag aus der Hüfte gependelt. Wettkämpfe im Rückenschwimmen dürfen auch im Gleichschlag-Stoßschwimmen durchgeführt werden (siehe Abs. g 2).

c) **Brustschwimmen:** Der Körper befindet sich in Brustlage; die Schultern liegen waagerecht. Die Hände werden zusammen vorgestoßen und gleichzeitig rückwärts geführt. Die Füße werden zusammen angezogen, wobei die Knie gebeugt und geöffnet werden; die Beine werden seitwärts gegrätscht und geschlossen.

d) **Start:** Beim Kraul- und Brustschwimmen wird durch Sprung gestartet. Die Füße dürfen ihren Standort erst verlassen, wenn das Startkommando gegeben wird (Schuß oder das Kommando „los!", vergl. § 16 p). Beim Rückenschwimmen wird aus der Schwimmlage gestartet. Die Schwimmer kehren das Gesicht der Startseite zu und halten sich mit beiden Händen an der Bahnbegrenzung fest. Beim Startkommando stoßen sie ab und schwimmen während des ganzen Wettkampfes auf dem Rücken.

e) Bei der **Wende** sind folgende Bestimmungen zu beachten:

1. Die Bahnbegrenzung ist bei der Wende stets mit der Hand zu berühren.
2. Das Aufstehen beim Wenden ist verboten. Ausnahmen kann der Gauschwimmwart genehmigen.
3. Beim Kraul- und Rückenschwimmen braucht die Badbegrenzung bei der Wende nur mit einer Hand berührt werden.
4. Beim Brustschwimmen muß die Badbegrenzung mit beiden Händen gleichzeitig berührt werden. Die Hände müssen beim Anschlag in gleicher Höhe liegen.
5. Beim Rückenschwimmen muß vor der Wende die Badbegrenzung in der Rückenlage berührt werden. Dies entspricht der Vorschrift, daß die Teilnehmer während des ganzen Wettkampfes auf dem Rücken schwimmen müssen (Abs. d).

f) Am **Ziel** muß die Badbegrenzung wie bei der Wende berührt werden.

g) **Leistungsgebiete der ergänzenden Wettkämpfe:**

1. **Seiteschwimmen:** Der Körper befindet sich in Seitenlage (Breitenachse des Körpers (Hüftlinie) senkrecht zum Wasserspiegel). Die Armbewegungen sind wechselseitig. Der untere Arm wird in flachem Bogen zur Brust geführt, dort abgebeugt und nach vorn gebracht. Der obere Arm wird in flachem Kreisbogen durch das Wasser gezogen und über Wasser nach vorn geführt. Die Beine werden angezogen, schrittartig gespreizt und geschlossen.

2. **Rückengleichschlagschwimmen:** Diese Schwimmart entspricht dem Brustschwimmen. Die Arme werden gleichzeitig aus dem Wasser gehoben und mit aneinander gelegten Händen über den Kopf geschwungen.

1955

S III. Beschreibung der Leistungsgebiete im Schwimmen

1. Kraulschwimmen

Der Körper befindet sich in der Brustlage. Die Armbewegungen sind wechselseitig. Während der eine Arm durch das Wasser gezogen wird, wird der andere außerhalb des Wassers entspannt nach vorn geführt. Die Beine werden im Wechselschlag aufwärts und abwärts aus der Hüfte gependelt.

2. Rückenschwimmen

Das sportliche Rückenschwimmen ist das Kraulschwimmen in der Rückenlage. Die Arme werden abwechselnd durch das Wasser gezogen und herausgehoben. Die Beine werden im Wechselschlag aufwärts und abwärts aus der Hüfte gependelt.

3. Brustschwimmen

a) Beide Hände müssen zusammen gleichzeitig und symmetrisch von der Brust aus in oder unter der Wasseroberfläche vorgebracht, seitwärts geöffnet und zurückgeführt werden.
b) Der Körper muß sich vollkommen in der Brustlage befinden, und beide Schultern müssen gleichlaufend mit der Wasseroberfläche sein.
c) Die Füße müssen zusammen angezogen, die Knie gebeugt und geöffnet werden. Dann müssen die Beine gegrätscht und geschlossen werden. Auf- und Abbewegungen der Beine in senkrechter Richtung sind verboten.
d) Beim Anschlag an Wende oder Ziel müssen beide Hände gleichzeitig und auf gleicher Höhe die Wand berühren, die Schultern müssen waagerecht liegen.
e) Jeder Wettkämpfer, der eine dem Seitenschwimmen ähnliche Bewegung macht, wird ausgeschlossen.
f) Schwimmen unter der Wasseroberfläche ist verboten, ausgenommen ein Armzug und ein Beinschlag nach Start und Wende.

4. Schmetterlingsschwimmen

a) Beide Arme müssen zusammen, gleichzeitig und symmetrisch über Wasser vor- und gleichzeitig zurückgebracht werden, Armzüge unter Wasser sind verboten.
b) Der Körper muß sich vollkommen in der Brustlage befinden, und beide Schultern müssen gleichlaufend mit der Wasseroberfläche sein.
c) Die Füße müssen zusammen angezogen, die Knie gebeugt und geöffnet werden; dann müssen die Beine gegrätscht und geschlossen werden, oder es werden gleichzeitige Auf- und Abwärtsbewegungen der Beine durchgeführt (Delphinschwimmen).
d) Jeder Wettkämpfer, der eine dem Seitenschwimmen ähnliche Bewegung macht, wird ausgeschlossen.

5. Freistil

Die internationalen Rennen werden meist als Freistilrennen ausgeschrieben. Hier ist jede Schwimmlage erlaubt. Disqualifikationen können nur bei Nichtberühren mit den Händen von Wende und Zielwand erfolgen.

6. Start

Beim Kraul-, Brust- und Schmetterlingsschwimmen wird durch Sprung gestartet. Die Füße dürfen ihren Standort erst verlassen, wenn das Startkommando gegeben ist.

Beim Rückenschwimmen nehmen die Wettkämpfer in einer Reihe, mit dem Ge-

sicht zur Startwand und beiden Händen an der Wand, der Stange der Schwimmbahn oder den Startgriffen ihre Startplätze ein. Die Füße einschließlich der Zehen haben unter der Wasseroberfläche zu sein. Die Füße dürfen sich nicht in den Überlaufrinnen befinden.
Nach dem Startkommando stößt sich der Schwimmer ab und schwimmt den ganzen Wettkampf in Rückenlage. Vor dem Startkommando dürfen die Hände die Startwand oder die Stange nicht verlassen. Jeder Wettkämpfer, der vor dem Berühren der Wende oder des Zieles beim Rückenschwimmen die Rückenlage verläßt, wird ausgeschlossen.
Bei Staffelwettkämpfen wird die Mannschaft ausgeschlossen, deren Teilnehmer mit den Füßen den Startblock verlassen, bevor der ankommende Schwimmer die Wand berührt. Beim Rückenschwimmen dürfen die Hände des ablösenden Schwimmers die Startwand erst nach dem Anschlag des ankommenden Schwimmers verlassen. Ein Ausschluß findet nicht statt, wenn der Schwimmer, der einen Frühstart beging, an die Startwand zurückschwimmt (es ist hierbei nicht notwendig, daß er auf den Startblock zurückkehrt) und dann den Wettkampf neu beginnt.
7. *Wende, Ziel und Schrittmachen*
a) Wende beim Kraulschwimmen
Beim Kraulschwimmen braucht die Wende nur mit einer Hand berührt zu werden.
b) Wende beim Rückenschwimmen
Bei jeder Wende muß der Schwimmer mit einer oder beiden Händen die Wand berühren, bevor er sich abstößt. Der Wettkämpfer, der an der Wende die Rükkenlage verläßt, bevor seine vordere Hand das Ende der Bahn berührt, wird ausgeschlossen.
c) Wende beim Brust- und Schmetterlingsschwimmen
Beim Anschlag an der Wende oder am Ziel müssen beide Hände gleichzeitig und auf gleicher Höhe die Wand berühren; die Schultern müssen waagerecht liegen.
d) Das Mitlaufen am Rande des Schwimmbeckens sowie alle Dinge, die dem Schrittmachen dienen, wie das Zurufen von Zwischenzeiten, das Zurufen an der Wende und alles, was gleichen oder ähnlichen Zwecken dient, sind verboten und können den Ausschluß des Wettkämpfers zur Folge haben. Jeder Eingriff in einen laufenden Wettkampf führt zum Ausschluß des Wettkämpfers.

M 70 (DSV [Hrsg.] 1955)

Wodurch unterscheidet sich das Wettschwimmen von heute von den Schwimmwettkämpfen von gestern?
Wie ist es zu erklären, daß sich die Regelbeschreibungen im Schwimmen in den letzten 50 Jahren nur unwesentlich geändert haben? Welche Rolle spielt die Technologie beim Schwimmen?
Welche Regelverstöße haben vermutlich Regeländerungen bewirkt?
Welchem Movendumtyp gehört das Schwimmen an (vgl. M 9–11, Seite 27 ff)?
In welchem Zusammenhang stehen die Movendumtypen mit der Regelgeschlossenheit bzw. -offenheit verschiedener Sportdisziplinen?

1971

Beschreibung der Schwimmarten

§ 102 Kraulschwimmen

Der Körper befindet sich in der Brustlage. Die Beine werden im Wechselschlag aufwärts und abwärts bewegt. Die Armbewegungen sind wechselseitig. Während der eine Arm durch das Wasser gezogen wird, wird der andere Arm außerhalb des Wassers nach vorne geführt.

§ 103 Rückenschwimmen

Der Körper befindet sich in der Rückenlage. Die Beine werden im Wechselschlag abwärts und aufwärts bewegt. Die Armbewegungen sind wechselseitig. Während der eine Arm durch das Wasser gezogen wird, wird der andere Arm außerhalb des Wassers in Schwimmrichtung geführt.

Ein Schwimmer, der die Rückenlage verläßt, bevor seine erste Hand das Ende der Schwimmbahn berührt hat, um zu wenden oder das Rennen zu beenden, wird disqualifiziert (FINA-Regel).

§ 104 Brustschwimmen

a) Der Körper befindet sich in der Brustlage. Der Körper muß gerade gehalten werden; beide Schultern müssen parallel zur Wasseroberfläche liegen.

b) Die Beine müssen zusammen angezogen, die Knie gebeugt und geöffnet werden. Diese Bewegung muß von einem runden Auswärtsschwung gefolgt sein, der die Beine zusammenbringt. Alle Bewegungen der Beine und Füße müssen gleichzeitig, symmetrisch und auf derselben Ebene ausgeführt werden. Auf- und Abwärtsbewegungen sind verboten.

c) Beide Hände müssen gleichzeitig und symmetrisch unter seitlicher Ausbreitung nach hinten geführt und von der Brust aus gleichzeitig unter der Wasseroberfläche nach vorne geschoben werden.

d) Das Schwimmen unter der Wasseroberfläche ist verboten, außer je einem Beinschlag und Armzug nach dem Start und nach der Wende (FINA-Regel).

Erläuterung:

Der Schwimmer darf, solange er sich unter Wasser befindet, einen Armzug und einen Beinschlag machen, um baldmöglichst an die Oberfläche zu gelangen. Auch die unvollständige Bewegung von Armen und Beinen muß als Armzug bzw. Beinschlag gewertet werden. Wenn der Schwimmer nach dem Start oder nach der Wende den zweiten Armzug beginnt, muß ein Teil des Kopfes über der Wasserfläche sein und bis zum Ende der Schwimmbahn bleiben.

e) Der Anschlag nach Beendigung des Rennens muß mit beiden Händen gleichzeitig in horizontaler Lage, auf Schulterhöhe erfolgen.

§ 105 Delphinschwimmen

a) Der Körper befindet sich in der Brustlage; er muß gerade gehalten werden und beide Schultern müssen parallel zur Wasseroberfläche liegen.

b) Beine und Füße müssen gleichzeitig abwärts und aufwärts bewegt werden (Delphinbewegungen des Unterkörpers, der Beine und der Füße).

c) Beide Arme müssen gleichzeitig ununterbrochen über Wasser nach vorne und auch gleichzeitig im Wasser nach hinten gebracht werden.

d) Das Schwimmen unter der Wasserfläche ist verboten; außer **einem** Armzug, aber mehreren Delphinbewegungen nach dem Start und nach der Wende (FINA-Regel).

§ 106 Lagenschwimmen

Bei einem als Lagenschwimmen ausgeschriebenen Wettkampf gelten für die Teilstrecken (Delphin-, Rücken-, Brust- und Freistilschwimmen) die jeweiligen Bestimmungen in den §§ 102–105. Beim Übergang zu einer neuen Schwimmart gelten für den Anschlag an Wende und Ziel die Bestimmungen der Schwimmart, die beendet wurde (FINA-Regel).

§ 107 Freistilschwimmen

In einem mit Freistilschwimmen bezeichneten Wettkampf kann beliebig geschwommen werden.

Im Lagenschwimmen und bei Lagenstaffeln bedeutet Freistilschwimmen – Kraulschwimmen.

§ 108 Start

a) Freistil- (Kraul-), Brust-, Delphin-Lagenschwimmen.

Der Start erfolgt durch Sprung.

Auf einen langgezogenen Pfiff des Schiedsrichters begeben sich die Wettkämpfer zum Start und stellen sich in aufrechter Haltung auf den hinteren Teil des Startblocks. Mit dem Vorkommando „Auf die Plätze" müssen die Wettkämpfer unverzüglich die Startstellung einnehmen und in der Startstellung ruhig verharren.
Wenn alle Schwimmer ruhig stehen, erfolgt das Startkommando (Schuß, Pfiff, Startwort).

b) Rückenschwimmen.

Auf den langgezogenen Pfiff des Schiedsrichters begeben sich die Wettkämpfer ins Wasser und nehmen mit dem Gesicht zur Startwand, mit beiden Händen an der Wand (Haltevorrichtung) Startstellung ein.

Die Füße einschließlich der Zehen müssen unter Wasser sein. In oder auf der Überlaufrinne zu stehen oder die Zehen über den Rand der Überlaufrinne zu biegen, ist verboten. Dann erfolgt das Vorkommando „Auf die Plätze" und das Startkommando.

Erläuterung für alle Starts:

Das Vorkommando „Auf die Plätze" ist langgezogen und nicht in Befehlsform auszusprechen. Der Starter muß die Teilnehmer nach dem ersten und evtl. zweiten Fehlstart zurückrufen und daran erinnern, daß nicht vor dem Startkommando gestartet werden darf.

Beim dritten Fehlstart im gleichen Lauf (gleichgültig ob von demselben oder von einem anderen Schwimmer) muß der Schwimmer, der den Fehlstart bei der zweiten Wiederholung verursacht hat, disqualifiziert werden (FINA-Regel).

§ 109 Wende

a) Freistil- und Kraulschwimmen.

Der Schwimmer muß beim Wenden die Wand (mit einem beliebigen Körperteil) berühren.

b) Rückenschwimmen.

Der Schwimmer darf die Rückenlage erst verlassen, **nachdem** die erste Hand das Ende der Schwimmbahn berührt hat. Der Schwimmer muß sich in der Rückenlage von der Wand abstoßen.

c) Brustschwimmen.

Der Anschlag muß mit beiden Händen gleichzeitig in horizontaler Lage, auf Schulterhöhe erfolgen.

d) Delphinschwimmen.

Der Anschlag muß mit beiden Händen gleichzeitig in horizontaler Lage in Schulterebene erfolgen.

e) Lagenschwimmen.

Für den Anschlag gelten die Bestimmungen der Schwimmart, die beendet wurde.

M 71 (DSV [Hrsg.] 1971)

Welchen Einfluß hatten bzw. haben technologische Errungenschaften auf die Entwicklung des Schwimmsports?
Inwiefern beeinflussen die konstitutiven Regeln des Schwimmens den hohen Grad an Regelkonstanz? Welche Regeltypen sind im Schwimmen im Vergleich zum Fußball relativ bedeutungslos?
Welche Veränderungen sind im Schwimmen überhaupt denkbar?
Erstellen Sie eine Prognose für die Entwicklung des Schwimmens, und vergleichen Sie diese mit einer Fußballprognose.

Wenn wir die Schwimmregeln vergleichend interpretieren, so wird die Konstanz als herausragendes Merkmal auffallen. Wohl haben sich einige Regeldetails verändert – so ist das Gleichschlagstoßschwimmen nicht mehr beim Rückenschwimmen zugelassen –, und die Genauigkeit der Regelbeschreibung scheint auch im Schwimmen zugenommen zu haben. Das wichtigste Zwischenergebnis dürfte aber sein, daß die Beschreibung der Leistungsgebiete, die Beschreibung der motorischen Schwimmhandlungen in den letzten 50 Jahren eigentlich unverändert geblieben ist. Warum dies im Gegensatz etwa zum Fußball oder Hammerwerfen (vgl. M 72–74, Seite 148 ff) gerade im Schwimmen so ist, bliebe zu fragen. Die Tatsache, daß Schwimmen zur Gruppe jener Sportdisziplinen gehört, die nach Göhner (vgl. M 9, Seite 27) den Movendum-Typ «aktiv – sich selbst bewegend» besitzen, in der also das Bewegersystem vom Movendum nicht getrennt ist, sollte bei der Suche nach einer Antwort berücksichtigt werden. Ebenso notwendig wird es sein, motorische Handlungsbeschreibungen in anderen Sportdisziplinen über einen längeren Zeitraum zu betrachten. Vielleicht erhärtet sich danach die Annahme, daß sich bei aller Veränderung die sportlichen Disziplinen im Bereich ihrer motorisch signifikanten Handlungen im Grunde kaum verändert haben.
Eine weitere, nicht weniger wichtige Frage läßt sich im Zusammenhang mit den Regeln des Schwimmens stellen: Im Sport gibt es Disziplinen, die in bezug auf ihre technische und taktische Entwicklung noch am Anfang stehen bzw. sich von einer unbegrenzten Offenheit zeigen; andere Disziplinen hingegen weisen nur selten weitreichende Veränderungen auf. In der Leichtathletik scheinen beispielsweise der Fosbury Flop oder neue Strategien im Kugelstoßen und Hammerwerfen auf eine derartige Offenheit hinzuweisen, wie sie für die Sportspiele typisch ist. Dem Handeln nach strategischen Regeln (vgl. T 6) ist hier gleichsam Tür und Tor geöffnet. Schwimm- oder Dauerlaufdisziplinen der Leichtathletik zeigen sich hingegen in einer ausgesprochenen Geschlossenheit. Die Regelkonstanz im Schwimmen könnte somit mit einer innovativen Anspruchslosigkeit bestimmter sportlicher Disziplinen zusammenhängen. Der konstitutive Regelrahmen einer Sportdisziplin ist dabei relativ rigide definiert, so daß das

taktische Handeln sich allenfalls auf Kleidung (Badehose) und Timing des Wettkampfablaufs beziehen kann. Die Frage, inwiefern regelrigide Sportdisziplinen vermehrt die Gefahr unerlaubter Manipulationen in sich bergen (siehe etwa die ‹Luftdusche› zur Erhöhung des Auftriebs im Schwimmen), stellt sich in diesem Zusammenhang ebenfalls.

Leichtathletikregeln im Wandel

Ganz anders als der Vergleich im Schwimmen stellt sich der Regelvergleich in vielen Disziplinen der Leichtathletik dar. Beispielhaft sollen die Regeln des Hammerwerfens einander gegenübergestellt werden. Hier zeigt sich der Wandel des Sports in Abhängigkeit zur allgemeinen technologischen Entwicklung am deutlichsten. Eichbergs strukturelle Merkmale des modernen Sports werden dadurch faßbar, und es wird erfahrbar, wie sich die Prinzipien der Rationalisierung und Leistungsorientierung im Sport ausgewirkt haben (vgl. T 2).

M 72 (Wohlrath o. J.)

1912

Das Hammerwerfen.

Vor noch nicht zu langer Zeit war das Hammerwerfen eine Neuheit, es hat sich aber schnell beliebt gemacht und fehlt bei keinem Sportfest, auch bei den olympischen Spielen nicht. Der Hammer, wie er zum Werfen benutzt wird, ist mit Stiel 1,25 m lang und hat 5—7 kg im Gewicht, das durch Auflegen von Scheiben noch vergrößert werden kann. Die Form hat keine Ähnlichkeit mit dem eigentlichen Hammer, sondern es ist eine Kugel, die an einem von Drahtseil geflochtenen Stiel, der am unteren Ende in eine Schleife ausläuft, befestigt ist.

Beim Hammerwerfen haben große und kräftige Menschen einen Vorteil, da hauptsächlich rohe Kraft der maßgebende Teil ist, um einen nennenswerten Weitwurf auszuführen. Das Werfen ist mit einem sowie beiden Armen gestattet. An Schleuderkraft gewinnt der Wurf, wenn mit einem Arm geworfen wird, da hierbei die Bewegungsmöglichkeit eine größere ist als mit beiden Armen. Ist das Gewicht jedoch für einen Arm zu schwer, dann ist es vorteilhafter, mit beiden Armen zu werfen.

Da mir im Hammerwerfen keine große Erfahrungen zur Seite stehen, so erlaube ich mir die Gebrauchsanweisungen eines erfahrenen Hammerwerfers anzuführen; sie sind aber nur für den Wurf mit einem Arm berechnet: „In einer kleinen Vorschrittsstellung links macht man nach einigen Pendelschwüngen zwei bis drei Armkreise, die wegen der Länge des Geräts halbflach (schräg nach unten!) ausgeführt werden müssen. Höchste Energie soll in die Schwünge gelegt werden. Am Ende des letzten Halbkreises (wenn der Hammer nach unten gerichtet ist) folgt die ganze Drehung mit einem Sprung vorwärts. Zuerst wird der rechte Fuß vorgesetzt, das Gesicht des Werfers wird nach links gewendet. Mit dem Vorsetzen des linken Beines tritt eine weitere Vierteldrehung ein, und ein heftiger Sprung bis dicht an die Peripherie des 3 m Wurfkreises vollendet die Drehung und bringt mit dem Aufsetzen des rechten Fußes den Wurf mit sich." Der Betreffende warf mit dieser angewandten Praxis den Hammer 50 m weit.

In Turnerkreisen wird ein Hammer zum Werfen benutzt, der geringere Dimensionen aufweist als der oben erwähnte. Das Gewicht beträgt hier $3^1/_2$ kg und der Stiel hat nur die Länge von 60 cm. Durch die Kürze des Stiels wird die Schleuderkraft sehr vermindert; doch das leichtere Gewicht ermöglicht eine ausgleichende Wurfweite.

1930

Aus den Wettkampfbestimmungen

Der Wurfkreis

Die Erde oder der Lehm im Kreise soll hart und festgestampft werden und zwei Zentimeter tiefer liegen als der Boden außerhalb des Kreises. Bei Würfen aus dem Kreis muß das Wurfgerät innerhalb eines Sektors von 90 Grad auffallen. Die äußeren Begrenzungslinien des Sektors müssen auf dem Boden angezeichnet sein und sich im Mittelpunkte des Kreises kreuzen.

Der Hammer

Der Hammer besteht aus dem kugelförmigen Kopf, der durch einen Draht mit dem Handgriff verbunden ist. Der kugelförmige Kopf des Hammers ist aus Eisen, Blei oder Messing. Zur Verbindung mit dem Handgriff dient gehärteter Stahldraht von mindestens 3 mm Stärke oder Klaviersaitendraht Nr. 36 von 2½ mm Stärke, aus einem Stück und ohne Schlinge oder Knoten. Um eine Öse herzustellen, kann der Draht an einem oder an beiden Enden zu Schlingen gedreht werden. Der Griff muß fest sein, kann einhändige oder beidhändige Form haben, darf jedoch keinerlei Gelenke oder Kugellager aufweisen. Jeder Wettkämpfer kann einen Hammer mit einem oder zwei Griffen vorweisen, der von der offiziellen Vorschrift verschieden ist. Wird der Hammer als vorschriftsmäßig beurteilt, kann das Kampfgericht die Benutzung zulassen. Dieser offiziell anerkannte Hammer steht aber allen Teilnehmern zur Verfügung.

Der Draht des Hammers soll mit der Kugel durch einen einfachen Wirbel oder eine Achse mit den Kugellagern verbunden sein. Beim Hammerwurf ist der Gebrauch von Handschuhen als Handschutz gestattet.

Läßt ein Wettkämpfer den Hammer während eines Wurfes fallen oder berührt er dabei mit irgendeinem Körperteil den Boden außerhalb des Kreises, so wird dies als Fehlwurf gewertet. Zerbricht der Hammer in der Luft, so kann der Wurf wiederholt werden, vorausgesetzt, daß er den Regeln entsprechend ausgeführt wurde. Der Wurf bleibt gültig, wenn ein Wettkämpfer, nachdem er den Wurf begonnen hat, beim Herumschwingen des Wurfgerätes außerhalb des Kreises den Boden mit dem Kopf des Hammers berührt. Dagegen gilt es als Fehlwurf, wenn ein Wettkämpfer beim An- und Herumschwingen den Boden mit dem Hammerkopf berührt und dann mit dem Wurf aufhört.

Das Gerät

	Männer	HJ.-Klasse 2	HJ.-Klasse 1
Gewicht	mind. 7,257 kg	mind. 5 kg	mind. 6,25 kg
Drahtstärke...	mind. 2,5 mm	mind. 2,5 mm	mind. 2,5 mm
Gesamtlänge .	höchsts. 1,22 m	höchsts. 1,10 m	höchsts. 1,16 m
Wurfkreis	2,135 m	2,135 m	2,135 m

M 73 (Christmann 1943)

1969

Regel 59

Hammerwurf — Hammer — Schutzgitter

1. Der Hammerwurf erfolgt aus einem Kreis von 2,135 m Durchmesser.
2. Die Verwendung normaler Handschuhe zum Schutze der Hände ist gestattet.
3. Der Werfer darf in der Ausgangsstellung vor Beginn des Schwungholens oder Drehens den Hammerkopf auf den Boden außerhalb des Kreises legen.
4. Zerbricht der Hammer bei einem Versuch oder während er sich in der Luft befindet, gilt der Wurf als nicht geschehen, vorausgesetzt, daß der Wurf regelrecht ausgeführt wurde. Verliert der Wettkämpfer dabei das Gleichgewicht und begeht dadurch einen Regelverstoß, wird ihm der Versuch nicht angerechnet.
5. Es gilt nicht als Fehlwurf, wenn der Hammer beim Schwungholen den Boden berührt, der Wettkämpfer aber den Wurf dennoch ausführt.
   Sofern nicht andere Bestimmungen verletzt sind, darf der Werfer den Versuch einmal unterbrechen, das Gerät niederlegen, um erneut zu beginnen.
   Anmerkung: *Der Werfer darf hierbei jedoch den Wurfkreis nicht verlassen.*
6. Der Hammerkopf muß aus massivem Eisen oder einem anderen Metall, das nicht weicher als Messing ist, hergestellt sein oder aus einer Hülle eines dieser Metalle mit einer Füllung aus Blei oder einem anderen festen Material. Er muß Kugelform haben.
   Wenn er aus einer Hülle mit einer Füllung besteht, muß diese so eingesetzt sein, daß sie unbeweglich ist und daß der Schwerpunkt nicht mehr als 6 mm vom Zentrum des Hammerkopfes entfernt liegt.
7. Der Hammer muß folgenden Bedingungen entsprechen:

Hammer		Männer	Männliche Jugend A	Männliche Jugend B
Hammer (komplett) Gewicht:	mindestens	7,257 kg	6,25 kg	5,00 kg
Länge:	mindestens	117,5 cm	117,5 cm	117,5 cm
(gemessen v. d. Innenseite des Handgriffs)	höchstens	121,5 cm	121,5 cm	121,5 cm
Hammerkopf Durchmesser:	mindestens	10,2 cm		
	höchstens	12,0 cm		
Schwerpunkt:	Nicht mehr als 6 mm vom Zentrum des Kopfes entfernt. (Der Hammerkopf muß ohne Verbindungsdraht und ohne Handgriff auf einer horizontalen, scharfkantigen, kreisförmigen Öffnung von 12 mm Durchmesser im Gleichgewicht bleiben.)			
Verbindungsdraht (Stahl) Dicke:	mindestens	3 mm	3 mm	3 mm

8. Der Verbindungsdraht besteht aus einem einzelnen geraden Stück Stahldraht. Er darf sich während des Wurfes nicht feststellbar verlängern. Er ist an beiden Enden zum Zweck der Befestigung am Hammerkopf und Handgriff zu Ösen gebogen. Mit dem Hammerkopf ist er mit einem einfachen oder auf Kugellager laufenden Zapfen verbunden.
9. Der ein- oder zweiteilige Handgriff darf keine Gelenke haben und muß derart fest sein, daß er sich während des Wurfes nicht feststellbar verlängern kann.
10. Zum Schutze der Wettkämpfer, Kampfrichter und Zuschauer sind alle Würfe aus einem Schutzgitter heraus auszuführen.

Schutzgitter

Das Schutzgitter soll die Form eines „C" und die Abwurföffnung eine Breite von 6,00 m haben. Der Durchmesser soll 7 m und die Höhe des Gitters mindestens 3,35 m, möglichst aber 4,00 m betragen.

Rahmen: Acht Metallstützen mit einer galgenförmigen Ausladung von 0,60 m sind in der Form eines „C" so aufzustellen, daß die Ausladungen zum Mittelpunkt des Abwurfkreises gerichtet sind. Der Abstand der Metallstützen voneinander beträgt 2,74 m, der Radius mißt 3,50 m und die Abwurföffnung 6,00 m. An den Stützen sind in einer Höhe von mindestens 3,35 m, möglichst aber 4,00 m, Metallstreben oder ein Draht zu befestigen.

Netz: An den Metallstreben oder dem Draht wird ein Netz befestigt, das 19,20 m lang und 0,30 m breiter als die Höhe der Streben ist und aus 12,5 mm dickem Seil mit 50 mm großen Maschen besteht. Das untere Ende des Netzes ruht auf dem Boden zum Wurfkreis hin und wird durch Sandsäcke von ca. 13,5 kg Gewicht beschwert, die in regelmäßigen Abständen daran aufgehängt sind.

Aufbau: Die acht Metallstützen werden ca. 30 cm tief im Boden oder in ebenso tief eingelassenen Einsteckmuffen befestigt. Die Muffen müssen nach Abbau der Stützen abgedeckt werden können. Zur Erhöhung der Standfestigkeit des Schutzgitters sind nach außen hin Spannseile oder Metallstreben anzubringen.

Anmerkung: *Wo dieses Schutznetz nicht vorhanden ist, kann das alte Schutzgitter verwendet werden.*

Die Umfassung soll kreisförmig sein, einen inneren Durchmesser von 8,00 m haben und mindestens 2,13 m hoch sein. Die Breite der Abwurföffnung soll mindestens 6,00 m betragen. Es wird empfohlen, an den Pfosten der Gitteröffnung schwenkbare Klappen anzubringen (siehe Zeichnung Seite 97).

Das Netz soll aus Stahlmaschendraht von 2,2 mm Stärke und 60 mm Maschenweite hergestellt und an senkrechten Stahlrohren, die bis zu einer Tiefe von 50 cm in den Boden eingelassen sind und nicht weiter als 2,45 m auseinanderstehen, befestigt sein. Die lichte Weite der Stahlrohre soll mindestens 1½ Zoll = 38,1 mm betragen.

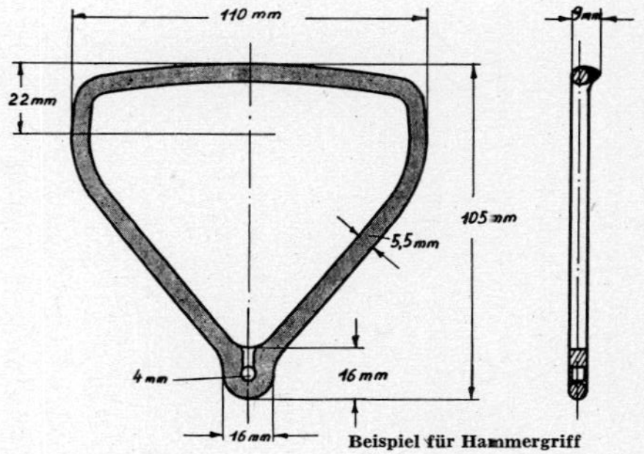

Beispiel für Hammergriff

Schutzgitter
für den Hammerwurf

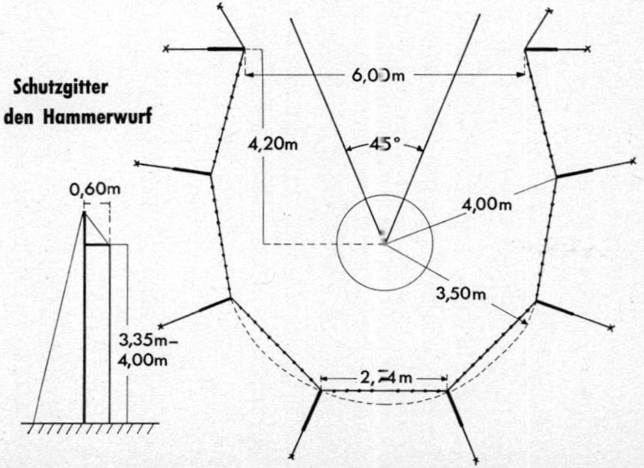

Schutzgitter
für den Hammerwurf
(mit Klappen)

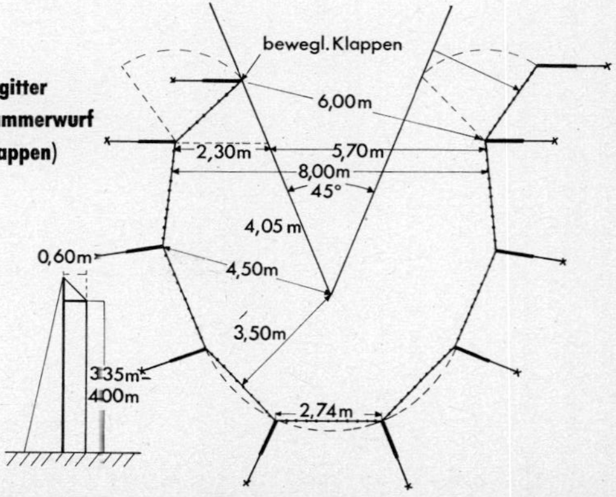

M 74 (DLV [Hrsg.] 1969)

Welchen Charakter hat die vorstehende Regelbeschreibung aus dem Jahr 1912? Welche Probleme würden eintreten, wenn diese Regelbeschreibung Grundlage des Hammerwerfens bei Olympischen Spielen von heute wäre?
Wodurch unterscheidet sich die Regelbeschreibung aus dem Jahr 1912 von der aus dem Jahr 1930?

Beachten Sie die Beschreibung des Inventars. Welche Regeln sind nach wie vor offen, welche haben sich zunehmend geschlossen?
Welche strategischen Möglichkeiten hat ein Athlet 1930 im Vergleich zu 1912? Vergleichen Sie auf dieselbe Weise die Regeln aus dem Jahr 1930 mit denen aus 1969.

Versuchen Sie eine Prognose über die Entwicklung der Inventarregeln auf der Grundlage des Wandels von 1912 bis 1969. Welchen Einfluß haben die Inventarregeln auf die Handlungsregeln des Hammerwerfens genommen?
Erläutern Sie EICHBERGS Prinzipien des Wandels (vgl. M 4 und M 5, Seite 21, 22) anhand der vorstehenden Regelbeschreibung. Für welche Disziplinen des Sports ist das Hammerwerfen beispielhaft? Zu welchem Movendumtyp gehört das Hammerwerfen? Prüfen Sie, ob sich alle Disziplinen dieses Typs auf die gleiche Weise oder ähnlich wie das Hammerwerfen gewandelt haben.

Ordnen Sie die verschiedenen Leichtathletikdisziplinen ihren Movendumtypen zu. Stellen Sie auf der Grundlage dieser Zuordnung Vermutungen an, wie sich die einzelnen Disziplinen entwickelt haben bzw. entwickeln werden. Welche Disziplinen zeigen die EICHBERGschen Merkmale des Wandels, welche zeichnen sich durch Konstanz aus?

Der Regelvergleich in M 72, M 73 und M 74 bezieht sich in erster Linie auf die Regulierung des technischen Inventars. Die Regeln, die sich auf Abmessungen und Gewichte beziehen (Hammer, Kreis, Schutzgitter), können dabei auf allgemeine Entwicklungsmerkmale des modernen Sports ebenso verweisen wie die Regeln zur Materialbeschaffenheit von Wurfkreis und Hammer. Die Abhängigkeit der sportlichen Leistung vom Gerät, von der Bodenbeschaffenheit oder von der Witterung zeigt sich gewiß nicht nur im Hammerwerfen. Die Manipulation, der Versuch also, derartige Bedingungen des Sporttreibens taktisch für das Erreichen des sportlichen Ziels zu nutzen, ist vielmehr ein strukturelles Merkmal des Sports, und umgekehrt wird der Sport auch immer dadurch strukturiert, daß er neue technologische Strategien zu regeln hat, um das Prinzip der ‹gleichen Regeln für alle› zu erhalten. Daß dabei die Beschreibung neuer Technologien bzw. deren Ausgrenzung ein Bestandteil moderner Regelbeschreibungen im Sport geworden ist, muß als eine unvermeidbare Notwendigkeit betrachtet werden. Besondere Beachtung sollte der ungewöhnlichen Form der Regelbeschreibung aus dem Jahr 1912 geschenkt werden (vgl. M 72, Seite 148).

Es stellt sich die Frage, ob diese Beschreibung überhaupt eine Beschreibung von Regeln ist. Daß man nach der Lektüre dieser Regeln weiß, was man zu tun hätte, wenn man einen Hammer werfen wollte, scheint eine Bejahung ebenso nahezulegen wie die Tatsache, daß man heute noch einen Neuling auf eben diese Weise in den Sport einführt. Zum Stellenwert der drei Regelbeispiele wäre schließlich zu erwähnen, daß im Gegensatz zu 1969 und 1930 im Jahr 1910 Hammerwerfen eine weitgehend unbekannte Disziplin war.
Bei den Olympischen Spielen in Paris waren nur drei Teilnehmer am Start. Geworfen wurde aus einem 2,74-m-Kreis. In St. Louis 1904 waren es fünf Teilnehmer, und der Kreis hatte einen Durchmesser von 2,13 m. Hammerwerfen war zu jener Zeit eine Disziplin des Turnens mit dem Charakter einer Schwerathletikdisziplin.

Tennis im Wandel

Der moderne Tennissport kann auf eine ähnlich interessante Entwicklung verweisen wie der Fußballsport. Als elitäres Gesellschaftsspiel läßt es sich mit seinen Vorläufern weit ins Mittelalter zurückverfolgen. Der Ausgangspunkt, seine eigentliche moderne Entwicklung ist vermutlich am «Jeu de Courte Paume», einem vornehmen Gesellschaftsspiel im 17. und 18. Jahrhundert, festzumachen. Dieses Spiel wurde in sogenannten Ballhäusern ausgeübt. Zunächst wurden dabei noch die Handflächen zum Schlagen des Balls benutzt, die dann durch verschiedene Schlägervarianten ersetzt wurden. Bereits beim ersten Meisterschaftsturnier in Wimbledon 1877 gab es allgemein anerkannte Regeln, die in den folgenden Jahren mehrfach revidiert wurden (Revised Laws 1878). 1880 waren die Regeln unter Mitarbeit des Verfassers der grundlegendsten Tennislehrbücher Julian Marshall soweit präzisiert, daß sie fast ohne Änderungen von der englischen Tennis Federation anerkannt werden konnten.
Daß im folgenden Tennisregeln aus verschiedenen Epochen miteinander verglichen werden, mag überraschen. Die elitäre Herkunft, die bis heute nachwirkt, und vor allem die Regeln dieser Sportart haben es offensichtlich verhindert, daß Tennis etwa als obligatorischer Schulsport betrieben wird. Als Freizeit- und Wettkampfsport wird diese Disziplin zwar mittlerweile von Millionen von Menschen betrieben. Die elitäre Tradition hat der Sportbetrieb aber noch nicht überwinden können. Schon dieser Sachverhalt deutet darauf hin, daß wir unter dem Aspekt des sozialen Wandels mit dem Tennissport eine interessante Perspektive ausgewählt haben. Will man den Zusammenhang zwischen allgemeinem gesellschaftlichem Wandel und dem sozialen Wandel im Sport aufzeigen, so können Beobachtungen über Tennis auf wichtige Nuancen verweisen. Eine Disziplin wie Tennis scheint für die Bearbeitung unseres Arbeitsthemas also geradezu klassischen Charakter zu besitzen.

M 75

Der folgende Vergleich der Tennisregeln aus drei verschiedenen Sportepochen bezieht sich in erster Linie auf die Regeln, mittels derer Spielfeldmaße, Netz, Bälle, Punktverlust und Zählweise festgelegt werden.

Welche Regeln des Tennis kennen Sie? Welche dieser Regeln sind für Sie einsichtig? Welche sind nur schwer zu verstehen?

Die Regeln aus dem Jahr 1977 und 1933 haben sich nur in Nuancen im Vergleich zum Jahr 1900 gewandelt. Nennen Sie Gründe, auf die die Regelkonstanz zurückzuführen ist. Suchen Sie auch Gründe im Herkunftsland des Tennissports.

Warum verfügen bereits die Tennisregeln aus dem Jahr 1900 über exakte Raum- und Inventarregeln, wie sie in sonstigen Sportarten zu dieser Zeit kaum vorstellbar sind?

Wodurch unterscheiden sich die Regeln des Tennis aus dem Jahr 1900 von den Spielregeln der Turnspiele (vgl. z. B. die Barlaufregeln)?

1900

Das Einzelspiel (Spiel zu Zweien).

§ 1.

Das Spielfeld für das Einzelspiel ist 8,23 m breit und 23,77 m lang. Es wird quer über der Mitte durch ein Netz geteilt, dessen beide Enden an zwei Pfosten (A und A) befestigt sind, welche 0,91 m außerhalb des Spielfeldes stehen.

Die Höhe des Netzes ist an den Pfosten 1,07 m und in der Mitte 0,91 m.

An jedem Ende des Spielfeldes sind in einem Abstande von 11,885 m von dem Netze und in gleicher Richtung mit diesem die Grundlinien (C D und E F) gezogen, deren Endpunkte durch die Seitenlinien (C E und D F) miteinander verbunden werden. Halbwegs zwischen den Seitenlinien und in gleicher Richtung mit ihnen ist die Mittellinie (G H) gezogen, welche das Spielfeld in der Längsrichtung in zwei gleiche Teile teilt, so daß auf jeder Seite des Netzes je ein rechtes und ein linkes Feld entsteht. In einem Abstand von 6,4 m von dem Netze sind in der gleichen Richtung die beiden Aufschlaglinien (XX und Y Y) gezogen.

Bemerkung. Der Rückauslauf soll mindestens 7 Meter, der Seitenauslauf mindestens 4 bis 5 Meter betragen und bei Hartplätzen ebenso befestigt sein wie das Spielfeld selbst.

Zwischen den Aufschlag- und den Grundlinien kann die Mittellinie — bis auf ein kurzes Stück an den Mittelpunkten der Grundlinien — in Fortfall kommen, wie dies aus dem beigegebenen Plane ersichtlich ist.

Plan des Einzelspielfelds.

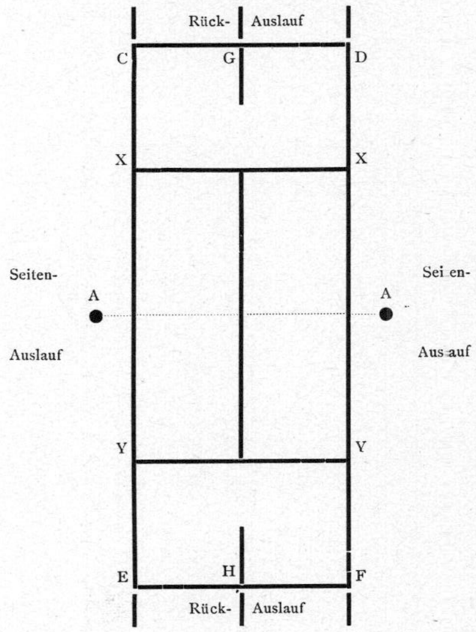

§ 2.

Der Durchmesser des Balles darf nicht weniger als 6,35 cm und nicht mehr als 6,51 cm, das Gewicht nicht weniger als 53,15 g und nicht mehr als 56,7 g betragen.

§ 20.

Ein Spieler verliert den Schlag, wenn der Ball im Spiele ihn oder etwas berührt, das er anhat oder trägt — u. zw. einschließlich seines Schlägers, sofern die Berührung nicht in Ausführung eines Schlages geschieht —; oder wenn er den Ball im Fluge nimmt ohne ihn richtig zurückzuschlagen, gleichgültig ob er dabei innerhalb oder außerhalb der Grenzen des Spielfeldes stand; oder wenn er den Ball im Spiele mehr als einmal hintereinander mit dem Schläger berührt (schlägt); oder wenn er oder sein Schläger (gleichgültig ob er ihn in der Hand hatte oder nicht) das Netz oder dessen Stützen berührt, solange der Ball im Spiele ist; oder wenn er den Ball im Fluge nimmt, bevor dieser das Netz überflogen hat.

§ 21.

Wenn ein Spieler den ersten Schlag gewinnt, so werden fünfzehn, wenn er den zweiten Schlag gewinnt, dreißig, wenn er den dritten Schlag gewinnt, vierzig für diesen Spieler gezählt; der vierte Schlag, den ein Spieler gewinnt, wird für ein Spiel gezählt.

Haben jedoch beide Spieler je drei Schläge gewonnen, so wird zunächst Einstand gezählt; der nächste Schlag, den alsdann einer der beiden Spieler gewinnt, wird als Vorteil für ihn gezählt. Gewinnt hierauf derselbe Spieler auch den nächsten Schlag, so gewinnt er das Spiel; verliert er dagegen diesen Schlag, so wird wieder Einstand gezählt, und so weiter, bis einer der beiden Spieler nach Einstand zwei Schläge hintereinander gewinnt. Dann wird das Spiel diesem Spieler zugeschrieben.

M 76 (v. Fichard 1906)

1933

Das Einzelspiel

1. Der Spielplatz ist rechteckig, 23,77 m lang und 8,23 m breit. Er wird in der Mitte durch ein Netz geteilt, das an einem Seil oder an einem Metallkabel von höchstens 8,5 mm Durchmesser aufgehängt ist und dessen Enden an den Spitzen zweier Pfosten befestigt oder über sie hinweggeführt sind; diese Pfosten sind 1,06 m hoch und stehen beiderseits zu je 0,91 m außerhalb des Spielplatzes. Das Netz ist in der Mitte 0.91 m hoch und wird dort durch ein Band (Netzhalter) von höchstens 5 cm Breite niedergehalten. Das Seil oder Metallkabel und der obere Rand des Netzes sind durch ein Band (Netzeinfassung) eingefaßt, dessen Mindestbreite je 5 cm und dessen Höchstbreite je 6,5 cm auf beiden Seiten betragen. Die Linien, die den Platz rückwärts und seitlich begrenzen, heißen Grundlinien bzw. Seitenlinien. Auf jeder Seite des Netzes werden, parallel zu ihm und in einem Abstand von 6,40 m von ihm, die Aufschlaglinien gezogen. Der Raum auf beiden Seiten des Netzes zwischen Aufschlaglinie und Seitenlinie wird durch die Mittellinie in zwei gleiche Hälften, die Aufschlagfelder, geteilt; die Mittellinie ist 5 cm breit und wird halbwegs zwischen den Seitenlinien und parallel zu ihnen gezogen. Jede der beiden Grundlinien wird durch die gedachte Verlängerung der Mittellinie in zwei gleiche Hälften geteilt; der letzte Teil dieser Verlängerung wird als Linie von 10 cm Länge und 5 cm Breite innerhalb des Platzes senkrecht zu der Grundlinie bis zu dieser ausgeführt und Mittelzeichen genannt.

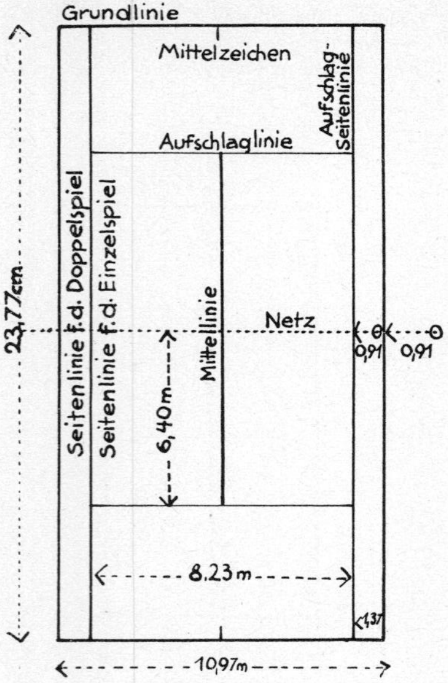

3. Der Ball ist außen glatt und nahtlos. Sein Durchmesser beträgt mindestens 6,35 cm und höchstens 6,67 cm, sein Gewicht mindestens 56,7 g und höchstens 58,47 g. Die Sprunghöhe beträgt mindestens 1,346 m und höchstens 1,473 m bei einem Fall aus 2,54 m Höhe auf einen harten Boden bei einer Temperatur von etwa 20 Grad Celsius. Unter einem Druck von 8,165 kg auf jedes Ende des Durchmessers an beliebiger Stelle bei einer Temperatur von etwa 20 Grad Celsius ändert sich die Form des Balles mindestens um 0,00727 m und höchstens 0,00790 m. Alle Formveränderungsprüfungen sind nach den im Anhang I zu den Regeln aufgeführten Bestimmungen vorzunehmen.

17. Ein Spieler verliert den Punkt:

a) wenn er den im Spiel befindlichen Ball nicht über das Netz oder nach Regel 20c zurückschlägt, bevor dieser zum zweitenmal hintereinander den Boden berührt hat; oder

b) wenn er den im Spiel befindlichen Ball so zurückschlägt, daß dieser den Boden oder eine ständige Einrichtung oder einen anderen Gegenstand außerhalb der Linie trifft, die das Spielfeld seines Gegners begrenzen; oder

c) wenn er den Ball im Fluge nimmt und ihn nicht regelgemäß zurückschlägt, selbst wenn er außerhalb des Spielplatzes steht; oder

d) wenn der im Spiel befindliche Ball mehr als einmal mit seinem Schläger in Ausübung des Schlages trifft oder schlägt; oder

e) wenn er oder sein Schläger (gleichviel ob er ihn in der Hand hat oder nicht) oder etwas, was er an hat oder trägt, das Netz, die Pfosten, das Seil oder Metallkabel, den Netzhalter oder die Netzeinfassung oder den Boden auf der Platzhälfte des Gegners berührt, solange der Ball im Spiel ist; oder

f) wenn er den Ball vor Überfliegen des Netzes im Fluge nimmt; oder

g) wenn der im Spiel befindliche Ball ihn oder etwas, was er an hat oder trägt, abgesehen vom Schläger in seiner Hand oder seinen Händen berührt; oder

h) wenn er seinen Schläger nach dem Ball wirft und ihn trifft.

22. Gewinnt ein Spieler seinen ersten Punkt, so steht das Spiel „15“ für diesen Spieler; gewinnt er seinen zweiten Punkt, so steht es „30“ für diesen Spieler; gewinnt er seinen dritten Punkt, so steht es „40“ für diesen Spieler; gewinnt er seinen vierten Punkt, so hat er das Spiel gewonnen außer in folgendem Falle:

M 77 (Hoser 1931)

1977

Das Einzelspiel

Reg. 1: **Spielfeld, Maße, Ausrüstung**

Das Spielfeld bildet ein Rechteck von 23,77 m Länge und 8,23 m Breite. Es wird in der Mitte durch ein Netz in zwei Hälften geteilt, welches an einem Seil oder Metallkabel (Maximaldurchmesser 8,5 mm) aufgehängt ist. Die Enden des Seiles oder des Metallkabels sind am oberen Teil von zwei Pfosten von 1,06 m Höhe befestigt oder darüber hinweggeführt, die Pfosten befinden sich auf jeder Seite 0,915 m außerhalb der Seitenlinien. Die Höhe des Netzes beträgt in der Mitte 0,915 m, wo es durch einen Netzhalter (Gurt oder Riemen) niedergehalten wird, der nicht mehr als 5 cm breit sein darf. Das Seil oder Metallkabel sowie der obere Teil des Netzes ist durch ein Band (Netzeinfassung) eingefaßt, welches auf beiden Seiten des Netzes nicht schmäler als 5 cm und nicht breiter als 6,3 cm sein darf.

Die Linien, welche das Spielfeld an den Enden und Seiten begrenzen, werden entsprechend als Grundlinien und Seitenlinien bezeichnet. Auf beiden Seiten des Netzes, je in einem Abstand von 6,40 m und parallel zu dem Netz, werden die als Aufschlaglinien bezeichneten Linien gezogen. Der von dem Netz, der Aufschlaglinie und den Seitenlinien begrenzte Raum wird durch die Aufschlagmittellinie in zwei gleiche Teile geteilt welche Aufschlagfelder genannt werden. Die Aufschlagmittellinie muß 5 cm breit sein und wird parallel zu den Seitenlinien gezogen.

Jede Grundlinie wird durch eine als Fortsetzung der Aufschlagmittellinie gedachte, 10 cm lange und 5 cm breite Linie, genannt das Mittelzeichen, in zwei Hälften geteilt. Das Mittelzeichen wird innerhalb des Spielfeldes im rechten Winkel zur Grundlinie und in Verbindung mit derselben gezogen. Alle übrigen Linien sollen nicht weniger als $2^1/_2$ cm und nicht mehr als 5 cm breit sein, ausgenommen die Grundlinie, die 10 cm breit sein darf. Alle Maße müssen von der äußeren Seite der Linien gemessen werden.

Reg. 3: **Bälle**

Die äußere Hülle des Balles muß glatt und nahtlos sein und weiß oder gelb. Der Durchmesser des Balles darf nicht weniger als 6,35 cm und nicht mehr als 6,67 cm, das Gewicht nicht weniger als 56,70 Gramm und nicht mehr als 58,47 Gramm betragen. Der Ball muß eine Mindestsprunghöhe von 1,35 m und eine höchste Sprunghöhe von 1,47 m haben, wenn er aus einer Höhe von 2,54 m auf eine harte Unterlage fallen gelassen wird. Der Ball soll eine Auf-Deformation von wenigstens 0,5[illegible] cm und nicht mehr als 0,74 cm haben wie andererseits eine Rück-

Abmessungen eines Tennisplatzes

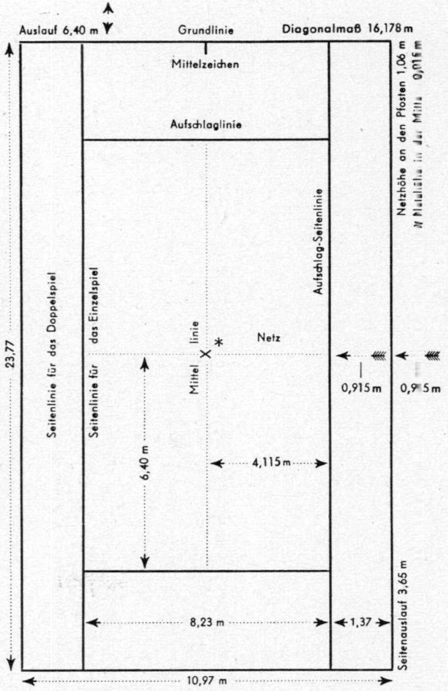

Deformation von nicht weniger als 0,89 cm und nicht mehr als 1,08 cm aufweisen bei einem Druck von 8,165 kg. Die beiden Deformationen sollen die Durchschnittsergebnisse von drei einzelnen Längsachsen des Balles sein, von denen keine zwei in jedem Fall mehr als 0,08 cm differieren dürfen.

Reg. 18: **Punktverlust**

Ein Spieler verliert den Punkt:

a) wenn er den im Spiel befindlichen Ball nicht direkt über das Netz zurückschlägt, bevor dieser den Boden zweimal hintereinander berührt hat (ausgenommen die Fälle nach Reg. 22 a oder c);

b) wenn er den im Spiel befindlichen Ball so zurückschlägt, daß dieser den Boden, eine ständige Einrichtung oder einen anderen Gegenstand außerhalb derjenigen Linien trifft, welche das Spielfeld des Gegners begrenzen (ausgenommen die Fälle nach Reg. 22 a und c);

c) wenn er den Ball im Fluge nimmt und einen Fehler macht, gleich ob er außerhalb des Spielfeldes steht;

d) wenn er den im Spiel befindlichen Ball mehr als einmal mit seinem Schläger berührt oder schlägt;

e) wenn er oder sein Schläger (gleichgültig, ob er diesen in der Hand trägt oder nicht) oder irgendetwas, das er an sich hat oder trägt oder hält, das Netz, die Pfosten, das Seil oder Metallkabel, die Netzeinfassung, den Netzhalter oder den Boden im Spielfeld seines Gegners berühren, während der Ball im Spiel ist;

f) wenn er den Ball als Flugball nimmt, bevor dieser das Netz überflogen hat;

g) wenn der im Spiel befindliche Ball ihn oder irgend etwas, das er an sich hat oder trägt, berührt, ausgenommen den Schläger in seiner Hand oder in seinen Händen;

h) wenn er seinen Schläger nach dem Ball wirft und den Ball berührt.

Reg. 24: **Zählweise**

Gewinnt ein Spieler den ersten Punkt, so zählt dies 15 zu seinen Gunsten; gewinnt er seinen zweiten Punkt, so zählt dies 30 zu seinen Gunsten; gewinnt er seinen dritten Punkt, so zählt dies 40 zu seinen Gunsten; und der vierte von einem Spieler gewonnene Punkt ist für ihn gewonnenes Spiel...

Tennis hat sich in den letzten 100 Jahren kaum verändert. Stellen Sie eine Prognose an über die weitere Entwicklung. In welchen Regeltypen könnte eine Möglichkeit zur Veränderung liegen? Aktuelle technologische Entwicklungen im Bereich des Inventars haben Einfluß auf die Handlungsregeln des Tennissports. Wie könnten diese Entwicklungen inventariell geregelt werden, ohne daß die Handlungsregeln neu zu beschreiben sind?

Wie hätte die Regelung ausgesehen, wenn eine Veränderung der konstitutiven Handlungsregeln des Tennis ebenfalls beabsichtigt ist?

1977

„TIE-BREAK"-Regel

Offizieller Text des Tie-Break-Zählsystems der International Lawn Tennis Federation

(gültig ab 1. Januar 1977)

„Tie-Break" tritt ein, wenn in einem Satz der Spielstand 6:6 erreicht wird.

Ein „Tie-Break"-Spiel verläuft nach folgenden Regeln:

Einzel

a) Der Spieler, der zuerst sieben Punkte erreicht und dabei mit einem Vorsprung von zwei Punkten führt, gewinnt das Spiel und den Satz. Wird ein Punktestand von 6:6 erreicht, ist das Spiel fortzusetzen, bis ein Spieler diesen Zwei-Punkte-Vorsprung errungen hat. Im „Tie-Break"-Spiel werden die Punkte numerisch gezählt.

b) Der Spieler, der mit dem Aufschlag an der Reihe ist, schlägt für den ersten Punkt auf, sein Gegner schlägt dann für den zweiten und dritten Punkt auf. Danach schlagen beide abwechselnd für jeweils zwei Punkte hintereinander auf, bis der Gewinner des Spiels und damit des Satzes feststeht.

c) Vom ersten Punkt an erfolgt jeder Aufschlag abwechselnd von der rechten und linken Seite der Grundlinie. Begonnen wird rechts.

d) Ein Seitenwechsel ist nach jeweils sechs Punkten sowie nach Beendigung des „Tie-Break"-Spiels vorzunehmen.

e) Für die Ausgabe neuer Bälle wird das „Tie-Break"Spiel als **ein** Spiel gewertet.

Doppel

Das Doppel-Spiel wird in der gleichen Weise wie das Einzel abgewickelt. Der Spieler, der mit dem Aufschlag an der Reihe ist, schlägt für den ersten Punkt auf; danach haben alle Spieler in der gleichen Reihenfolge wie vorher in diesem Satz abwechselnd hintereinander für jeweils zwei Punkte Aufschlag, bis die Gewinner des Spiels und damit des Satzes ermittelt sind.

Aufschlagwechsel

Der Spieler (oder das Doppelpaar), der zuerst im „Tie-Break"-Spiel aufschlägt, wird im ersten Spiel des folgenden Satzes Rückschläger.

Eine andere Zählweise ist für „Tie-Break"-Spiele nicht zulässig.

M 79 (DTB [Hrsg.] 1977)

Welche Funktion hat die Tie-Break-Regel? Welche EICHBERGschen Prinzipien des Wandels lassen sich gerade an dieser Regel verdeutlichen? Entwikkeln Sie weitere Regeln, die während eines Spiels und Satzes ‹Tie-Break-Funktionen› ausüben könnten. Welchen Zusammenhang könnte es zwischen dieser Regel und der Tatsache geben, daß sich zunehmend mehr Zuschauer und insbesondere die Massenmedien für das Tennisspiel interessieren?

Der Vergleich zwischen Tennisregeln aus zwei Jahrhunderten zeigt in erster Linie, welche Rolle die Gründer einer Sportart und somit deren Tradition spielen können. Das herausragende Merkmal ist dabei, daß sich die Regeln des Tennis im Verhältnis zu anderen Sportarten relativ konstant zeigen. Als einzige grundlegende und den Spielablauf beeinflussende Neuregelung im Wettkampftennis ist lediglich die Tie-Break-Regel zu erwähnen.
Die Exaktheit der Regeln aus dem Jahr 1900 überrascht dabei ebenso wie der hohe Grad an Vollständigkeit, den die Regelbeschreibungen im Vergleich zu den modernen Tennisregeln aufweisen. Dies gilt für die Inventarregeln gleichermaßen wie für jene Regeln, die die motorischen Handlungen festlegen, welche zugelassen bzw. ausgeschlossen sind. Eigenständig

sind auch jene definitorischen Regeln, die festlegen, was es heißt, einen Punkt im Tennis zu erzielen und wie man dabei zu zählen hat.
Vom technologischen Wandel ist das Tennisspiel aber nicht verschont geblieben. Obgleich der Vergleich der Tennisregeln die Annahme nahelegt, daß eine Disziplin gefunden ist, die sich dem Modernisierungsdruck, der Rationalisierung und damit dem allgemeinen Wandel des Sports hat entziehen, gegen den Einfluß von außen sich also konstant hat erweisen können, legt das Studium der Regeln aus dem Jahr 1900 eine zweite Interpretation ebenso nahe. Diese Regeln weisen einen außergewöhnlich hohen Grad an Rechenhaftigkeit, Technologie, Regulierung und Normierung auf, so daß auch das Tennisspiel auf die durchgreifende Technologisierung im Heimatland dieser Sportart reagiert zu haben scheint, daß England und englischer Sport also die modernen strukturellen Merkmale des Sports sehr viel früher aufweisen als etwa Deutschland. Außerdem können die Tennisregeln als Modell betrachtet werden, das den sich um die Jahrhundertwende abzeichnenden Wandel des deutschen Turnens zum modernen Sport vorzeichnet.
Die Konstanz der Regeln könnte aber auch im Zusammenhang mit den Personen stehen, die diese Sportart in erster Linie betrieben bzw. betreiben. Als ‹Sport der Reichen›, der immer nur sehr begrenzt zugänglich war – erst heute zeichnet sich eine Öffnung ab –, zeigen sich die Regeln dieser Disziplin in ähnlicher Weise traditionell und konservierend wie viele der sie betreibenden Sportler. Die Regel der Zählweise scheint für diese Interpretation zumindest ein Indiz abzugeben.

Wenn wir zum Schluß dieses Arbeitsthemas unsere Beobachtungen rekapitulieren, die uns der Regelwandel in den verschiedenen Sportarten ermöglichte, so müssen wir als erstes festhalten, daß sich der Wandel im Sport offensichtlich nicht unabhängig vom allgemeinen politischen und gesellschaftlichen Wandel ereignet hat. Dies zeigte vor allem die Regelentwicklung in anderen gesellschaftlichen Bereichen. Der Wandel von Gesetzestexten, Verkehrsregeln und von Kniggeregeln weist u. a. jene Merkmale auf, wie sie uns bei den allgemeinen Sportgesetzen und bei den Regeln der einzelnen Sportarten begegneten. Insofern kann von einer Interdependenz zwischen sportlicher und allgemeiner gesellschaftlicher Entwicklung gesprochen werden. Zum zweiten konnten wir erkennen, daß sich in bezug auf den Regelwandel die einzelnen Sportarten erheblich unterscheiden. Sind einige Sportarten verlorengegangen, weil sie sich nicht an den allgemeinen gesellschaftlichen Wandel haben anpassen können (vielleicht war das Regelbewußtsein in diesen Sportarten zu rigide), so sind andere Sportarten einem intensiven Wandel unterzogen worden (z. B. das Fußballspiel). Es gibt aber auch Sportarten, die sich in ihrem Regelwandel von einer ausgeprägten Konstanz zeigen (z. B. das Tennisspiel). Für alle Sportarten gilt, daß ihre Regeln in hohem Maße von technologischen Entwicklungen beeinflußt werden. Wollen wir die Arbeitsthemen T 10 und T 11 aus einer pädagogischen Perspektive bewerten, so kann festgestellt werden, daß es Sportarten gibt, die sich gegen einen Regelwandel sperren, was für ihr Betreiben immer soviel heißt, daß die Handlungsspielräume für die Menschen hier wenig ausgeprägt sind.

Berücksichtigte, einführende und weiterführende Literatur

Bogeng, G. A. E. (Hg.): Geschichte des Sports aller Völker und Zeiten. Leipzig 1926.
Christmann, S.: Hammerwurf. Berlin 1943.
DFB: Fußballregeln 1976/77.
DLV: Amtliche Leichtathletik-Bestimmungen, Ausgabe 1969.
DSV: Kleines Handbuch, Ausgabe 1931.
DSV: Schwimmregeln, Ausgabe 1955.
DSV: Allgemeine Wettkampfbestimmungen (AWB), Ausgabe 1971.
DTB: Amtliche Tennis-Spielregeln des DTB, Ausgabe 1977.
Elias, N.: Über den Prozeß der Zivilisation. Frankfurt 1976.
v. Fichard, R.: Unser Tennis (Lawn-Tennis). Leipzig 1906.
Gasch, R.: Jahrbuch der Turnkunst. Leipzig 1909.
Hildebrandt, H.: Die Verfassung des 19. und 20. Jahrhunderts. Paderborn 1950.
Hoser, H.: Tennis. Ein Wegweiser zur Einführung, ein Büchlein zum Ansporn, ein Ratgeber und Helfer dem Führer. Dresden 1931.
IHF: Handbuch der Internationalen Handball Federation, 1975.
Isaac, M.: Kommentar zum Automobilgesetz (Gesetz über den Verkehr mit Kraftfahrzeugen vom 3. Mai 1909). Berlin 1912.
Jahn, F. L./Eiselen, E.: Die Deutsche Turnkunst. Berlin 1816.
Koppehel, C./Treichel, W.: Der Schiedsrichter im Fußball. Bad Homburg 1977.
Luther, M.: Die Bibel oder die ganze Heilige Schrift des Alten und Neuen Testaments. Stuttgart 1948.
Megede, E. Z.: Entwicklung der Weltrekorde. Von den Anfängen bis heute. Berlin 1972.
Oheim, G.: Einmaleins des guten Tons. Gütersloh 1955.
Schönfelder, H.: Deutsche Gesetze. München 1973.
Otto, K.: Der Fußballsport. Übung – Training – Wettkampf. Leipzig 1938.
Schenckendorff, E./Schmidt, F. A.: Jahrbuch für Volks- und Jugendspiele. Leipzig 1899.
Sigg, F.: Das goldene Buch des Anstandes. Der gute Ton in Wort und Bild. Zürich 1974.
Silberer, V.: Handbuch der Athletik nebst einer Anleitung zum Boxen. Wien 1900.
Trapp, H./Ullrich, E.: Das Fußballspiel. Seine Geschichte, seine Regeln und seine Ausübung. Reutlingen 1910/11.
Wohlrath, Th.: Ein Leitfaden und Wegweiser für deutsche Wett- und Kampfspiele für Turnen, Sport, Athletik (o. J.).

T 12: Aktuelle Regeländerungen

«In konservativen Kulturen ist eine starke Betonung des nachahmenden Spiels und solcher Sportspiele, die ziemlich rigide den Regeln folgen, anzutreffen, wohingegen in innovationsorientierten Kulturen das Hauptgewicht auf der Vielfalt von taktischem und Rollenverhalten (sozio-dramatischer Variation) und sogar auf Regelveränderungen innerhalb der Spiele selbst liegt» (B. SUTTON-SMITH).

Nachdem wir erfahren haben, wie Regeln sich in der Vergangenheit veränderten bzw. wie sich Regeln prinzipiell verändern lassen, können wir uns nun aktuellen Regeländerungen in den einzelnen Sportdisziplinen zuwenden. Wir wollen uns jedoch nur mit solchen Neuregelungen beschäftigen, die unmittelbare Konsequenzen auf die Ausübung sportlicher Handlungen besitzen, auch wenn diese selten sind. Meist beziehen sich die Regeldiskussionen auf detaillierte Auslegungsprobleme (vgl. M 83, Seite 165 f), die für das Spielen oder Sporttreiben mehr oder weniger unbedeutend sind.
Die Frage, ob Regeln weiter gültig sein sollen oder ob eine Regeländerung angebracht ist, hängt mit der Frage nach der Bewährung von Regeln zusammen. An einem Beispiel aus dem Jahr 1923 soll gezeigt werden, wie diese Frage diskutiert werden kann.

Wie haben sich die neuen Spielregeln bewährt?

Das Jahr 1923 war die Probe auf die geänderten Spielregeln der Deutschen Turnerschaft, die in den amtlichen Regelheften der D. T. niedergelegt sind. Im Schlagball, Faustball, Handball und Schleuderball haben sich die Regeln voll bewährt. Nirgends liegt ein ernstlicher Grund vor, die Sperrzeit dieser Regeln zu durchbrechen. Sie werden also für die nächsten zwei Jahre Gesetz bleiben. Die Mannschaften können sich so gründlich in die Regeln vertiefen, daß sie ihnen in Fleisch und Blut übergehen.

Im Schlagball ist durch die neuen Regeln der Kampf im Felde verjüngt. Wer die Endspiele früherer Feste mit den Münchnern vergleicht, wird den Fortschritt nach dieser Richtung zugeben müssen. Einen Wunsch möchte ich den Sinnern des Schlagballspiels anheimgeben: Wie ist das häßliche absichtliche Vorbeischlagen zu bekämpfen durch Bestimmungen, die den Vorbeischlägern selbst schaden, ohne dem Sinne des Spieles Gewalt anzutun?

Die Regelfrage für Faustball ist zweifellos glücklich gelöst. Sollen aber Faustball und Schlagball für Spieler und Zuschauer gleich anregend sein, so muß eine Anzeigetafel oder -uhr den Stand des Spieles nach jedem Vorteil sofort bekannt machen. Diese zu beschaffen — sei es auch nur in denkbar einfachster Form — muß Ehrenpflicht jeder Platzmannschaft sein. Solange eine Anzeigevorrichtung fehlt, ist zu empfehlen, daß nach jedem Vorteil der Schreiber sofort die Zahl laut ruft. Spieler und Zuschauer bleiben so auf dem Laufenden und — bei der Sache. Nirgends hat die Geheimniskrämerei lächerlichere Blüten getrieben als beim Faustballspiel, also heraus mit der Sprache. Zum ersten Mal sind in der Erhebung die Faustballmannschaften der Älteren festgestellt worden: rund 300. Das darf nur ein Anfang sein. Neben der Klasse Ältere über 40 Jahre wird eine solche über 50 Jahre gewünscht. Wenn ein Versuch in den Kreisen glückt, ist der Vorschlag zu begrüßen. In diesem Falle ließe sich vielleicht überlegen, Spieler über 35 Jahre in der „jüngeren" Klasse zuzulassen, um den 35—40 jährigen stärkere Anregung zu geben. Gegen die Vermehrung der Alterskämpfe läßt sich manches sagen, doch wollen wir bedenken, daß Faustball das einzige Volkskampfspiel ist, das auch im Alter mit voller Kampfkraft gespielt werden kann.

Auch die Regeln des Handballspiels, die durch die Auslegungen von Ostern 1923 ergänzt worden sind, haben sich bewährt, wenn auch zu bedauern ist, daß sie keine Handhabe bieten, das „körperliche" Spiel ganz unmöglich zu machen, bei dem die Gegner „hart aneinander geraten", wie der verschleiernde fachmännische Ausdruck lautet. Person und Gesundheit des Gegners, meines Turnbruders zu schützen, sie zu fördern und nicht zu schädigen, sei es auch um den Preis des Sieges, ist vornehmste Aufgabe des turnerischen Wesens. Hier erwächst den Schiedsrichtern eine besonders schwierige Aufgabe. Daß sie gemeistert werden kann, bewies das Endspiel um die Deutsche Meisterschaft in Cöln. Einer gewünschten Verlängerung der Spielzeit kann ich nicht das Wort reden — abgesehen davon, daß bis 1925 die Spielzeit nicht verlängert werden kann. Wir sehen bei jedem Spiel auch bester Mannschaften, wie schon gegen das Ende von einer Stunde das Spiel abflaut, weil es die Spieler zu sehr ermattet. Handball ist schneller und vielseitiger zu spielen als Fußball, also anstrengender. Um Zuschauer zu beschäftigen, die „für ihr Geld was sehen wollen", dürften sich Vorspiele spielschwächerer Mannschaften oder Staffelläufe vor das Hauptspiel legen lassen.

Das bewährte Regelwerk im Schleuderball hat zwei neue Turnkreise zur Mitarbeit gewonnen. Aber im ganzen verbreitet sich das Spiel schwer, trotzdem es einen Männerkampf fordert, wie er kraftvoller, mutfordernder und dabei edler und schöner nicht sein kann. Neuland für dieses Spiel liegt auf dem Lande, weniger in der Stadt, wo die Plätze nicht lang genug sind und die Spieler mit Schlagball und Faustball genügend beschäftigt werden. Alle Fortschritte haben sich aber immer von der Stadt aufs flache Land übertragen. Welcher weitschauende ländliche Spielwart wird einmal selbständig vorgehen?

M 80 (Gasch 1924)

Regeln erweisen sich in der Praxis als haltbar und unhaltbar. Nach welchen Kriterien wird im vorstehenden Beispiel die Frage nach der Bewährung von Regeln beantwortet?
Wer stellt heute die Frage nach der Bewährung der Sportregeln?
Wie wird heute diese Frage beantwortet?
Stellen Sie diese Frage bezüglich Ihrer Schulsportdisziplinen.
Bedenken Sie bei Ihrer Antwort, daß die Frage in erster Linie jene beantworten können, die die Regeln zu befolgen haben.

Die Frage nach der Bewährung von Regeln stellt sich auch heute, und als Folge lassen sich eine Menge aktueller Regelveränderungen feststellen, die den Sportbetrieb mehr oder weniger weitreichend beeinflussen. Zum Teil sind es auch nur Vorschläge einzelner Sportverbände oder Trainer, die zur Diskussion stehen. Doch gerade derartige Vorschläge bieten sich für unser Vorhaben an. Wir wollen fragen, warum solche Vorschläge überhaupt entstanden sind, warum sie abgelehnt werden, was ihre Annahme zur Folge hätte und inwiefern sie überhaupt praktikabel sind. Wer an weiterem Material interessiert ist, der findet es bei der Lektüre der Sportberichterstattung und über schriftliche Anfragen bei den Sportverbänden.

Wer machte bzw. macht die Regeln im Basketball, im Handball, in der Leichtathletik?
Nennen Sie offizielle Regeländerungen, die von internationalen Fachverbänden in der jüngsten Vergangenheit veröffentlicht wurden. Wie wurden diese Änderungen begründet?
Nennen Sie offizielle Regeländerungen (Verstöße), die sich in Sportdisziplinen ‹eingeschlichen› haben.

Tischtennis

Beginnen wir mit einer der jüngsten Regeländerungen, die der internationale Tischtennisverband beschlossen hat (vgl. M 81). Dieses Beispiel ist einschneidend und problematisch zugleich. Ähnlich wie im Tennis wurde eine Zeitregel eingeführt. Nach Ablauf einer festgelegten Spielhöchstzeit tritt sie in Kraft und legt fest, daß von diesem Zeitpunkt an maximal zwölf Ballwechsel bis zum nächsten Punkterfolg erlaubt sind.

M 81 (DTTB [Hrsg.] 1977)

Wechselmethode

Wenn ein Satz nach 15 Minuten Spieldauer noch nicht beendet ist, wird das Spiel unterbrochen. Der Rest des Satzes und die übrigen Sätze werden dann nach der Wechselmethode fortgesetzt.
Nach der Wechselmethode verliert der Aufschläger den Punkt, wenn der rückschlagende Spieler (das rückschlagende Paar) den Aufschlag und die folgenden zwölf Schläge des aufschlagenden Spielers oder Paares richtig zurückbringt.
Wird unterbrochen, während der Ball im Spiel ist, so schlägt bei Wiederbeginn des Spiels derselbe Spieler auf, der auch in dem unterbrochenen Ballwechsel Aufschläger war.
Ist der Ball nicht im Spiel, wenn unterbrochen wird, schlägt bei Wiederbeginn des Spiels der Rückschläger des unmittelbar voraufgegangenen Ballwechsels zuerst auf.
Auf Verlangen beider Spieler oder Paare kann die Wechselmethode auch vom Beginn eines Spiels an oder zu jeder anderen Zeit vor Ablauf der 15minütigen Spielzeit in jedem beliebigen Satz eingeführt werden.

Wenn wir diese Regel erproben, so können wir beobachten, wie tiefgreifend die Einführung einer neuen konstitutiven Regel für das eigene taktische Handeln im Spiel wird. Es läßt sich aber auch die wichtige Frage überprüfen, inwieweit bestimmte Regeln, hier also die Zeitregel, dem geforderten Prinzip der Gleichbehandlung bzw. der Gerechtigkeit entsprechen. Die Tatsache, daß beispielsweise im Tischtennis der strategische Spielraum, der durch die konstitutiven Regeln eröffnet wurde, zu verschiedenen Spielerrollen geführt hat und ein Tischtennisspieler entweder Angriffsspieler oder Abwehrspieler ist, wurde offensichtlich nur unzureichend berücksichtigt. Durch die neue Regel wird vermutlich der strategische Spielraum für Abwehrspieler ungleich größer gehalten als der der Angreifer. Der enge Zusammenhang, der zwischen konstitutiven und strategischen Regeln besteht (vgl. T 6), wurde bei dieser Regeländerung wohl nicht beachtet, was dazu führt, daß eine Regel nicht mehr jenes leistet, was die Spieler von ihr verlangen, nämlich daß alle Sportler in gleicher Weise von ihr betroffen sind.

Hallenhandball

Im Hallenhandball sind neben dem Basketball in den letzten Jahren vermutlich die Regeln am häufigsten verändert worden. Woran liegt das? Waren die Regeländerungen sinnvoll? Wie müßte das Spiel verändert werden? Bevor wir solche Fragen zu beantworten versuchen, soll zunächst eine Auswahl von Regeländerungen vorgestellt werden. Folgenlose sind neben folgenschweren Regeländerungen dabei zu erkennen.

Regel 8.12

«Es ist dem Torwart verboten:
– die Mittellinie mit irgendeinem Körperteil zu berühren.
– oder zu überschreiten (Freiwurf; bzw. 7-m-Wurf, 14.1 f).»

Erläuterung:

Verstößt der Torwart gegen diese Bestimmung, verwirkt er in der Regel einen Freiwurf. Vereitelt er jedoch auf der gegnerischen Hälfte der Spielfläche eine klare Torgelegenheit für den Gegner, ist auf 7-m-Wurf zu entscheiden. Ein regelwidriges Spielen des Torwarts ist für diese harte Strafe nicht erforderlich. Allein die Tatsache, daß durch sein Erscheinen auf der Gegnerhälfte eine klare Torgelegenheit vereitelt wird, führt zur 7-m-Wurf-Entscheidung. Diese Auffassung hat in der neueren Abänderung des Regeltextes 14.1 f ihren Niederschlag gefunden.

Regel 10.4

Die Ausführung des Einwurfes gleicht nunmehr der des Freiwurfes. Durch die umfangreichere Anwendung der Regel 16 ist

a) es erlaubt, den Ball mit einer Hand werfen (Regel 16.1, 10.4),

b) es erlaubt, den Wurf weiterhin ohne Anpfiff auszuführen (Regel 16.3),
c) nur erforderlich, daß ein Teil des einen Fußes ununterbrochen am Boden bleibt (Regel 16.5),
d) der Ball vom Werfer erst wieder zu berühren, nachdem er einen anderen Spieler, Torpfosten oder Latte berührt hat (Regel 16.6),
e) ein Abstand von mindestens 3 m vom werfenden Spieler zu halten (Regel 16.8) – eingeschränkt durch den Hinweis, daß die Spieler der verteidigenden Mannschaft sich an der Torraumlinie aufstellen dürfen (Regel 10.4).

M 82

Welche Bedeutung haben diese Änderungen für den aktiven Spieler?
Welche Bedeutung haben diese Änderungen für den Trainingsprozeß?
Welche Bedeutung haben diese Änderungen für einen Freizeitsportler, der diese Disziplin in seiner Freizeit gern ausübt?
Beobachten Sie Regeländerungen in Sportdisziplinen, die Ihnen besonders vertraut sind. Was wurde in diesen Disziplinen jeweils verändert?
Welche Auswirkungen hatten diese Änderungen auf das Erleben und Üben in den jeweiligen Disziplinen?
Wie hat sich der Wettkampf dadurch verändert?

Verbandsschiedsrichterwart
Einlage in das Regelheft, Ausgabe 1. Juli 1975
Zusammenfassung der Regeländerungen, gültig ab 1. 9. 1976

Hallenhandball
Regel 3.8
Die Feldspieler einer Mannschaft müssen einheitliche Spielkleidung tragen, von der sich die Farbe der Kleidung der Torwarte deutlich unterscheiden muß (17:23).
Die Spieler müssen auf dem Rücken mindestens 20 cm, auf der Brust mindestens 10 cm und auf den Hosen mindestens 7 cm hohe Ziffern von 1–12 tragen, von welchen die Ziffern 1 und 12 den Torwarten vorbehalten sind. Bei Turnieren, in welchen es erlaubt ist, mehr als 12 Spieler einzusetzen, ist die Ziffer 16 dem dritten Torwart vorbehalten. Die Farbe der Ziffern muß sich deutlich von der Spielkleidung abheben.
Nur gültig für den Bereich des DHB:
Die 12 eingesetzten Spieler dürfen Nummern von 1 bis 16 tragen. Die Nummern 1, 12 und 16 sind den Torwarten vorbehalten.
Die Spieler müssen Schuhe tragen. Beim Spiel auf hartem Boden dürfen nur leichtere Schuhe ohne Absätze getragen werden. Beim Spiel auf weichem Boden dürfen die Schuhe mit Leisten, eventuell konischen oder zylindrischen Klötzen aus Leder, Gummi oder aus diesem Material entsprechenden Kunststoff versehen sein. Die Leisten müssen flach und mindestens 12 mm breit sein. Die Klötze müssen am unteren Ende von mindestens 12 mm Durchmesser sein. Das Tragen von Nagelschuhen oder von Schuhen mit scharfen Klötzen ist verboten.

Armbänder, Armbanduhren, Ringe, Halsketten, Brillen ohne festes Gestell und Haltebänder sowie alle anderen Dinge, welche die Spieler gefährden könnten, sind nicht erlaubt.
Die Schiedsrichter haben vor dem Spiel die Ausrüstung zu prüfen. Regelwidrigkeiten sind zu beseitigen. Fehlbare Spieler dürfen nicht mitspielen, bis die Regelwidrigkeit behoben ist.

M 83

Für welchen Personenkreis sind diese Regelungen folgenreich, welche Personengruppe wird die Regeländerungen in M 83 kaum zur Kenntnis nehmen?

Regelecke

Internationale Hallenhandballregeln (Änderungen ab 1. 8. 1977)

Aufgrund der Beschlüsse des IHF-Kongresses 1976 ändern sich die nachstehend aufgeführten Regeln wie folgt:

Regel 1:7: In je **4,5 m** Abstand von der Mittellinie

Regel 3:3: Ein Spieler ist spielberechtigt, wenn er beim Anpfiff anwesend und im Spielprotokoll eingetragen ist. Später ankommende und hinausgestellte Spieler müssen vom Sekretär und Zeitnehmer die Spielberechtigung erhalten.

Der spielberechtigte Spieler kann jederzeit vom eigenen Auswechselraum (1:7) aus eintreten.

Wenn ein nicht spielberechtigter Spieler in das Spiel eingreift, ist Freiwurf bzw. 7-m-Wurf (14:1 a, b, c, d) zu geben und der fehlbare Spieler muß je nach Art des Vergehens wie ein spielberechtigter Spieler bestraft werden und ist in allen Fällen sofort mindestens zu disqualifizieren (17:18, 20).

Der bisherige Kommentar ist ersatzlos zu streichen.

Regel 3:6: Auswechselspieler dürfen während der Spielzeit jederzeit und wiederholt, ohne Meldung beim Zeitnehmer, eingesetzt werden, sofern die zu ersetzenden Spieler das Spielfeld verlassen haben (Freiwurf bzw. 7-m-Wurf, 3:7).

Das Verlassen und Betreten des Spielfeldes darf nur innerhalb der Markierung des eigenen Auswechselraumes (1:7 analog 1:3) erfolgen. Dies gilt auch für den Torwartwechsel.

Rekonstruieren Sie den Regelbestand vor dem 1. 8. 1977 unter Berücksichtigung der vorstehenden Regeländerungen. Welches sind Neuregelungen, welches sind Regelergänzungen? Welchen Einfluß haben diese Regeländerungen auf den Ablauf eines Wettkampfes?

M 84

M 86 ist beispielhaft für einen Regelveränderungsvorschlag, wie er immer dann gemacht wurde bzw. wird, wenn eine Sportart in eine Sackgasse geraten ist. Gewiß kommt es nicht von ungefähr, daß gerade im Hallenhandball – ein ebensogut geeignetes Beispiel wäre Basketball – nahezu jährlich auf nationaler wie auf internationaler Ebene die Regeln geändert werden, wenn auch zumeist in Details, deren Auslegung sich als zu schwierig erwiesen hat. Ziel ist dabei häufig, die Regelentscheidungen der Schiedsrichter während der Wettkämpfe zu erleichtern. Beispiel hierfür sind die Einführung der gelben Karte, die Berücksichtigung der internationalen Handzeichen oder die Vereinheitlichung der Zeittafeln (vgl. M 85).

Seit 1. 8. 1981 gültiger Regeltext	Alter Regeltext	Erläuterungen
Regel 17 – Die Strafen 17:1 Eine Verwarnung kann gegeben werden bei: a) Regelwidrigkeiten im Verhalten zum Gegner. Eine Verwarnung ist zu geben bei: b) wiederholten Regelwidrigkeiten im Verhalten zum Gegner; c) Regelwidrigkeiten bei der Ausführung eines gegnerischen Wurfes; d) unsportlichem Verhalten, auch eines Offiziellen.	17:13 Bei unsportlichem Spiel und bei absichtlich wiederholten Regelwidrigkeiten müssen die Schiedsrichter auf Freiwurf beziehungsweise 7m-Wurf entscheiden und den schuldigen Spieler gleichzeitig auch verwarnen. ... 17:14 Bei unsportlichem Verhalten müssen die Schiedsrichter den schuldigen Spieler auf der Spielfläche oder außerhalb derselben verwarnen. ... Die Schiedsrichter haben ebenfalls das Recht, einen Offiziellen, der sich auf der Auswechselbank oder im Auswechselraum befindet, zu verwarnen und im Wiederholungsfalle zu disqualifizieren. ... 17:15 Unsportliches Verhalten der Spieler oder der Offiziellen auf der Wettkampfstätte gegenüber den Schiedsrichtern ist wie folgt zu bestrafen: a) vor dem Spiel: Verwarnung oder Disqualifikation; b) während der Pause: Verwarnung oder Disqualifikation; c) ...	Die Regel unterscheidet eindeutig, wann eine Verwarnung ausgesprochen werden **kann** und wann sie ausgesprochen werden **muß**. Bei allen Vergehen im Verhalten zum Gegner **kann** der Schiedsrichter **sofort** (ohne eine Ermahnung) eine Verwarnung geben. Wenn sich solche Regelwidrigkeiten wiederholen, **muß** der Spieler verwarnt werden. Konkret: Entscheiden die Schiedsrichter zum zweiten Mal auf Freiwurf, weil der Spieler X zum zweiten Mal geklammert hat, so müssen sie ihn (mindestens) verwarnen. Eine Regelwidrigkeit bei der Ausführung eines gegnerischen Wurfes ist z. B. das Nichteinhalten des vorgeschriebenen Abstandes. Wer also das Ausführen eines Wurfes dadurch stört, daß er den Abstand nicht einhält oder die Ausführung anderweitig behindert, wird sofort verwarnt.
17:2 *Kommentar:* *... Die Schiedsrichter sollten gegen den einzelnen Spieler nur eine und gegen die Mannschaft insgesamt nur drei Verwarnungen aussprechen. Ein bereits hinausgestellter Spieler sollte nicht mehr verwarnt werden.*	17:11 *Kommentar:* *Die Schiedsrichter sollten nur eine Verwarnung je Spieler geben.*	Gegenüber der alten Regel kommt verschärfend hinzu, daß pro Mannschaft nur drei Verwarnungen ausgesprochen werden sollten. Sodann gibt es bei gleichen Vergehen sofort Hinausstellungen. Die „Soll-Regelung" ist geblieben, um bei etwaigem versehentlichen oder aber auch bewußtem Gebrauch einer 4. (oder 2. pro Spieler) Verwarnung die Möglichkeit eines Einspruchs wegen Regelverstoßes auszuschließen.
17:3 Eine Hinausstellung ist zu geben bei: a) Nichtniederlegen des Balles bei Entscheidungen gegen die ballbesitzende Mannschaft; b) fehlerhaftem Wechseln; c) wiederholten Regelwidrigkeiten bei der Ausführung eines gegnerischen Wurfes; d) mehrfach wiederholten Regelwidrigkeiten im Verhalten zum Gegner; e) wiederholtem unsportlichen Verhalten. ‖ In Ausnahmefällen braucht der Hinausstellung keine Verwarnung voranzugehen.	17:13 Bei unsportlichem Spiel und bei absichtlich wiederholten Regelwidrigkeiten müssen die Schiedsrichter auf Freiwurf beziehungsweise 7m-Wurf entscheiden und den schuldigen Spieler gleichzeitig auch verwarnen. Im Wiederholungsfall ist der Spieler hinauszustellen oder auszuschließen. Bei groben Vergehen braucht der Hinausstellung oder dem Ausschluß keine Verwarnung vorauszugehen 17:14 Bei unsportlichem Verhalten müssen die Schiedsrichter den schuldigen Spieler auf der Spielfläche oder außerhalb derselben verwarnen. Im Wiederholungsfall ist der sich auf der Spielfläche befindende Spieler hinauszustellen oder auszuschließen, während der sich außerhalb der Spielfläche befindende Spieler zu disqualifizieren ist. .. Bei schweren Vergehen, das heißt, unsportlichen Handlungen, die den Spielfluß hemmen, braucht der Hinausstellung, ... keine Verwarnung vorauszugehen.	Die Fälle, in denen die Schiedsrichter auf Hinausstellung entscheiden müssen, sind eindeutig. Für Spieler und Trainer gilt es, sich diese Situationen (Nichtniederlegen des Balles, falsches Auswechseln) mit den zwingend vorgeschriebenen Strafen bewußtzumachen und im Training auch zu üben, da eine auf solch unnötige Weise eingehandelte Hinausstellung folgenschwere Auswirkungen haben kann (3. Hinausstellung = Disqualifikation!). Auch das Nichteinhalten des Abstandes wird im Wiederholungsfall unnachsichtig mit Hinausstellung bestraft. Jedes Umklammern, Festhalten, Stoßen usw. (Regelwidrigkeiten im Verhalten zum Gegner) führt beim dritten Mal zur Hinausstellung. **Durch Hinzufügung des letzten Satzes, der durch ein redaktionelles Versehen der IHF im vorliegenden deutschen Regeltext noch fehlt (siehe den Kasten auf Seite 20!), ist der Schiedsrichter in der Lage, bei Vergehen, die von der Schwere des Verstoßes her zwischen Verwarnung und Disqualifikation liegen, konsequenter- und logischerweise auch dann eine Hinausstellung auszusprechen, wenn noch keine Verwarnung vorausgegangen ist.**

M 85 (*Lehre & Praxis des Handballspiels* 4/1981)

Worin können die Ursachen für die Regeländerung in M 85 liegen, die ab 1. 8. 1981 gültig wurden?
Welches Problem erweist sich im Hallenhandball als besonders regelbedürftig?

Von grundsätzlicher Art hingegen sind die Regeländerungsvorschläge, die Vlado Stenzels Diskussionsbeitrag in M 86 bzw. Rolf H. Kaisers Vorschläge in M 87 darstellen:

Experimente

Handball-Bundestrainer Vlado Stenzel, seit zweieinhalb Jahren recht erfolgreich in den Diensten des Deutschen Handball-Bundes, möchte seine Sportart erheblich verändern. Durch Anreicherung mit Eishockey- und Basketballelementen soll das Spiel schneller, variantenreicher und damit noch attraktiver für das Publikum werden. Stenzel, der seine Vorstellungen in Rostock während des derzeit stattfindenden Ostseepokalturniers erläuterte, beabsichtigt unter anderem: Vergrößerung des Wurfkreises von sechs auf acht Meter, Erhöhung der Spielerzahl von sieben auf acht, Schaffung eines Spielraums hinter den Toren, Fortfall des Mittelanwurfs nach einem Tor. Nach mehreren Experimenten sollen die Pläne nach den Vorstellungen Stenzels der technischen Kommission der internationalen Handball-Föderation nach der Weltmeisterschaft im kommenden Jahr zugeleitet werden. sid

Diskutieren Sie die Folgen, die die Regeländerungsvorschläge von Stenzel und Kaiser nach sich ziehen würden. Welche konstitutiven Regeln des Handballs wären besonders betroffen? Welche Regeln würden dadurch nicht berührt?

M 86
Stuttgarter Zeitung, 18. Januar 1977

Hier wird auf ein Spielproblem des Handballs Bezug genommen, das offensichtlich auch durch die Regeln des Spiels verursacht wurde. Die Zunahme von statischen Spielhandlungen einerseits und das vermehrte Foulspiel andererseits scheinen dabei die allseits beklagten Probleme des modernen Handballs zu sein.

Rolf H. Kaiser:

Die Handball-Regeln vereinfachen!

Die notwendige Diskussion sollte sich auf die folgenden Vorschläge konzentrieren:[6]

- Verringerung der Spielerzahl auf der Spielfläche (z.B. auf 6; Regel 3.1). **Vorteil:** Größere Übersichtlichkeit, dadurch Verhinderung bzw. besseres Erkennen von Unsportlichkeiten.
- Keine Unterscheidung von Feldspielern und Torwarten (Regel 3.1). Wichtig ist, eine Höchstzahl für jede Mannschaft festzulegen (z.B. 12 Spieler je Mannschaft, der "beste" Torwart hütet das Tor). **Vorteil:** Fortfall einer Bestrafung bei nicht angemeldetem Wechsel zwischen Torwart und Feldspieler (Regel 8.14).
- Die Spielführerarmbinde darf am linken oder rechten Oberarm getragen werden (Regel 3.8). Eine weitergehende Reglementierung ist unsinnig.
- Einführung der "reinen Spielzeit" (wie z.B. beim Basketball oder Eishockey), d.h. Anhalten der Uhr bei Spielunterbrechungen (Regel 4). **Vorteil:** Spielverzögerungen, bedingt durch uneinheitliche Anwendung der Spielzeitunterbrechung (time-out), werden nahezu unmöglich gemacht. Die oft hektische Atmosphäre, insbesondere in den Schlußminuten der Halbzeiten, wird entkrampft.
- Fußfehler (Regel 5.9) werden grundsätzlich bestraft, ausgenommen der Ball wird vom Gegner angeworfen. **Vorteil:** Die Schiedsrichter müßten nicht beurteilen, ob dem Spieler, der den Ball mit dem Fuß berührt, ein Vorteil erwächst oder nicht.
- Der Anwurf (Regel 4.4) kann unmittelbar zum Tor führen (Vorteil siehe folgende Ausführungen!).
- Einwurf (Regel 10), Eckwurf (Regel 11) und Abwurf (Regel 12) entfallen. Statt dessen wird bei Einwurf und Eckwurf auf Freiwurf entschieden, der Abwurf wird durch das Abspiel ersetzt. **Vorteil:** Alle Würfe (außer Schiedsrichterwurf) können somit unmittelbar zum Torerfolg führen. Die komplizierten Unterscheidungen zwischen Abwurf/Abspiel und Freiwurf/Einwurf/Eckwurf/Anwurf werden hinfällig.
- Bei "Vorteil" (Regeln 13.6 und 14.8) ist die unmittelbare Wirkung eines Wurfes stets abzuwarten (sogenannte "Skandinavische Auslegung"), unabhängig davon, ob der Werfer nach einer gegen ihn gerichteten Abwehraktion unter voller Ball- und Körperkontrolle bleibt oder nicht (gilt auch für die Abwehr durch den Torraum, Regel 7.2. c).

M 87 (*Lehre & Praxis des Handballspiels*, 1/1980)

Fußball

Lag die Begründung für Stenzels Regeländerung in erster Linie in der Zunahme der Fouls, so geht es Beckenbauer im folgenden (vgl. M 88, Seite 170) vor allem um mehr Spielgerechtigkeit. Sein Vorschlag unterscheidet sich aber auch unter praktischen Gesichtspunkten. Stenzels Anregung läßt sich praktisch erproben, was bei Beckenbauer nur begrenzt möglich zu sein scheint.

Beckenbauer über die Schiedsrichter

Weshalb so viele Penalties gegen Gäste?

(aus „Schweizer Fußball", dem offiziellen Organ des SFB vom 15. 6. 77)

Elfmeter-Dilemma

Wenn ich mitverantwortlich für das Regelwerk wäre, würde ich mich besonders mit der Regel 12 „Erlaubtes und verbotenes Spiel" beschäftigen und Verbesserungsmöglichkeiten suchen. Nehmen Sie folgendes Beispiel: Foulspiel 17 m von der Torlinie entfernt oder 16 m? Freistoß oder Strafstoß? Der Strafstoß ist fast immer ein Tor. Der Freistoß ganz selten. Ich weiß auch noch nicht, wie man das ändern kann, aber ich denke, daß die Regelexperten darüber beraten sollten.

Vielleicht sollte hier der Schiedsrichter nicht zu sehr nach der Regel entscheiden, sondern vielmehr nach der Schwere des Deliktes.

Denn es gibt auch im Rahmen des Foulspiels große Unterschiede. Meiner Meinung nach sollte ein Elfmeter oder Strafstoß dann gegeben werden, wenn tatsächlich ein grobes Foul im Strafraum vorliegt. Ein Elfmeter ist die größte Strafe für eine Mannschaft, das sollte man berücksichtigen, bevor man sich entscheidet. Diese Worte sind in erster Linie an die deutschen Vertreter gerichtet, die allzuoft und allzuschnell auf den Elfmeterpunkt deuten.

Reklamieren strenger bestraft als Fouls

Regel 11: „Abseits". Solange ich spiele, bin ich mit der praktischen Regelauslegung auf dem Spielfeld unzufrieden. Meistens beachten die Linienrichter den Moment der Ballabgabe nicht und winken zu Unrecht „Abseits", oder die Schiedsrichter haben kein Gespür dafür, ob der Mann im „Abseits" ins Spiel eingreift oder nicht, z. B. beim direkten Torschuß. Gerade hier könnte das Zusammenspiel Schiedsrichter und Linienrichter besser sein.

Verärgert war ich oft, wenn ein Spieler, der Schwierigkeiten mit seinem Temperament hatte und die Zunge nicht im Zaum halten konnte, schwerer bestraft wurde als ein anderer, der brutal spielte und seinen Gegenspieler fahrlässig oder vorsätzlich – zum Teil – schwer verletzte.

Gedanken mache ich mir manchmal über die Bezahlung der Schiedsrichter. Nach meiner Meinung sollten sie mit den wachsenden Leistungsanforderungen besser bezahlt werden. Ich meine nicht, daß dadurch die Leistung des Schiedsrichters besser wird, wenn man ihn besser bezahlt. Aber warum sollte neben allen Nutznießern wie Klub, Spieler, Trainer, allen Verantwortlichen usw. nicht auch der Schiedsrichter an den Einnahmen eines Klubs beteiligt sein? In welcher Form müßte man sich überlegen. Es ist doch mehr recht als billig, wenn man den Spielleiter für sein zweifelsohne schweres Amt besser honoriert. Vielleicht könnte man mit diesem Anreiz den Schiedsrichternachwuchs motivieren und begeistern.

Verschließen würde ich mich nicht den Überlegungen, die sich mit der Frage der zwei Schiedsrichter oder der Torrichter beschäftigen. Auch wenn es dann letzten Endes beim alten bliebe, würde ich mich intensiv und nicht nur theoretisch, sondern vor allen Dingen praktisch damit auseinandersetzen. Probieren geht über studieren.

(Referat von Franz Beckenbauer anläßlich des dritten Kurses der UEFA für Spitzenschiedsrichter in Duisburg)

M 88 (*Schweizer Fußball*, 15. Juni 1977)

Welche strategischen Regeln könnten sich eröffnen, wenn Beckenbauers Strafstoßregel in Kraft treten würde?
Wie ließe sich Beckenbauers Abseitsproblem regulativ lösen?
Welche Folgeregeln sind notwendig, wenn ein Fußballspiel von zwei Schiedsrichtern geleitet wird?

Wenn wir jedoch Fußball auf der Grundlage mehrerer Neuregelungen bei einem Turnier spielen (z. B. Abschaffung der Abseitsregel, Beckenbauer-Elfmeter-Regel, beliebiges Auswechseln, größeres Tor), dann würde auch der praktische Einfluß der Beckenbauer-Regel erfahrbar. Danach können wir Sinn und Unsinn des Vorschlags genau überprüfen; denn Beckenbauer ist sich ja seines Vorschlages nicht sicher, er empfiehlt nur, darüber zu beraten. Voraussetzung für diesen Schritt ist freilich, daß wir seine Problemanalyse akzeptieren. Stellt sich heraus, daß wir anderer Auffassung sind, so sollten wir auf der Grundlage unserer eigenen Kritik eigene Regeländerungen entwickeln. Ein Beispiel erprobter Regeländerungsdiskussion stellen die Ausführungen in M 91, Seite 174 ff dar.

Zuschauermagnet in Georgien: Tbilissi

Mit vier Punkten Vorsprung Fußballmeister der UdSSR / Limit-Regel für Unentschieden hat sich bewährt

Als ein voller Erfolg erwies sich das Experiment mit der Remis-Limitierung. Jede Mannschaft durfte in der Meisterschaft nur achtmal die Punkte „friedlich“ teilen. Jedes weitere Unentschieden wurde als Niederlage gewertet.

Bereits seit Jahren wird in der Sportöffentlichkeit des Landes die große Anzahl der „ausdruckslosen und faden“ Unentschieden in der Meisterschaft kritisiert. Schuld daran nach Ansicht vieler Fachleute ist das von einigen Mannschaften „kreierte“ und von Dynamo Kiew bis zur Perfektion ausgefeilte und auf Unentschieden ausgerichtete „Auswärtsmodell“. Die Kiewer Elf, die in den Jahren 1974 bis 1977 dreimal die Meisterschaft gewonnen hatte, verzeichnete in diesem Zeitraum in 60 Auswärtsspielen nicht weniger als 37 Unentschieden.

Die „Remis-Quote“ stieg von Jahr zu Jahr und erreichte 1977 mit 114 Unentschieden die Rekordhöhe von 44 Prozent. Dynamo und CSKA Moskau, Kairat Alma Ata und Neftschi Baku hatten nach Abschluß der Saison je 17 Unentschieden auf dem Konto. Und der Meister Dynamo Kiew stand bei nur 14 Siegen mit 15 Unentschieden zu Buche.

Nun, die Limitierung auf nur acht „zählbare“ Unentschieden wurde zu einem guten „Abschreckungsmittel“. Die Flut von Unentschieden wurde endlich gestoppt. Es gab nur 59 Punkteteilungen. Das Limit von acht Unentschieden überschritten nur Torpedo Moskau (11), Dynamo Moskau und Tschernomorez Odessa (je 10) sowie Vizemeister Dynamo Kiew und Lokomotive Moskau (je 9).

Es steht noch nicht fest, ob die Limitierung auch in der nächsten Saison beibehalten wird. Das entscheidet sich nach der genauen Analyse der Meisterschaftsergebnisse.

Bereits vor Beginn der Saison wies man vorsorglich darauf hin, daß die Limitregel „letzten Endes keine technische“, sondern eine „Maßnahme moralischer Natur“ ist. Ein Zeichen dafür ist, daß jede Manipulation auf den Fußballfeldern kein Geheimnis mehr bleibt und bestraft wird.

Und nach dem 25. Spieltag, als der Erfolg der Limitierung bereits feststand, bemerkte der Fußballredakteur der Moskauer Zeitung „Sowjetskij Sport“, der ehemalige Nationalspieler Viktor Ponedelnik, in einem Kommentar, daß niemand Mannschaften kritisieren werde, die mit dem letzten Einsatz kämpfen und sich unentschieden trennen. „In der höchsten Klasse wird nicht gegen Unentschieden gekämpft“, bemerkte Ponedelnik, „sondern gegen solche Spiele, deren Ausgang bereits vor dem Anpfiff des Schiedsrichters feststand.“ A. K.

M 89 (*Stuttgarter Zeitung*, 23. November 1978)

Was hat den sowjetischen Fußballverband veranlaßt, neue Regeln einzuführen? Welche Nebenfolgen lassen sich vermuten? Inwiefern sind diese ein Nachteil?

Die Frage nach dem Sinn oder Unsinn der Abseitsregel im Fußball wird ja seit Jahren immer wieder gestellt. Deshalb war es kaum eine Überraschung, als in der nordamerikanischen Profiliga eine Abseitsregel entgegen den FIFA-Regeln eingeführt wurde. Dort ist nicht die Mittellinie für eine Abseitsposition maßgebend, sondern je ein Drittel der Größe des Spielfeldes von der Torlinie entfernt legen fest, wann sich ein Spieler im Abseits befindet. Daneben wurden in den USA eine ganze Reihe weiterer FIFA-Regeln abgeändert. So ist ein unentschiedener Spielausgang nicht mehr möglich, weil jedes Spiel, das Remis endet, bis zum Zeitpunkt des nächsten Tores verlängert wird. Ist auch nach der Verlängerung keine Entscheidung gefallen, so fällt sie durch Strafstoßschießen (shooting out). Dabei kommt die spektakulärste Regeländerung zum Tragen. Der Strafstoß ist nicht ein Elfmeter, vielmehr muß der Ball von der Mittellinie nach vorn getrieben werden, wobei der Spieler versucht, den Ball am Torwart, der das Tor verlassen darf, vorbei oder über diesen hinweg in das Tor zu schießen (vgl. die Penalty-Regel im Eishockey).
Aus ähnlichen Motiven haben die UEFA und die UdSSR die Regeln geändert. Da Defensivfußball für die Zuschauer wenig attraktiv ist, wurde von der UEFA festgelegt, daß in Europapokalspielen auswärts erzielte Tore doppelt zählen, wenn das Ergebnis aus Hin- und Rückspiel ausgeglichen ist; in der UdSSR werden Spiele, die unentschieden enden, als Niederlagen gewertet, sofern ein Remis-Resultat mehr als achtmal bei einem Verein vorkommt (vgl. M 89). Taktik als Marschroute für das Siegen um jeden Preis hat dort offensichtlich dazu geführt, daß nur noch jener Bereich taktischen Handelns zum Tragen kam, der das Spiel zunehmend langweilig macht. Die Bereiche, die Spannung im Spiel ermöglichen, wurden hingegen vernachlässigt.

Abseits abschaffen?
Die Abseitsregel gibt es im Fußball bereits seit 1866. Sie ist zweifellos eine der schwierigsten im Regelwerk überhaupt. Offiziell heißt es: «Ein Spieler ist abseits, wenn er im Augenblick, in dem der Ball gespielt wird, näher der gegnerischen Torlinie ist als der Ball, ausgenommen:
a) er befindet sich in seiner eigenen Spielhälfte;
b) zwei Spieler der gegnerischen Mannschaft sind ihrer Torlinie näher als er;
c) der Ball wurde zuletzt von einem Gegner berührt oder gespielt;
d) er bekommt den Ball direkt von einem Abstoß, Eckstoß, Einwurf oder Schiedsrichterball.
Einfach ausgedrückt: Zwischen dem vordersten Spieler einer Mannschaft und dem gegnerischen Torwart muß sich, sobald der Ball gespielt wird, mindestens noch ein Spieler der gegnerischen Mannschaft befinden. Abseits ist ein Spieler auch, wenn sich diese beiden Spieler auf gleicher Höhe befinden.
Viele Mannschaften haben sich richtiggehend darauf spezialisiert, eine «Abseitsfalle» aufzubauen. Der Trick des verteidigenden Teams besteht darin, beim Ab-

spiel des Balles plötzlich nach vorn zu laufen oder auch stehen zu bleiben und so den Angreifer abseits zu stellen. Ein wirkungsvolles, wenn auch riskantes Mittel, um den Angriff des Gegners zu unterbinden. Wehe, der Schiedsrichter erkennt die Situation nicht richtig!
Wenn eine Mannschaft den Gegner bewußt ins Abseits laufen läßt, dann ist das gekonnt und somit auch zu akzeptieren. Wenn der Gegner jedoch durch eine herrliche Kombination, bei der die Verteidiger gar nicht so recht wissen, wie ihnen geschieht, ein Tor erzielt, und es dann wegen ein paar Millimeter abseits nicht gegeben wird; dann ist dies eine ärgerliche Sache für die Akteure und für die Zuschauer.
So auch wieder im Europacup-Halbfinale, als ein durch den Dänen Jensen für Borussia Mönchengladbach erzieltes Tor gegen Real Madrid wegen «Abseits» annulliert wurde. Ein Beobachter neutraler Nationalität wird natürlich hier einwenden, ich hätte durch die «deutsche Brille» gesehen. Doch ich ärgerte mich auch, als der Portugiese Jordao einschoß und der Treffer für Benfica nicht gegeben wurde. Zweifellos war hier die Abseitsstellung wesentlich klarer als im Falle Jensen, aber die gesamte Bayern-Abwehr, einschließlich Torwart Sepp Maier, hatte in dieser Situation schlecht ausgesehen, war im Grunde genommen ausgespielt worden.
Es kann natürlich keinem Schiedsrichter zugemutet werden, zwischen einem bewußten und unbewußten Abseits zu unterscheiden. Die Regel ist schon kompliziert genug. Warum sie aber nicht ganz abschaffen? Es wurde schon öfters darüber diskutiert und Testspiele wurden durchgeführt. Dagegen sind vor allem Experten, die darauf verweisen, daß sich der Fußball gerade deswegen seine Ursprünglichkeit bewahrt habe, weil er im Gegensatz zu anderen Sportarten (beispielsweise Handball) im Laufe der Jahrzehnte so gut wie keine Regeländerungen über sich ergehen lassen mußte. Was heute gilt, galt praktisch vor hundert Jahren auch.
Aber wird nicht immer wieder über zu defensiven und destruktiven Fußball geklagt? Wenn sich die Spieler ganz beliebig über das Feld verteilen können, egal wo nun der Ball gerade ist, dann wäre auch der Gegner gezwungen zu decken oder ... Das Spiel würde (nach meiner bescheidenen Meinung) offener werden. Und es würden sicherlich ohne Abseitsregel auch mehr Tore fallen.

W. D. Rösner

M 90 (*Der Fußballtrainer* 5/76)

Welche Folgen könnte die Aufhebung der Abseitsregel im Fußball haben? Vergleichen Sie die von Ihnen erdachten Folgen mit den in M 90 beschriebenen Folgen. Welches sind die Gründe, daß trotz der praktischen Erprobung des abseitslosen Fußballspiels auch heute noch mit der Abseitsregel gespielt wird?
Welche taktischen Möglichkeiten eröffnen sich durch die Abschaffung der Abseitsregel? Welche bestehenden taktischen Möglichkeiten würden durch die Abschaffung verlorengehen?

Die FIFA selbst führt alle zwei Jahre ein internationales Juniorenturnier in Monaco durch, wobei nicht zuletzt neue Regeln erprobt werden sollen. Die Abseitsregel wurde allerdings nur bei direkten Freistößen aufgehoben. Bei

den Beteiligten herrscht die Meinung vor, daß der Freistoß zu einer echten Torchance wird, eine schnelle Ausführung gewährleistet ist und die ‹lästige› Mauerbildung somit entfällt. Ansonsten fällt es aktiven Fußballspielern schwer, eine Antwort auf die Frage zu geben, ob es sinnvoll wäre, die Abseitsregel abzuschaffen; denn bislang standen immer die langjährigen praktischen Erfahrungen mit dem Abseitsfußball dem meist nur kurzfristig erprobten abseitslosen Fußballspiel gegenüber. Häufig wurden auch nur theoretische Zukunftsmöglichkeiten gegen langjährige Praxis abgewogen. Wenn nun – wie in Monaco oder in Schottland bei einem Pre-Saison-Turnier geschehen – Wettkampffußball nach veränderten Regeln gespielt wird, so kann das Spiel nach den alten Regeln mit dem Spiel nach den neuen Regeln auf einer völlig neuen Ebene verglichen werden. Alte Erfahrungen können mit neuen Erfahrungen konfrontiert werden, die praktischen Folgen der Regeländerung werden sichtbar und diskutierbar.
Bis jetzt blieb es freilich bei einem Versuch; denn die Taktik der Trainer bewirkte, daß sich die Spieler beim Freistoß für die gegnerische Mannschaft sofort vor den Ball stellten und dadurch das Spiel gleichwohl verzögerten. Die Schiedsrichter standen diesem Versuch eher skeptisch gegenüber, da die Überwachung des Strafraums durch die größere Anhäufung von Spielern sehr viel unübersichtlicher geworden ist.
M 91 gibt einen Einblick in die Erfahrungen mit den Regeländerungen von Monaco. Die daraus resultierenden Folgen beziehen sich nicht nur auf den bloßen Spielverlauf, sie erreichen auch die Gebiete der Taktik und Technik des Fußballs und betreffen nicht zuletzt auch das Zuschauerverhalten.

Kurze Ecke (Mini-corner)
Die kurze Ecke wurde dann ausgeführt, wenn der Ball innerhalb der senkrechten Strafraum-Linien zur Ecke ging. Außerhalb dieses Bereichs wurde – wie sonst auch – eine lange Ecke ausgeführt.
Aus SR-Sicht ist bei der kurzen Ecke einige Skepsis angebracht. Durch die verstärkte Spieler-Ansammlung im Strafraum wird das Spielgeschehen unübersichtlicher, und insbesondere regelwidrige Angriffe gegen den TW sind u. U. nur schwer zu erkennen. Häufig war es auch schwierig, die immer aus 2 oder 3 Spielern gebildete Mauer auf den notwendigen Abstand von 9,15 m zu bringen.
Die korrekte Haltung der Spieler in Monaco schaffte wenig Probleme in bezug auf Halten, Stoßen usw. – wie sähe es aber bei Spielen der Profis aus?!!
Zu überlegen bleibt, ob der SR einen anderen Standpunkt als jetzt üblich (an der Seite des Strafraumes) einnehmen sollte.
Aus der Sicht der Spieler bleibt festzustellen, daß zwar taktische Maßnahmen in einigen Fällen zu Toren nach kurzen Ecken geführt haben, über kurz oder lang würden aber entsprechende Gegenmaßnahmen gefunden werden. Z. T. würde auch der Zufall eine Rolle spielen, und das ist im Fußball nun einmal nicht gewollt.
Die Zuschauer sehen gern viele Tore, jedoch in erster Linie aus – möglichst guten

– Spielzügen. Ein aus einer kurzen Ecke erzieltes Tor wird aber wegen der fast immer unübersichtlichen Strafraumszenerie oft von den Zuschauern gar nicht verfolgt werden können.
Interessant dürfte sein, daß während der 14 Spiele neben 66 langen Ecken 86 kurze Ecken ausgeführt wurden. Als unmittelbare Folge hieraus wurden 4 Tore erzielt.
Fazit: Die kurze Ecke scheint nicht sehr erfolgversprechend, man könnte bei entsprechenden Gelegenheiten jedoch weiterhin experimentieren.

Zeitausschluß
Statt der üblichen Verwarnung zog eine gelbe Karte automatisch einen Zeitausschluß für 10 Minuten nach sich. Zur Kontrolle der Strafzeit war ein besonderer Zeitnehmer vorhanden, bei dem – auf einer Extra-Bank – sich auch der hinausgestellte Spieler aufzuhalten hatte. – Selbstverständlich war nach der gelben Karte – oder auch als erste Maßnahme – die rote Karte, also «echter» Feldverweis, möglich. Hierzu kam es aber in keinem Falle. – Aus SR-Sicht war die Hinausstellung auf Zeit nichts völlig Neues, da sie bei Jugendspielen u. a. auch in Niedersachsen bereits seit längerer Zeit praktiziert wird. Allerdings kann hier noch eine Verwarnung (gelbe Karte!) vorausgehen, und die danach mögliche Zeit-Hinausstellung beträgt lediglich 5 Minuten (ohne Karte).
Die sofortige 10-Minuten-Strafe könnte in einigen Situationen den SR anders handeln lassen, als wenn er eine Verwarnung aussprechen würde; d. h., er würde evtl. zurückhaltender sein. Wiederum wird er in Fällen, in denen eine rote Karte angebracht wäre, «leichteren Herzens» die gelbe Karte zeigen, also eine 10-Minuten-Hinausstellung aussprechen. Für die Spieler könnte die Zeit-Hinausstellung einen höheren Abschreckungswert haben, der in besonders hektischen Spielen jedoch in Frage gestellt sein dürfte.
In Monaco wurden in den 14 Spielen insgesamt 10 Hinausstellungen auf Zeit ausgesprochen.
Fazit: M. E. ist *bei Jugendspielen* das in Deutschland praktizierte System Verwarnung – 5-Minuten-Hinausstellung – Feldverweis als besser anzusehen. (Die Zeitstrafe für 5 Minuten fand in Monaco übrigens auch viele Befürworter, so u. a. Fürst Rainier, von dem ich es in einem persönlichen Gespräch erfuhr.) – Bei Senioren-Spielen sollte das jetzige System beibehalten werden, wobei allerdings Sanktionen (automatische Sperre) nach mehreren gelben Karten unbedingt erfolgen müßten.

Seiteneinstoß
Statt des üblichen Einwurfs erfolgte auf der Seitenlinie ein Einstoß. Besonderheiten dabei: Der Gegner mußte mindestens 9.15 m entfernt sein. Abseits war *nicht* aufgehoben. Der Seiteneinstoß erfolgte indirekt, also war keine direkte Torerzielung möglich. Nach Absprache aller SR mit dem UEFA-Beauftragten McMullen (GB) wurde jedoch auf das Heben des Armes bei der Ausführung verzichtet.
Für den SR bringt der Seiteneinstoß keine Probleme – im Gegenteil. Abgesehen davon, daß der Ball auf der Linie liegen muß, sind bei der Ausführung keine weiteren Fehler möglich; beim Einwurf dagegen sind sowohl Fuß- als auch Hand- (= Wurf-)Fehler häufig der Fall.
Der Einstoß brächte somit auch eine Erleichterung für die Spieler mit sich. Zudem würde der Ball – insbesondere von Abwehrspielern – nicht ohne weiteres

über die Seitenlinie getreten und damit länger im Spiel gehalten. Denn jeder Einstoß für den Gegner bereits im Mitteldrittel des Spielfeldes kann zu einer unmittelbaren Gefahr für das eigene Tor werden.
Fazit: Dem Einstoß kann man durchaus positiv gegenüberstehen, weil durch verstärktes Bemühen, den Ball im Spiel zu halten, einmal weniger Spielunterbrechungen eintreten würden und zum anderen durch häufigeres Spielgeschehen in den Strafräumen u. U. mehr Spannung entstehen könnte. Außerdem entspräche der Einstoß dem natürlichen Inhalt des Fußballspiels, nämlich dem Spiel mit dem Fuß.

M 91 (Redelfs 1976)

Warum wurde die bestehende Eckstoßregel verändert? Wo liegen die Mängel der alten Zeitausschlußregel? Können diese Mängel durch die neue Regel behoben werden? Welche Gründe sprechen gegen die alte Einwurfregel? Stammen die Regeländerungsvorschläge aus anderen sportlichen Disziplinen, oder sind es Neuvorschläge? Stimmen die Erfahrungen aus der Sicht des Schiedsrichters mit den Erfahrungen aus der Sicht der Spieler bzw. der Zuschauer überein?

Welche Disziplinen des Sports haben die Regelexperimente in Monaco beeinflußt?
Wodurch unterscheidet sich die Mini-corner-Regel im Fußball von anderen Disziplinen, in denen sie schon längere Zeit befolgt wird?

Die Experimente sind aus der Sicht des Schiedsrichters beschrieben. Versetzen Sie sich in die Rolle eines Jugendnationalspielers, der am Europaturnier in Monaco aktiv teilgenommen hat. Verfassen Sie einen ‹Erfahrungsbericht› aus der Perspektive eines Aktiven. Wodurch unterscheiden sich die beiden Berichte?

Suchen Sie weitere Regeln des Fußballs, die sich in einem europäischen Jugendturnier experimentell verändern und erproben lassen.
Zuschauer wollen spannende Spiele sehen. Mit welchen Regeln sollten Experimente durchgeführt werden, wenn diesem Interesse entsprochen wird?
Spieler wollen gerechte Regeln. Gibt es Fußballregeln, die diesem Interesse widersprechen?

Wenn wir die neuen Regeln (kurze Ecke, Seiteneinstoß) in unserer eigenen Fußballpraxis einführen, können wir an uns selbst die Fähigkeit erproben, aktuelle Regeländerungen auf ihre Notwendigkeit und ihre Folgen einzuschätzen und prognostisch die Entwicklung des veränderten Spiels zu beschreiben. Positive und negative Folgen der Regeländerung können wir einander gegenüberstellen und entscheiden, ob wir in Zukunft mit oder ohne Abseits, mit kurzer Ecke oder ohne, mit Seiteneinstoß oder Seiteneinwurf spielen wollen. Am Beispiel der Abseitsregel können wir schließlich das Problem der Vergleichbarkeit bzw. der Angemessenheit des Vergleichs von alten und veränderten Regeln erfahren.

Leichtathletik

In der Leichtathletik werden – ohne daß die Öffentlichkeit es immer zur Kenntnis nimmt – fast ebenso häufig die Regeln geändert wie in den Sportspielen. Die Gründe für die Änderungen sind aber meist andersartig und die Folgen für die Athleten oft viel direkter. Am Beispiel von Regeländerungen, die am 1. Mai 1977 in Kraft getreten sind, kann dies gezeigt werden.

> Mit dem 1. Mai 1977 beziehungsweise empfehlenswerterweise mit Beginn der Freiluftsaison dieses Jahres treten einige Regeländerungen in Kraft.
> Bereits bekannt und teilweise auch schon praktiziert sind einmal beim Fünfkampf der Frauen, daß an Stelle der bisher üblichen 200 m die 800 m gelaufen werden (Regel 195,3) und die Läufer berechtigt sind, beim 800-m-Lauf nach der ersten Kurve auf die Innenbahn zu wechseln (Regel 161,7).
> Eine Neuerung gibt es in der Regel 119,5 a, wonach bei allen Läufen mit Handzeitnahme die Zeit auf $\frac{1}{10}$ Sekunden genau festgestellt werden soll. Wenn eine vollautomatische elektrische Zeitmeßanlage benutzt wird, soll die Zeit für Läufe bis zu 400 m in $\frac{1}{100}$ Sekunden angegeben werden.
> In Regel 142,1 ist zu beachten, daß in Zukunft die von einem Sportler erzielte Leistung nur dann anerkannt wird, wenn neben den bisherigen Bestimmungen mindestens 3 Teilnehmer am Start waren.
> Punkt 4 dieser Regel besagt neu, daß es dem Wettkämpfer gestattet ist, die Stärke des Absatzes zu vergrößern oder eine Einlage im Schuh zu benutzen, um die Ferse vor Prellungen zu schützen. Die Gesamtstärke von Absatz und Einlage darf allerdings 25 mm nicht überschreiten.
> Besonders wichtig scheint die neue Bestimmung 148,6 c zu sein, nach der neue Weltrekorde auf den Strecken bis zu 400 m nur dann anerkannt werden, wenn sie um mindestens 0,02 s verbessert wurden.
> In der Regel 162,9 wird festgelegt, daß nach dem Kommando «Fertig!» beide Hände und beide Füße die Laufbahn berühren müssen.
> Beim Marathonlauf und beim 50-km-Gehen ist die Bestimmung über die ärztliche Bescheinigung weggefallen (165,2 und 191,7).
> Eine wichtige Änderung bringt die Regel 166,2. Hier wird abweichend von den bisherigen Gepflogenheiten festgelegt, daß die Übergabe des Stabes erst dann beendet ist, wenn er sich nur noch in der Hand des übernehmenden Läufers befindet. Darüber hinaus ist im Wechselraum nur die Position des Stabes ausschlaggebend und nicht die Position des Körpers oder der Gliedmaßen des Wettkämpfers ...
> Eine erhebliche Änderung bringt die Regel 174. Sie kehrt nämlich zu der 1968 abgeschafften Vorrichtung zurück, nach der die Plastilinauflage oder der Sandstreifen durch eine Schicht von 10 bis 13 mm gebildet wird, die sich von der Höhe des Absprungbalkens in einem Winkel von 30° erhebt. Es empfiehlt sich, besonders für Anlagen mit Sandaufschüttung eine Schablone anfertigen zu lassen, in der diese Erhebung eingearbeitet ist, beziehungsweise einige Ersatzbretter mit Plastilinauflage parat zu haben. Punkt 7 d enthält die Anmerkung, daß die Anwendung jeder Art von Salto nicht gestattet ist ...

Interessant dürfte für die Mehrkämpfer sein, daß im Falle eines Gleichstandes der Sieger sein soll, der in der Mehrzahl der Einzeldisziplinen mehr Punkte erreichte als der andere (oder die anderen) im Gesamtergebnis gleichstehende(n) Wettkämpfer ...

Kommission
Kampfrichterwesen des DVfL
Arbeitsgruppe Wettkampfbestimmungen

M 92 (*Der Leichtathlet*, 14/77)

In welchen Regeltypen vollziehen sich die Änderungen? Wodurch werden solche Veränderungen veranlaßt?

In M 92 wird auf die Folgen der Regeländerungen hingewiesen. Welche weiteren Folgen könnten genannt werden? Wie läßt sich die Regeländerung 195.3 erklären? Deutet diese Regeländerung auf allgemeine Tendenzen im Frauensport hin?
Inwiefern bedeuten die Neuregelungen eine Reduzierung der strategischen Möglichkeiten der Athleten?

Bei den Regeländerungen in der Leichtathletik handelt es sich meist um Detaillierungen. Sie werden erforderlich, weil Athleten die Spielräume der alten Regeln erkannt und ausgenutzt haben, um sich im Wettkampf Vorteile zu verschaffen. Die Regeländerungen, die sich auf die Festlegung der Materialbeschaffenheit der Geräte beziehen, können dies stellvertretend verdeutlichen (vgl. M 93–M 95).

Der Sprungstab kann aus beliebigem Material oder einer Materialverbindung und von beliebiger Länge und Dicke sein. Bei Metallstäben muß die Oberfläche vollkommen glatt sein. Der Sprungstab darf mit nicht mehr als zwei Lagen Klebeband in gleichmäßiger Dicke umwickelt sein. Das Einstichende des Stabes darf jedoch zum Schutz gegen Bruch bis zu einer Höhe von ca. 30 cm stärker umwickelt werden.

M 93 (DLV [Hrsg.] 1969)

Der Glasfiberstab ist ein aus alkalifreiem Glasfasergewebe gewickeltes und mit Kunstharz (Epoxid- und Phenolharz) verbundenes Rohr. Das Harz fungiert als Bindemittel und weist hohe elastische Eigenschaften auf. Die 8 bis 16 Wicklungslagen des festigkeitstragenden Glasfasergewebes sichern die für die mechanische Beanspruchung notwendige hohe Biegefestigkeit. Die unterschiedliche Elastizität ist durch die Wicklungslagen und die Wandstärke des Materials bedingt. Die Stäbe werden durch Abmessung der Durchbiegung bei einer bestimmten Auflagelänge und Belastung typisiert. Die einzelnen Stabtypen sind durch Angabe der Stablänge und der zulässigen Höchstbelastung mit dem Körpergewicht des

Springers bei einer bestimmten Griffhöhe gekennzeichnet (amerikanische Produktion). Auch können die einzelnen Stabtypen durch besondere Farbgebung unterschieden werden (DDR-Produktion). Gegenwärtig sind folgende Stabtypen gebräuchlich:
Stablängen: 14, 15 und 16 engl. Fuß = 4,27 m, 4,57 m und 4,87 m.
Höchstbelastung (in engl. Pfund): 140 (63,4 kp), 150 (67,9 kp), 160 (72,3 kp), 170 (76,9 kp)

Stabtypen:	16–150	15–140	14–140
	16–160	15–150	14–150
	16–170	15–160	
		15–170	

M94

Welchen Einfluß hat die Entwicklung neuer Inventarmaterialien auf die Leichtathletik genommen? Wie wurde bzw. wird dieser Einfluß geregelt? Beantworten Sie diese Frage an den Beispielen Kunststoffbahn, Bürstenschuh, Sprungstab, Sprungmatten. Vergleichen Sie diese Entwicklung mit der im Skirennsport.
Inwiefern gefährden technologische Entwicklungen das Prinzip der Chancengleichheit im Sport?
Worin liegt die Bedeutung des Stabhochsprungstabs für die Entwicklung des Sports im allgemeinen?

Neue Materialien wie Glasfiber, Kunstharz und andere Kunststoffe haben 1972 in der Disziplin des Stabhochsprungs eine Regeldiskussion ausgelöst, die bis heute andauert. Ein Jahr vor den Olympischen Spielen hatten die Amerikaner auf dem Sportartikelmarkt einen Stab angeboten, der Eigenschaften besaß (Biegsamkeit, Elastizität etc.), die bei allen bisher üblichen Stäben nicht anzutreffen waren. Die Frage war, wie das bislang nur wenig normierte Gerät zu regeln sei. Alte und neue Regelung (vgl. M93 und M94) lassen uns die Diskussion nachvollziehen. Die Frage, ob durch die neuen Regelungen Stabhochsprung bewegungstheoretisch und technologisch endgültig definiert ist, sich also zukünftig in dieser Disziplin kaum etwas verändern wird, ist bis heute ungeklärt. Vieles deutet darauf hin, daß auch in dieser Sportart kein Stillstand der Regelentwicklung eintreten wird.
Nicht weniger änderungsreich als beim Stabhochsprung verlief die Entwicklung im Speerwerfen. Am folgenden Beispiel läßt sich vor allem zeigen, wie die Offenheit von Handlungsregeln zunehmend eingeschränkt werden mußte. Ähnlich wie beim Stabhochsprung läßt sich ferner der Einfluß der Technologie zeigen.

Der Speer ist aus Holz, wiegt 800 Gramm und hat eine Länge von 2,60 Meter. Am vorderen Ende ist er mit einer scharfen eisernen Spitze versehen. Am Schwerpunkt, der sich zwischen 90 bis 110 Zentimeter, von der Spitze gemessen, befinden muß, ist durch Umwicklung mit einer einfachen, fest umwundenen knotenlosen Schnur eine sichere, 16 Zentimeter lange Griffstelle gebildet. Diese Griffstelle muß den Schwerpunkt decken. Der Umfang der Umwicklung darf an keiner Stelle den Umfang des Schaftes um mehr als 25 Millimeter übersteigen. Für männliche Jugendliche Klasse B, C, weibliche Jugend und für Frauen beträgt das Gewicht des Speeres 600 Gramm, die Länge 2,20 Meter, die Länge der Griffstelle 15 Zentimeter. Die Entfernung des Schwerpunktes von der Spitze muß zwischen 80 und 95 Zentimeter liegen. Jede Veränderung des Speeres ist verboten. Der Speer muß an der Griffstelle gehalten werden. Zu einem gültigen Wurf gehört, daß das Gerät mit seiner eisenbeschlagenen Spitze zuerst den Boden berührt. Zerbricht ein Speer in der Luft, so gilt der Wurf als nicht geschehen, vorausgesetzt, daß er regelrecht ausgeführt wurde. Der Wurf soll von einer Abwurflinie aus erfolgen, die aus einer 7 Zentimeter breiten, wenigstens 3,66 Meter langen Holzlatte bestehen soll, die in den Boden eingelassen ist. Der Werfer darf nicht auf die Latte treten oder ihre Verlängerung überschreiten. Es dürfen nur Speere Verwendung finden, die den Vorschriften des Fachamtes für Leichtathletik entsprechen und im allgemeinen vom Veranstalter gestellt werden.

M 95

Regel 41

Der Speerwurf

1. Die Länge des Anlaufes darf nicht mehr als 36,50 m und nicht weniger als 30,00 m betragen. Der Anlauf muß durch zwei parallele, 5 cm breite Linien von 4 m Abstand gekennzeichnet sein.
   Der Wurf erfolgt hinter einem Kreisbogen aus Holz oder Metall von 8 m Radius und 7 cm Breite, der weiß gestrichen und eben in den Boden eingelassen sein muß.
   Von den äußeren Enden des Kreisbogens sollen 1,50 m lange und 7 cm breite Linien im rechten Winkel zu den parallelen Anlauflinien gezogen werden.
   Anmerkung: Empfohlen wird eine Mindestlänge des Anlaufes von 33,50 m.
2. Der Speer ist an der Griffstelle zu fassen.
3. Trifft der Speer nicht zuerst mit der Spitze den Boden, ist der Wurf ungültig. Berührt oder überschreitet ein Wettkämpfer beim Abwurf mit irgendeinem Teil des Körpers oder den Gliedmaßen den Abwurfbogen oder dessen rechtwinklige Verlängerungen zu den parallelen Anlauflinien, ist der Wurf ungültig.
   Der Wettkämpfer darf die eine oder andere der parallelen Seitenlinien des Anlaufs überschreiten.
   Vom Beginn der Vorbereitungen zum Wurf bis zum vollendeten Abwurf darf der Werfer sich nicht drehen und mit dem Rücken zum Abwurfbalken zeigen. Der Speer muß über die Schulter oder über den oberen Teil des Armes geworfen werden. Ein Abwurf aus einer Drehbewegung ist nicht gestattet.

M 96 (DLV [Hrsg.] 1959)

Worin liegen die entscheidenden Unterschiede zwischen M 95 und M 96? Inwiefern wird dadurch das Training eines Speerwerfers beeinflußt?
Die Offenheit der Handlungsregeln ermöglicht Varianten der Regelbefolgung. Bis zur Änderung der Regel 41 war deshalb das Drehen des Werfers erlaubt.
Nennen Sie analoge Beispiele des Regelbefolgens in anderen Sportdisziplinen.

Am Speerwerfen läßt sich zeigen, wie eine motorische Handlung einer detaillierten Bewegungsbeschreibung unterzogen wird, nachdem in den sechziger Jahren in Madrid ein Speerwerfer mittels eines Drehwurfs eine Weite von mehr als 100 Meter erzielte. Welche Probleme das Ausnutzen eines Regelspielraums mit sich bringen kann, zeigte sich auch 1973, als ein Leichtathlet eine neue Weitsprungtechnik kreierte.

Eine neue technische Variante: Der Weitsprung-Salto

Bernhard Stierle, der jetzt 32jährige vielseitigste Springer im Bundesgebiet (1973: 1,97 hoch, 4,20 stabhoch, 7,45 weit und 15,95 im Dreisprung), hatte schon die süddeutschen Hallenspiele am 2. Februar in der Böblinger Halle zur Premiere gewählt, doch war sein einziger Versuch mit dem Saltosprung im letzten Durchgang ungültig. Eine Woche danach stieg der Kornwestheimer Lehrer nach dem vierten Versuch (7,37) im fünften Durchgang auf seine neue Technik um, hatte dabei wieder einen ungültigen Sprung und erzielte dann im sechsten und letzten Durchgang mit 7,42 in der Saltotechnik auch eine Art Wendepunkt. Noch sind sich die Experten nicht einig, wie die Entwicklung weitergeht. Sehr bewegungsgeschickte Springer mit guter gymnastischer Durchbildung und viel Mut scheinen vor allem dazu befähigt, mit der neuen Technik gute Ergebnisse erreichen zu können. Fotos: Friedrich Stampe

(Leichtathletik, 8/1974)

Stierle mit Saltosprung 7,42

Vom IAAF-Kongreß: Salto-Weitsprung verboten

Rom. Beim Kongreß des Internationalen Leichtathletik-Verbandes in Rom wurde der vieldiskutierte Salto-Weitsprung verboten. Die Begründung: Gefahren für die Gesundheit der Springer (Rückgrat- oder sogar Wirbelverletzungen).

Der Weitsprungsalto des Leichtathleten Stierle wurde kurzzeitig zum Pressehit. Die Frage, ob damit eine neue Disziplin der Leichtathletik gefunden worden war oder ob es sich lediglich um eine Sprungvariante des Weitsprungs handelte, wurde dabei ebenso gestellt wie eine Möglichkeit sichtbar wurde, der bislang meist unspektakulär verlaufenden Weitsprungdisziplin eine neue Attraktion abzugewinnen. Die Ablehnung der neuen Sprungvariante durch die IAAF (vgl. M 97) könnte damit durchaus in Verbindung gesehen werden, ohne die offizielle Begründung in Frage zu stellen.

Stierles Regelbefolgungsvariante wurde durch ein Verbot außer Kraft gesetzt. Die Offenheit der Regel wurde dadurch reduziert. Welche Befolgungsvarianten läßt die Regel aber nach wie vor offen? Suchen Sie in anderen Sportdisziplinen offene Handlungsregeln, und überlegen Sie sich neue Varianten des Befolgens.

Ähnlich spektakulär war die Einführung einer neuen Hochsprungtechnik, die seit ihrer Premiere nach dem Ausführenden mit Fosbury-Technik bezeichnet wird. Auch hier deutet eine Sprungvariante auf den strategischen Spielraum innerhalb der konstitutiven Regeln des Hochsprungs hin. Eine genauere Betrachtung der Entwicklung der verschiedenen Hochsprungtechniken kann diesen Spielraum beispielhaft aufzeigen (vgl. M 98).
Im Hammerwerfen wird derzeit ein Regeländerungsvorschlag diskutiert, der ebenfalls durch das Problem der Sicherheit ausgelöst wurde. Aufgrund vermehrter Gefährdung von Zuschauern durch – den Zielwurfsektor verfehlende – Wurfgeräte wird vorgeschlagen, sowohl den Wurfkäfig als auch den Wurfsektor im Hammerwerfen zu verengen; außerdem sei die Disqualifikation des Werfers bei mehrmaligem Verfehlen des Sektors in die Regeln aufzunehmen.

M 98 (Jonath, Haag, Krempel 1981)

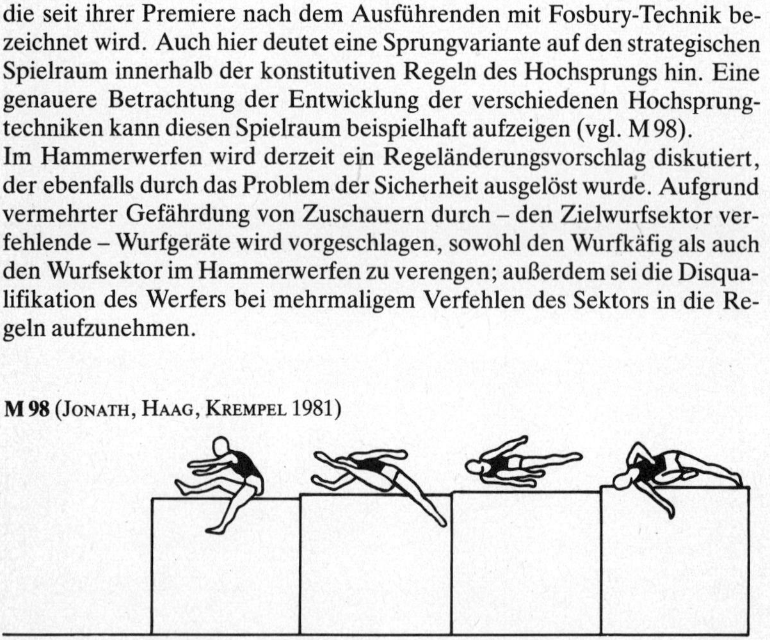

1	2	3	4
Schersprung 1,97 m 1898	Scher-Kehr-sprung 1,995 m 1908	Flankenroll-sprung 2,02 m 1914	Tauch-Rollsprung 2,04 m 1933

Die Folge wäre, daß sich aus dem Hammerwurf ein Hammerzielwurf entwickelt. Auch hier zeigt die Sportpraxis bereits, welche Konsequenzen sich für das Training, die Technik (vierfache Rotation) und den Wettkampf ergeben.
Die Regeln des Hammerwerfens können stellvertretend für die Regeln zahlreicher Disziplinen der Leichtathletik auf einen interessanten Regelzusammenhang des Sports verweisen. Die meisten Freiluftsportanlagen der Welt wurden und werden in ihrer räumlichen Gestaltung an den Regeln des Fußballspiels ausgerichtet; die Raumregeln des Fußballs (110 mal 75 Meter) und die Berücksichtigung der Fußballzuschauerinteressen bestimmen die Architektur der modernen Sportarenen. Andere Sportdisziplinen haben sich diesem Regeldiktat unterzuordnen bzw. ihre Regeln den ‹Fußballtatsachen› anzupassen. Viele Regeln der Leichtathletik werden aus dieser Perspektive neu verstehbar, etwa Maße und Form der Leichtathletiklaufbahn. Es wird aber auch sichtbar, daß die Regeln des Fußballs die Leistungsentwicklung in einigen technischen Leichtathletikdisziplinen entscheidend beeinflussen bzw. beeinträchtigen, weil traditionelle Fußballstadien für die Leichtathletik in vieler Hinsicht zu klein geworden sind.

Gerätturnen
Auch das Gerätturnen, dessen Regeln für den Nichtfachmann sich in einem hohen Maße als konstant erweisen, zeigt sich uns bei genauerem Hinschauen als eine sich ständig verändernde Sportdisziplin. Die Kreativität und Originalität der Turner und deren Trainer zwingt dabei regelmäßig den Internationalen Turnerbund (ITB), seine Regeln den neuen Erfordernissen anzupassen. M 100 und M 101 charakterisieren beispielhaft die Regeldiskussion im Kunstturnen der letzten Jahre. Altersregelungen und Bewer-

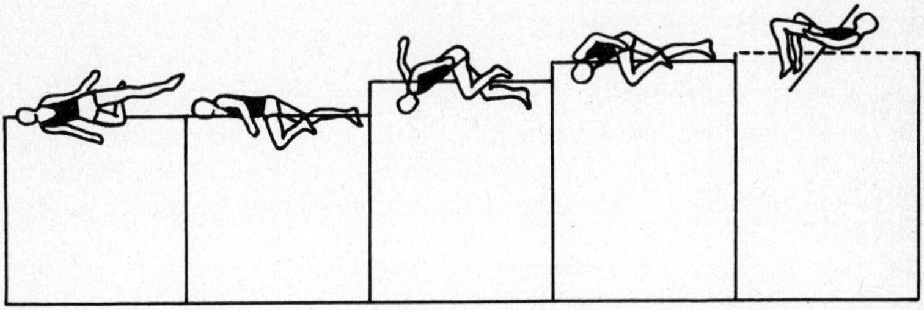

5	6	7	8	9
Seiten-Rollsprung 2,07 m 1936	Parallel-Wälzer 2,07 m 1936	Tauchwälzer 2,22 m 1960	Schräg-Tauchwälzer 2,28 m 1963	Flop 2,36 m 1980

tungsfragen scheinen die zentralen Probleme zu sein, die sich keineswegs nur auf die Gegenwart beziehen, sondern, wie M 99 zeigt, offensichtlich schon seit den ersten Tagen die Wettkampfturner beschäftigten.

So kam am 5. Juli **1868** das **fünfzehnte Feldbergfest**. Die einleitenden Schritte für dasselbe geschahen in einer Versammlung am 3. Mai 1868 in der Rosenau zu Frankfurt. Zum Sprecher wurde daselbst Moritz Kuhl von Butzbach erwählt, zum Oberturnwart Karl Bode von Offenbach und zum Obmann des Preisgerichts Simon Ravenstein von Frankfurt, die übrigen Mitglieder des Festausschusses waren die nämlichen, wie 1867. Für den Mittelrheinkreis hatte man mittlerweile auf dem 15. mittelrheinischen Turntag zu Hanau am 1. März 1868 eine Preisturnordnung aufgestellt, aus welchem Grunde beschlossen wurde, bei der Abschätzung der Uebungen auf dem Feldberg sich nach diesen Bestimmungen zu richten. Nach derselben wurden die Leistungen bei allen Uebungen durch Punkte von 1 bis 10 abgeschätzt. Beim Freihochsprung wurde in einer Höhe von 115 Cmtr. über dem Sprungbrett = 0 Punkt, von $2^1/_2$ zu $2^1/_2$ Cmtr. = $^1/_2$ Punkt, bis zu 165 Cmtr. = 10 Punkte gesprungen; beim Freiweitsprung wurde ein Sprung bis zu 350 Cmtr. = 0 gerechnet, je 10 Cmtr. mehr zählten $^1/_2$ Punkt, bis zu 550 Cmtr. = 10 Punkte; beim Steinstoßen — der Stein wog $33^1/_3$ Pfd. — galten dieselben Bestimmungen wie beim Freiweitsprung. Wer beim Wettlauf 7 Meter in der Secunde durchlief, erhielt 10 Punkte angerechnet, je 8 Cmtr., welche in der Secunde weniger durchlaufen wurden, zählten $^1/_2$ Punkt weniger, so daß bei 5,4 Mtr. in der Secunde Null gerechnet wurde. Wer demnach 10 Punkte erreichen wollte, mußte die Bahn in $28^4/_7$ Secunden durchlaufen. Beim Schwebebaum hatte es bei den vorhin erwähnten Bestimmungen sein Bewenden. Auffallender Weise wurde der Beschluß, sich genau nach den Bestimmungen der mittelrheinischen Satzungen zu richten, nochmals umgestoßen und 1868 und 1869 noch so gerechnet, wie es früher der Fall war.

M 99 (Stahl 1878)

Für uns ist heute von besonderem Interesse, wie die Fachverbände über die weitere Entwicklung ihrer Disziplin diskutieren und wie sie die Frage beantworten, mittels welcher Regeln diese Entwicklung gesteuert werden soll.

Pferdsprung beim Wettkampf der Männer

Wir schlagen vor, daß dieser Wettkampf zwei verschiedene Sprünge verlangt und das Mittel aus den zwei Wertungen die Endnote ist.

Gründe: Mit nur einem Sprung steht die Leistung nicht im richtigen Verhältnis zu den übrigen Leistungen. Wenn man das Risiko berücksichtigt – Doppelsalto mit einer oder zwei Drehungen usw. – spielt das Glück eine große Rolle, so daß ein gewisser Ausgleich gegeben wäre. Wir haben beobachtet, daß Turner die Qualifikation für den Endkampf mit nur einem Sprung erhielten und beim Endkampf selbst nicht imstande waren, einen dem Endkampf würdigen zweiten Sprung zu zeigen.

Sprünge

Die folgenden Sprünge wurden gestrichen: Nr. 1, 2, 3, 4, 5, 8 und 14
Wertungsrichtlinien ab 1. Jan. 1974:

Sprung Nr. 9 «Sprung, Körper und Arme gestreckt, mit ¼-Drehung Überschlag seitwärts zum Seitquerstand» 9,70 Pt.

Sprung Nr. 15 «Sprung, Körper und Arme gestreckt, Überschlag vorwärts zum Stand rücklings» 9,70 Pt.

Sprung Nr. 19 «Sprung, Körper und Arme gestreckt, durch den Seithandstand Drehung zum Salto vorwärts mit Beugen und Wiederstrecken des Körpers zum Niedersprung rückwärts» (Yamashita) 9,70 Pt.

Die Sprünge 6, 7, 10, 11, 12, 13, 16, 17, 18, 20, 21, 22 behalten ihren Wert von 10 Punkten.

Neue Sprünge

1. Sprung zum Überschlag mit 1 ½ Salto vorwärts 10,00 Pt.
2. Sprung zum Überschlag mit ½ Drehung und Salto rückwärts 10,00 Pt.
3. Sprung zum Überschlag, Rad und 1 ½ Salto rückwärts 10,00 Pt.
4. Sprung zum Überschlag mit ¼ Drehung (Rad), Quersalto 10,00 Pt.
5. Sprung mit 1 Drehung in der Anflugphase, Überschlag vorwärts oder Salto rückwärts (Drehung in der Längsachse) 10,00 Pt.
6. Jeder Sprung mit einer Drehung in der Längsachse in der zweiten Flugphase, Beine gestreckt oder gebeugt 10,00 Pt.
7. Jeder Sprung mit ½ oder 1 Drehung in der Längsachse bei der Anflugphase 10,00 Pt.
8. 1 ½ Salto in der Anflugphase zum Überschlag vorwärts oder jeden anderen Abgang 10,00 Pt.

Vorschriften für die Endkämpfe, gültig ab 1. Jan. 1974

Zwei verschiedene Sprünge: Einer der Sprünge muß eine Drehung um die Längs- oder Querachse enthalten.

Beide Sprünge können von der gleichen Art sein, der eine einfach, der zweite jedoch mit Drehung.

Die Sprünge können auch beide mit Drehungen ausgeführt werden, dann müssen aber die Drehungen verschieden sein.

Wenn eine Turnerin zwei einfache Sprünge ausführt und wenn die Drehung einen Fehler verursacht, wird von der Wertung für den besten Sprung 1 Punkt abgezogen. Die zwei Sprünge werden einzeln gewertet. Die beste Ausführung gilt. Die Turnerin muß zwei Sprünge ausführen. Springt sie nur einmal, wird von der Wertung für diesen Sprung 1 Punkt abgezogen.

Neue Wertung nach Artikel 7 der Wertungsvorschrift
Kürübungen: Stufenbarren, Schwebebalken, Boden

3 Übungsteile höherer Schwierigkeit je 1 Punkt		3 Pt.
4 Übungsteile mittlerer Schwierigkeit je 0,5 Punkte		2 Pt.
		5 Pt.
Originalität und Aufbau	2 Pt.	
Ausführung und Schwingungsweite der Bewegungen	2 Pt.	
Allgemeiner Eindruck	1 Pt.	5 Pt.
	Insgesamt	10 Pt.

Die Kürübungen sollen 3 Übungsteile höherer Schwierigkeit und 4 Übungsteile mittlerer Schwierigkeit enthalten. Anstelle und statt der mittleren Schwierigkeitsteile ist die Ausführung von Teilen höherer Schwierigkeit erlaubt.

Stufenbarren
Änderungen:
Engelssprung vom niederen Holm mit Drehung ist ein Teil höherer Schwierigkeit.
Abgang bei der Pflichtübung wird ohne geschlossene Schenkel und ohne aufsteigende Flugphase ausgeführt: Abzug 0,50 Pt.
1. Halt ist nicht erlaubt. Abzug für jeden Halt 0,20 Pt.
2. Abgänge: Salto-Abgänge aus der Streckhalte oder der Hockstellung sind nicht gestattet: Abzug 0,40 Pt.
3. Schwung aus dem Stand oder der Hocke auf dem niederen Holm sind Übungsteile mittlerer Schwierigkeit
4. Zweimaliges Schwingen oder Abfedern aus dem Stand oder der Hocke auf dem niederen Holm, um die Übung fortzusetzen, gilt als Zwischenschwung: Abzug 0,50 Pt.

Erlaubte akrobatische Übungsteile
Folgende Teile können in die Übung eingebaut werden, sofern sie sich organisch in die Arbeit mit dem Gerät einfügen, nur in flüchtiger Weise, ohne Halt und ohne Unterbrechung des Übungsflusses ausgeführt werden:
1. Rollen nach allen Seiten.
2. Flüchtiger Stütz auf einem oder beiden Armen (ohne Halt). Folglich dürfen die Beine weder zu hoch geschleudert werden noch zur Senkrechten kommen.
3. Spagat, jedoch nur flüchtig (ohne Halt).
4. Ausstrecken des Körpers auf dem Boden mit dem Gesicht nach unten. Aufrichten des Körpers zum Stütz auf der Brust oder auf den Schultern, mit oder ohne Stütz der Hände, Beine rückwärts gehoben.

Verbotene akrobatische Übungsteile
die einen Abzug von 1 Punkt nach sich ziehen.
1. Gestreckter Handstand mit Stütz auf einem oder beiden Armen.
2. Überschlag in den Handstand oder in die Brücke.
3. Räder, beid- oder einarmig, in jeder Form (einfach, Araber, gesprungen, ohne Stütz der Hände usw.)
4. Überschläge jeder Form, Radwende.
5. Flick-Flack.
6. Kippe.
7. Salto, Drehung des Körpers um die Querachse.

M 100 (ITB [Hrsg.] 1970)

Artikel 48
Arbeitskleidung und Bekleidungsfragen
Das Turnkleid muß für alle Turnerinnen einer Mannschaft einheitlich sein. Sie müssen ein gemeinsames Abzeichen tragen. Während des Wettkampfes darf die Kleidung weder gewechselt noch verändert werden.
Diese Kleidung muß bescheiden, korrekt, schlicht-vornehm sein und aus undurchsichtigem Stoff bestehen, andernfalls mit Sanktionen zu rechnen ist. Die Turnerinnen können in Turnschuhen oder barfuß turnen.
Weitere Bestimmungen über die Arbeitskleidung und Bekleidungsfragen stehen in den Wertungsvorschriften der Frauen unter Artikel 16, Seite 57.

Artikel 54
Bei internationalen Begegnungen zwischen Junioren-Turnern ist das Höchstalter eines Juniors auf 21 Jahre, die im Jahre des betreffenden Wettkampfes vollendet werden, festgesetzt. Ein Turner, der bei Weltmeisterschaften oder Olympischen Spielen zur Nationalmannschaft gehört hat, darf nicht mehr an internationalen Junioren-Begegnungen teilnehmen, es sei denn, die beteiligten Nationen treffen eine anderslautende Übereinkunft.

1. Minimum ago for competitors
Addition to article No. 13 of the transitional technical regulations, 1970 edition: Boy and girl gymnasts who, in the course of the year in which an international competitions is to be held, have not reached and will not reach the age of 14, may not participate. This conditions shall already apply to the competitions in Ljubljana 1970.
Apart from this, the text of the article remains unchanged.

2. Qualification for participation in international competitions
Only gymnasts, both men and women, will be allowed to participate in international competitions who have obtained an average of 7.5 points in the eliminating heats in their own countries or in international meetings which, according to the regulations concerning the control of international meetings and judges, must have taken place at least 6 weeks prior to the international competition concerned. That is to say that men gymnasts must obtain at least 90 points and women gymnasts, at least 60.

In order to enable the FIG to check the required qualifications, the following prescriptions must be taken into account...

Platzen des Balles während der Übung
Das Platzen des Balles während einer Übung darf nicht als Folge einer ungenügenden Technik oder Vorbereitung gewertet werden.
Gründe: Es ist nicht zulässig, das Platzen des Balles ebenso schwer zu bestrafen wie das Brechen eines Reifens, der mit Gewalt auf den Boden geschleudert wird. Das ist sicherlich ein technischer Fehler. Der Reifen muß die Hände heftig verlassen, das Seil muß übermäßig gestreckt sein, die Turnerin tritt auf das Seil usw. Wir schlagen vor, daß das Schiedsgericht Fälle dieser Art ohne Härte gegen die Turnerin behandelt.

M 101(ITB [Hrsg.] 1973/74)

Worin liegen die besonderen Regelprobleme des Gerätturnens? Inwiefern sind die Probleme geschlechtsspezifisch?
Die Frage der Bewertung scheint beim Gerätturnen am schwierigsten zu regeln sein. Welche Alternativen könnten hier eingeführt werden?
Der Hinweis, was zu tun ist, wenn bei einer Übung der Ball platzt, verweist auf einen interessanten Regelaspekt. Wie wird dieser Aspekt in den Regeln anderer Sportdisziplinen geregelt?

Wie in der Leichtathletik, im Gerätturnen oder im Hallenhandball werden in fast allen übrigen Sportdisziplinen die Regeln nahezu pausenlos verändert. Die ausgewählten Beispiele zeigen, daß Regeländerungen meist von Regelkommissionen festgelegt und publiziert werden. Der Festlegung und Publikation gehen häufig Diskussionen, ja strittige Auseinandersetzungen voraus, die durch Kritik, Vorschläge oder Einwände gegen das bestehende Regelwesen ausgelöst worden sind. Ein Beispiel für einen Einwand stellt die «Warnung vor teuren Regeländerungen» von seiten der Sportstättenexperten dar, wie sie in M 102 dargestellt wird.

Warnung vor teuren Regeländerungen
Ihre einhellige Sorge vor unkontrollierten Anforderungen der internationalen Sportverbände an den Sportstättenbau brachten 39 Delegierte aus 16 Ländern bei einem fünftägigen Expertenseminar in Kitzbühel (Österreich) zum Ausdruck. Dieses Seminar war von der Europäischen Sportkonferenz im Oktober letzten Jahres in Berchtesgaden beschlossen worden.
Die Fachleute aus Ost und West dringen darauf, daß vor Änderungen der zur Zeit geltenden Regeln, die sich auch auf den Sportstättenbau auswirken, Sportstättenexperten gehört werden, um auf technische Schwierigkeiten und auf ökonomisch nicht tragbare Konsequenzen aufmerksam machen zu können. Falls durch eine weitere dynamische Leistungsentwicklung die heutigen Dimensionen der Sportstätten nicht mehr ausreichen sollten, so die einmütige Auffassung der

Seminarteilnehmer, müßten die Probleme durch Änderung des technischen Reglements gelöst werden. Aus der Bundesrepublik Deutschland nahmen Gert Abelbeck (Deutscher Sportbund) und Frieder Roskam (Internationaler Arbeitskreis Sportstättenbau) an der Tagung teil.

M 102 (DSB-Information 23/1980, S. 7.)

Als Einwand ist auch Helmut Schöns Befremden zu verstehen, das er in M 103 vorschnellen Regeländerungen entgegenbringt.

Mit Befremden muß man auch feststellen, daß man sich seit Jahren mehr und mehr Gedanken über Regeländerungen macht. Ich bin der Meinung, daß Spieler und Trainer noch nicht alle Möglichkeiten erschöpft haben, um bei dem jetzt gültigen Regelwerk attraktiven, schönen und guten Fußball zu spielen. Allerdings kann man wohl in der Regelauslegung noch Verbesserungen erzielen, besonders was die immer noch bestehende Unterschiedlichkeit in der Auslegung zwischen Südamerika und Europa, aber auch in den europäischen Ländern selbst betrifft. Es sind auch Bestrebungen im Gange, oder bereits realisiert worden, in dieser Beziehung dem spielerischen Geschehen entgegenzukommen – und das ist gut so. Der Ruf nach zwei Schiedsrichtern oder einem Einstoß statt eines Einwurfes, oder eine kurze Ecke sollte genauso ungehört verhallen wie der originelle Vorschlag, den ein französischer Kollege schon vor Jahren gemacht hatte, nämlich die Tore zu vergrößern, damit mehr Tore fallen könnten. Ich habe damals entgegnet, daß es dann nicht mehr so weit wäre, die Größe des Torwartes auf höchstens 1,55 m festzulegen, damit nicht überall neue Fußballtore angeschafft werden müßten. So meine ich, sollte man die Finger von Regeländerungen lassen.

M 103 (*Der Fußballtrainer*, 3/80)

Beide Einwände deuten darauf hin, daß es immer sinnvoll ist, vor der Frage nach dem ‹Wie› bei aktuellen Regeländerungen immer auch die Frage nach dem ‹Warum› zu stellen. Damit fragt man auch nach den Personen, die Regelveränderungen zu verantworten haben, und nach deren Interesse. Schriftliche Begründungen, wie sie in einigen Beispielen anzutreffen sind (vgl. M 86, Seite 168), sind freilich selten; meist sind wir bei unserer Suche darauf angewiesen, Gründe zu vermuten.

Wodurch werden aktuelle Regeländerungen im Sport ausgelöst? Wer ändert derzeit Regeln im Sport? Wie lauten die offiziellen Begründungen? Gibt es auch inoffizielle Gründe? Welche Interessen werden mit Regeländerungen im Sport verknüpft?

Wollen wir die aktuelle Regelveränderungspraxis zum Abschluß dieses Arbeitsthemas zusammenfassend einschätzen, so muß festgestellt werden, daß diese Praxis nur bedingt positiv zu bewerten ist. Die Interessen, die mit den aktuellen Regeländerungen verknüpft werden, sind höchst unterschiedlich. Mediziner fordern Reformen, um Gesundheitsrisiken im Sport zu verringern; Regeln, die unphysiologische Übungen ermöglichen, sollen deshalb abgeschafft werden, so der Fosbury-Flop. Stadionbauer warnen vor neuen Regeländerungen, da die Folgekosten nicht finanzierbar seien. Im Handball sucht man nach Regeln, um die Häufigkeit der Fouls zu reduzieren. In anderen Sportarten sollen die Wettkämpfe über veränderte Regeln attraktiver für die Zuschauer werden. Es zeigte sich aber auch, daß vielfach Regeln deshalb geändert werden, weil Athleten die strategische Offenheit der konstitutiven Regeln optimal nutzen, dabei aber nach Ansicht der Funktionäre die Grenzen des Erlaubten überschreiten. Die Betrachtung solcher aktuellen Regeleingriffe verdeutlicht, daß der Sport keineswegs auf ein unumstößliches Regelgerüst verweisen kann, wie vielfach angenommen wird, was sich vor allem in einem an festen Regeln orientierten Sportartenkonzept des Schulsports zeigt. Vielmehr ist es so, daß der Sport von den verschiedensten gesellschaftlichen Gruppen und Institutionen politisch in Anspruch genommen und dadurch auch in seiner Regelstruktur beeinflußt wird. Die Beispiele des aktuellen Regelwandels zeigten, unter welch fragwürdigen Gesichtspunkten sich im Moment der Sport wandelt und wie wichtig es wäre, wenn bei diesem Wandel auch andere Interessen berücksichtigt werden. Wie solch ein Wandel beeinflußt werden kann, soll im nächsten und letzten Arbeitsthema dieses Buches behandelt werden.

Berücksichtigte, einführende und weiterführende Literatur

Der Fußballtrainer: Jahrgänge 1974–1978 (Rösner 5/76).
Deutsche Handballwoche: Jahrgänge 1972–1975, 1977–1978.
DFB: Fußballregeln, Ausgabe 1976/77.
DLV: Amtliche Leichtathletikbestimmungen 1955, 1959, 1969, 1977.
GASCH, R.: Jahrbuch der Turnkunst. Dresden 1924.
HVW: Trainerbriefe 1976–1978.
JONATH, U./HAAG, E./KREMPEL, R.: Leichtathletik 1. Laufen und Springen. 6. Aufl. Reinbek bei Hamburg 1981.
ITB: Technisches Reglement 1970.
ITB: Bulletin Nr. 3, 1973, Nr. 3, 4, 1974.
Lehre & Praxis des Handballspiels: Nr. 4/1981
Leichtathletik: Jahrgänge 1971–1978.
REDELFS, J.: Bericht über das 6. Europäische Jugendturnier vom 12.–19. 11. 1976 in Monaco (unveröffentlichtes Masch. Manuskript).
STAHL, L.: Geschichte der 25 Feldberg-Feste. Offenbach 1878.
Stuttgarter Zeitung: Nr. 13, 1977 (V. Stenzel).
WLSB: Der Sport, Nr. 25, 1977 (Beckenbauer); Nr. 48, 1977 (Handballregeln).

Verausgaben …

... ist eine Folge von übermäßigen Anstrengungen, körperlichen oder finanziellen.
Gut, wenn jemand noch Reserven hat, Kraft oder Geld, ehe er oder sein Konto völlig erschöpft sind.

T 13:
Neue Regeln – ‹Neuer› Sport

Hat man erkannt, welchen verschiedenen Typen Regeln zugehören können (T 6) und wie man Regeln beschreiben und verändern kann (T 6, T 7, T 8), so ist es nur noch ein kleiner Schritt zu einer wichtigen und durch Regelverändern bereits erprobten Fähigkeit, nämlich neue Spiele zu kreieren.
Wie wichtig diese Fähigkeit für unser Handeln im Sport, aber auch in allen übrigen Bereichen unseres Lebens ist, das wurde in T 5, T 8 und T 12 bereits angedeutet. Verfügt man über diese Fähigkeit, so ist man in der Lage, eine Bewegungs-, Spiel- und Sportwelt selbst zu initiieren, die den Interessen jener Menschen entspricht, welche sich gemeinsam bewegen, spielen und Sport treiben wollen. Damit kann zum einen jenen fragwürdigen Interessen begegnet werden, die derzeit den Regelwandel in den Sportarten beeinflussen (vgl. T 12); zum anderen kann möglicherweise jenes problematische Regelbewußtsein abgebaut werden, das sich bei vielen Sporttreibenden zeigt. Das Regelbewußtsein zum Beispiel der Schüler, aber auch vieler erwachsener Freizeitsportler wird heute stark durch jene Sozialisationsagenturen beeinflußt, denen sie besonders zugeneigt sind. Dort zeigt sich jedoch der Sport in einer nahezu absolutistischen Ausprägung. Im Fernsehen wird Kindern und Jugendlichen ein Sport gezeigt, der sich unter Regelaspekten durch das Merkmal der Konstanz auszeichnet. Fußball ist das Spiel der Bundesligaprofis. Leichtathletik ist die Ansammlung von Endläufen bei Europameisterschaften. Skilaufen ist der Abfahrtslauf in Kitzbühel oder in Wengen. Ähnliche Konstanz zeichnet den Wettkampfsport im Verein aus. Die C-, B- und A-Jugendwettkämpfe Samstag für Samstag folgen immer demselben Muster. Diese Konstanz ist freilich nur virtuell; sie entsteht, weil das historische Gewachsensein des Sports (vgl. T 10 bis T 12) und insbesondere seiner Sportarten in der Gegenwart nicht ersichtlich ist und weil man als aktiver Sporttreibender in der Regel an der zukünftigen Gestaltung des Sports nicht beteiligt wird. Kinder und Jugendliche bekommen die Regeln ihres sportlichen Tuns aus der Erwachsenenwelt angeboten, übernehmen sie und halten daran fest, obgleich sie möglicherweise nur bedingt ihren eigenen Interessen entsprechen. Gerade auf diese zielt aber jene Fähigkeit, die im abschließenden Arbeitsthema noch einmal erprobt werden soll. Insofern hat diese Fähigkeit eine wesentliche Bedeutung im politischen Sinne, nämlich im Hinblick auf die Veränderung des Sports in der Gesellschaft, abhängig von den jeweiligen Interessen und Bedürfnissen von Menschen.
Wie läßt sich nun diese Fähigkeit erproben, wie läßt sich ‹neuer› Sport machen?

Rechtsherum: 'mal was Neues rund um die Bahn

Wie immer, nach einer Reise kann man was erzählen – auch über Laufbahnen.

Auf der Fahrt durch einen lieblichen süddeutschen Naturpark war bei geringem Verkehr ein kurzer Blick zu einem Sportplatz hin möglich. Nanu, das sieht ja aus, als ob am Ende einer Geraden eine Evolvente der Laufrichtung entgegengebogen ist, oder ist's nur eine Täuschung? Darum kehrt und jetzt näher am Zaun entlang – der gleiche Eindruck. Grund genug, um den neuen Sportplatz genauer zu besichtigen: Das Spielfeld bester Rasen, vier Einzelbahnen in der Runde mit Kunststoffbelag, alle Start- und Wechselstellen in dem seit einigen Jahren üblichen Farbsystem sorgfältig eingezeichnet, der Zuschauerbereich ringsherum mit Steinplatten ausgelegt, an der Zielgeraden auch einige Stehstufen. Ein wahres Schmuckkästchen, die kleine Stadt hat sich's was kosten lassen.

Aber oh Schreck, das i-Tüpfelchen fehlt, besser gesagt, es sitzt an falscher Stelle. Denn nicht nur die eine Evolvente, sondern alle sind falsch gebogen, und die Kurvenvorgaben sind nicht nach vorn, sondern rückwärts gestuft. Das Ziel mit den Abstandsstrichen befindet sich an der Kurve, wo der 100-m-Start sein muß. Die Art der Zeichen und der Farben zeigt aber, daß nach dem üblichen Markierungsplan gearbeitet worden ist.

Und plötzlich ist dem Beschauer gewiß, die gesamte Markierung ist im Spiegelbild aufgetragen. Man müßte also r e c h t s herum laufen, statt links herum wie gewohnt und vorgeschrieben. Was ist der Anlaß? Geht's um eine neue Leichtathletik-Recht(s)schreibung? Dann säße der i-Punkt doch richtig. Aber ein Versuch schon mit dauerhafter Bemalung? Oder der Windrichtung wegen, wie eine Lehrerin der benachbarten Schule meinte?

Wollte vielleicht gar jemand die Laufrichtung dem Gang der Uhr, der allmächtigen der Uhrzeiger anpassen, um Kampfrichterin zu huldigen, um also nicht mehr gegen sie, sondern nur noch „mit" ihr zu laufen? Aber Scherz beiseite.

Im dortigen Landesverband gibt's doch genug, oder liegt der Platz zu weit weg vom großen Leichtathletik-Geschehen?

Nichts von dem, nur ein bedauerliches Versehen kann es sein. Wahrscheinlich sollte der schöne große Plan geschont werden, für die Arbeit wurden wohl seitenverkehrte Kopien abgezogen. Und der Fachmann für die Vermessung war nicht zugleich sachkundig in der Leichtathletik. Aber wo war der zuständige Leichtathletik-Berater?

Da aber die Bahn zum Erfolg bei den Leichtathleten auch künftig linksherum führt, muß alles geändert werden, wenn's auch Mühe macht. Hinweise sind schon gegeben, doch der Ort des Geschehens sei hier verschwiegen.

Eine andere Bahn in dieser Gegend ist ein wenig zu lang geraten, rund 402 m. Doch die Startpunkte sind wenigstens dem Unterschied angepaßt.

Aber in zwei sehr großen Städten, nicht dort, gibt es Bahnen ohne erhöhte Innenkante; das ist auch nicht problemlos.

Hans Rieke

M 104 (*Leichtathletik*, 33/1974)

Welche Änderungen hätte es zur Folge, wenn die Laufdisziplinen im Uhrzeigersinn ausgeführt werden müßten? Überlegen Sie sich ähnliche Umkehrungen in anderen Sportdisziplinen.
Wann gilt etwas als ‹neu› im Sport? Nennen Sie Beispiele für etwas ‹Neues› im Sport. Gelingt es Ihnen zu prüfen, ob diese Beispiele tatsächlich neue sind?
Zur Wiederholung: Verändern Sie die Regeln innerhalb einer ausgewählten Sportdisziplin so, daß eine Variante der gewählten Sportdisziplin entsteht.

Es könnte ein Streitpunkt sein, was man unter einem ‹neuen› Spiel versteht und wo die Grenze zwischen Spielerfindung und Spielveränderung liegt. Da es um die Förderung ein und derselben Fähigkeit geht, ist die Grenzziehung aber unwichtig. Begreift man das Handballspiel als ein System, so bezog sich die Veränderung in T 8 allein auf dieses System; beim Erfinden dagegen soll nicht ein einziges System Ausgangspunkt sein, sondern es liegt im Belieben der Erfinder, ob sie überhaupt ein und welches sportliche Regelsystem sie zu ihrem Ausgangspunkt machen. Die Regeln sollen also in ihrer sozialen Potenz erfaßt werden. Da die Methode dadurch beschrieben ist und jede weitere Beschreibung möglicherweise als diktierende Regel wirkt, sollen in diesem abschließenden Kapitel lediglich einige Aufgaben gestellt und einige Resultate von Erfindungsprozessen genannt werden, die die Richtung andeuten, in die man Partner, welche noch Hilfe benötigen, lenken könnte. Wenn wir selbst etwas gefunden haben, so ist es von besonderer Bedeutung, daß wir das Erfundene praktisch erproben, das heißt das ‹Neue› spielen, üben und trainieren. Auf keinen Fall sollte unser Erfinden neuer Disziplinen auf bloßes theoretisches Reflektieren beschränkt sein. Das Experimentieren mit den Regeln des Sports hat nämlich alle Merkmale des traditionellen Sports – lernen, üben, trainieren, wettkämpfen – ist also auch experimentierende Handlung. Durch das praktische motorische Handeln können wir die Anwendbarkeit und den Sinn der neu arrangierten Regeln jeweils unmittelbar überprüfen. Hilfreich für unsere Suche könnte sein, wenn wir dabei auf unsere Regeltypik aus T 6 zurückgreifen und an die Erfahrungen erinnern, die wir bei T 8 gemacht haben.

Kombinieren Sie das Inventar vier verschiedener Sportdisziplinen, und entwikkeln Sie Handlungsregeln, die einen individuellen Wettkampf ermöglichen.
Kombinieren Sie das Inventar vier verschiedener Sportdisziplinen, und entwikkeln Sie Handlungsregeln, die einen Mannschaftswettkampf ermöglichen.

Als Anleitung zu unseren eigenen Erfindungen werden im folgenden einige Beispiele vorgestellt. Der ‹neue› Sport, der dabei gemacht wird, deutet darauf hin, daß Sport auch in der Zukunft ungeahnte Möglichkeiten in sich birgt. Beginnen wir mit einem Spiel, das wir möglicherweise als Kind einmal gespielt haben, das durch die vielen ‹großen› Sportspiele aber mittlerweile in Vergessenheit geraten ist. Es nennt sich ‹Rollball› und wird nach folgenden Regeln gespielt.

M 105 (*Der Übungsleiter*, 10/1980)

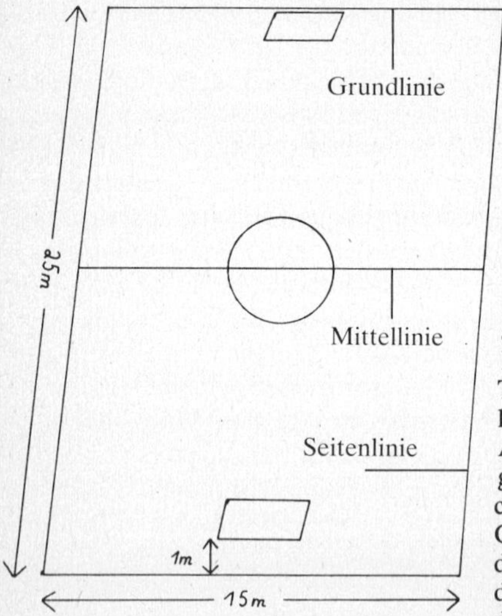

Rollball mit einfachen Regeln

Spielerzahl: 8 bis 12 Teilnehmer in zwei Mannschaften.
Spielgerät: Weicher und leichter Hohlball (Volley- oder Hand-, auch Gymnastikball).
Spielfeld: Etwa 15 × 25 m (z. B. Basketballfeld).
Spielverlauf und Spielregeln:
Ziel dieses anstrengenden und spannenden Spiels ist es, unter Beachtung einiger, teils bekannter Regeln, den Ball in das gegnerische Tor zu befördern und somit möglichst viele Punkte zu erzielen.
Als Tore dienen flach und quer aufgestellte, offene Kastenteile, welche sich im Abstand von 1 m zur Grundlinie innerhalb des Spielfeldes befinden). Auch ein Spiel hinter dem Tor wird ermöglicht, wobei jedoch ausschließlich vom Spielfeld her erzielte Treffer zählen. Dazu muß der Ball den Kastenteil vollständig durchlaufen haben. Zum Schutz des eigenen Tores wird ein Torwart benannt, der sich unmittelbar vor diesem postieren darf, jedoch auch auf dem Spielfeld mitspielen darf. Er unterliegt den normalen Spielregeln. Der Spielball muß ständig Bodenkontakt haben und darf nur mit einer Hand gerollt werden. Weiterhin gilt: Der Ball darf nicht aufgenommen und nicht mit dem Fuß gespielt oder gestoppt werden; der Gegenspieler darf nicht gestoßen oder festgehalten werden. Strafe: Der Gegner rollt an der Stelle des Regelverstoßes erneut an. Beim An- oder Einrollen beträgt der Verteidigerabstand zum Ball mindestens 3 m. Bei unklaren Situationen bestimmt der Schiedsrichter, wer den Ballbesitz erhält (im Wechsel).
Zu Beginn des Spiels sowie auch nach dem Seitenwechsel wird der Ball im Mittelkreis angerollt. Die gegnerischen Spieler befinden sich dabei außerhalb des Mittelkreises.
Wird das Tor mit dem Körper umgestoßen oder verschoben, bekommt der Gegner den Ball zum seitlichen Einrollen. Geschieht es durch den Spielball, bringt die ballbesitzende Mannschaft den Ball von der Seite her ins Spiel.
Die Spielzeit sollte etwa 2 × 5 bis höchstens 2 × 10 Minuten betragen mit 2 bis 5 Minuten Pause. Ein oder zwei Schiedsrichter sollten das Spiel leiten.

Spielen wir Rollball nach den in M 105 genannten Regeln, so begegnen wir einem Spiel, das viel Spaß bereitet.
Wenn wir nun dieses Spiel zum Ausgangspunkt für ein ‹Regelexperiment› machen, so soll das Rollballspiel selbst nicht in Frage gestellt (was Spaß macht, muß erhalten werden!), sondern zu einem Wegweiser für neue Sportspiele werden. Wir könnten uns zum Beispiel – nachdem wir das Rollballspiel auf traditionelle Weise gespielt haben – folgende vier Aufgaben stellen:

1. Was könnte man tun, damit schneller und leichter Tore fallen? Welche Regeln müssen eingeführt werden?
2. Was könnte man tun, damit das Spiel akrobatischer wird? Welche Regeln müßten eingeführt werden?
3. Was könnte man tun, damit alle Spieler gleichermaßen am Spielgeschehen beteiligt werden? Welche Regeln müßten eingeführt werden?
4. Was könnte man tun, damit das Spiel besonders lustig wird? Welche Regeln müßten eingeführt werden?

Zur Lösung dieser Aufgaben können jeweils zwei Lösungsvorschläge genannt werden, die sich auf neue Regelbeschreibungen beziehen, und jeder Vorschlag sollte in der Praxis erprobt werden. Danach sollten wir prüfen, welche neuen Erfahrungen durch diese Vorschläge möglich geworden sind und welche Regeln sich in erster Linie zur Veränderung angeboten haben.
Die Regeln des traditionellen Rollballspiels sind zunächst sehr einfach. Fügen wir einige neue Regeln zu den bereits bestehenden hinzu, so kann schnell ein kompliziertes Spiel entstehen. Es kann mit zwei Bällen gespielt werden, die Mittellinie kann mittels weiterer Kastenteile zu einer Hindernislinie werden, bei der nun gepunktet wird, anstelle des Rollens kann ein kniehohes Dribbeln treten, jede Mannschaft hat mehrere Tore zu verteidigen, anstelle des Tores tritt ein Ziel, jeder Spieler einer Mannschaft muß vor dem Erzielen eines Punktes bzw. Tores mindestens einmal Ballkontakt gehabt haben etc. Das Beispiel zeigt uns, wie selbst ein einfaches kleines Spiel zum Ausgangspunkt einer ganzen Reihe neuer motorischer Aktivitäten werden kann.

Führen Sie weitere Regeln in den bestehenden Regelkanon des Rollballs ein. Verwandeln Sie auf ähnliche Weise das Völkerballspiel, dann das Handball-, Fußball- und Basketballspiel.

Als zweites Beispiel wird ein neu konzipiertes Spiel beschrieben, das sich ebenfalls bereits als spielbar, als spannend und bewegungsintensiv erwiesen hat. Es kann als Beweis dafür aufgefaßt werden, daß sich stets neue Spiele einfach finden lassen. Es kann aber auch als motivierende Stimulanz betrachtet werden, ähnlich attraktive Spiele selbst zu finden. Die Vorstellung des Spiels soll jedoch mit einer Aufgabe verbunden sein, die uns vorbereitend auf Fähigkeiten verweist, die wir haben müssen, wenn neue Spiele erfunden werden sollen.

Das Spiel ist eine Kombination eines spanisch-baskischen Spiels und eines in Deutschland gespielten Sportspiels. Die Aufgabe lautet: Welche Regeln dieser beiden Spiele wurden kombiniert, damit das neue Spiel entstehen konnte?

Doch nun zur Vorstellung des neuen Spiels. Das Spiel heißt «Tschouk-Ball» und unterliegt folgender Grundidee bzw. folgenden Regeln:

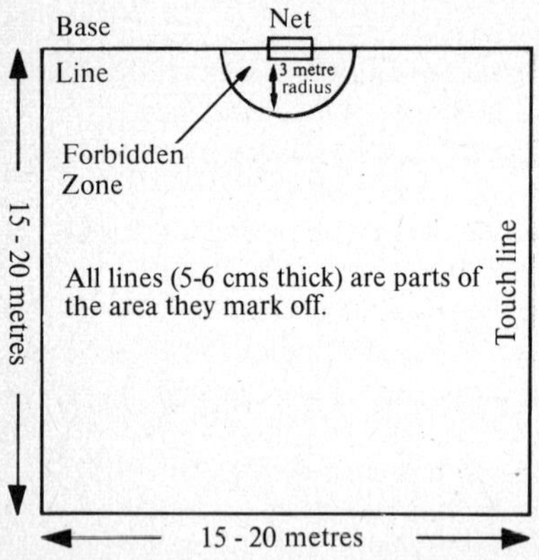

«Eine Mannschaft spielt den Ball, der nicht den Boden berühren oder gedribbelt werden darf, mit den Händen gegen ein Netz, das den Ball abspringen läßt (Improvisation: Minitrampolin schräg gestellt). Der abspringende Ball wird von der gegnerischen Mannschaft zu fangen versucht. Gelingt es ihr, so trägt sie ihrerseits einen Angriff auf das gleiche Netz vor. Mißlingt der Fangversuch, so hat der Angreifer einen Punkt erzielt. Weder beim Passen noch beim Werfen darf der Angreifer behindert werden, das Hauptaugenmerk konzentriert sich also auf das Fangen des abspringenden Balls. Ein Angriff muß mit maximal 3 Pässen vorgetragen werden. Das Spielfeld sollte quadratisch sein und Seitenlängen von 15 bis 20 Meter haben. Das Netz sollte an einer Seitenlinie aufgestellt sein. Es wird von einem Wurfkreis umgeben, der einen Halbkreis mit einem Radius von 3 Meter umfaßt. Gespielt wird mit einem festen, runden, aufblasbaren Lederball. In jeder Mannschaft spielen 6 Spieler.»

M 106 (*Leibesübungen/Leibeserziehung*, 32/1978)

Die Aufgabe aus M 106 läßt sich am leichtesten beantworten, wenn man das neue Spiel gleich ausprobiert. Ist die Aufgabe gelöst und weiß man, wie der Erfinder des Tschouk-Spiels vorgegangen ist, so ist es nur noch ein kleiner Schritt, um selbst neue Spiele zu entwerfen und zu erproben.

Erweitern Sie das Regelrepertoire so, daß möglichst viele Mitspieler teilnehmen können. Was muß ergänzt werden, soll das Spiel handballähnliche Züge bekommen? Wie könnte das Spiel erschwert, wie erleichtert werden? Mit welchen Inventarregeln anderer Sportdisziplinen könnten die Spielregeln kombiniert werden?

Wie läßt sich etwas ‹Neues› am einfachsten herstellen? Einfache neue Spiele entstehen zum Beispiel, wenn man Inventarregeln eines Spiels unter völliger Beibehaltung aller übrigen Spielregeln auf ein anderes Sportspiel überträgt. Anstelle des Pucks im Eishockey wird der Hartball vom Feldhockey benutzt, der Basketballkorb wird durch eine Röhre horizontal mit vertikaler Öffnung ersetzt, der Puck wird im Eishockey nicht mit dem Stock, sondern mit der Hand fortbewegt etc. Daß dabei nicht immer sinnvolle Spiele herauskommen, zeigt z. B. der letzte Vorschlag; manches ist aber durchaus spielbar, und man sollte daran denken, daß traditionelle Sportspiele zu der Zeit, als sie erfunden wurden, auch nicht immer als sinnvoll akzeptiert wurden. Interessante Resultate beim Erfinden neuen ‹Sports› ergeben sich auch durch die Kombination von Handlungs-, Zeit- und Raumregeln verschiedener sportlicher Disziplinen. Hochsprung würde beispielsweise sich zu einer fast neuen Disziplin umgestalten, würde man die Ablaufregeln aus dem Gewichtheben übertragen. Hätte jeder Springer insgesamt nur neun Versuche an maximal drei verschiedenen Höhen, so würden sich der Wettkampf und die Wettkampfatmosphäre im Hochsprung völlig verändern. Eine andere Wirkung hätte die bloße Übertragung der Zählweise aus dem Tennis zum Tischtennis und umgekehrt.

Kombinieren Sie die Inventarregeln des Basketballs mit den Handlungsregeln des Fußballspiels. Verändern Sie dabei die Regeln so, daß ein Mannschaftswettspiel möglich wird.
Überprüfen Sie die Ihnen bekannten Sportdisziplinen auf Möglichkeiten des Inventaraustausches. In welchen Disziplinen läßt sich das Inventar sinnvoll einsetzen?
Kombinieren Sie weitere Zeit-, Raum-, Handlungs- und Personalregeln aus verschiedenen Disziplinen, und überprüfen Sie die Resultate auf ihre Praktikabilität.
Verändern Sie die Regeln des Basketballs, Fußballs, Volleyballs oder Handballs so, daß außenstehende Beobachter die dadurch entstehende Spielweise als ‹verrückt› bezeichnen würden.

Durch die Abschaffung und/oder Neuordnung von Regeln lassen sich Sportspiele ebenfalls entscheidend verändern. Schaffen wir zum Beispiel beim Tennis den zweiten Aufschlag ab, so entsteht eine völlig veränderte Eingangsspielsituation. Der Aufschlag wird zu einem noch wichtigeren Spielelement des Tennis, als er schon ist. Würde man hingegen im Tischtennis prinzipiell einen zweiten Aufschlag erlauben, dann würde die Spieleröffnungssituation in Training und Spiel vermutlich einen noch gewichtigeren Stellenwert einnehmen. Eine völlig veränderte Spielwirklichkeit wäre die Folge, würde man in Wettkampfspielen, etwa im Hallenhandball, die für Sportspiele typische Form der Leistungsbewertung abschaffen bzw. erweitern. Das Ergebnis eines Handballspiels wäre dann nicht mehr über die erzielten Tore definiert, und eine Mannschaft hätte nicht nur als Mannschaft gewonnen oder verloren. Durch die Einführung einer Einzelbewertung für jeden Spieler, die auf einer Anzeigentafel für die Zuschauer zu überprüfen ist, würde das Mannschaftsspiel völlig neue Spannungsmomente erhalten. Die Hierarchie in den Mannschaften, der Wechsel in der Spielerrangliste, das Verrechnen der Ranglistenplätze auf das Endergebnis würden zu einem ganz anderen Zuschauererlebnis führen. Daneben erhielte die Taktik der Spieler und Trainer unter dem Aspekt der Verrechnung von Einzelleistungen und gemeinsam erzielter Mannschaftsleistung eine völlig veränderte Bedeutung (vgl. hierzu auch die veränderten Fußballregeln im amerikanischen Profifußball). Die Antwort auf die Frage, was dabei jeweils als Einzelleistung verrechnet wird, kann schwierig sein. Werden jedoch gelungene und mißlungene Torwürfe, gelungene und mißlungene Abwehrhandlungen, gelungenes und mißlungenes Anspiel und das Foulspiel als Bewertungskategorien berücksichtigt, so wäre die Bewertung der Einzelleistung für die Feldspieler gewiß nicht schwieriger als die Bewertung der Leistungen im Eiskunstlauf oder im Gerätturnen.

Versuchen Sie, eine Prognose über die weitere Entwicklung des Handballs auf der Grundlage dieser neuen Regeln zu geben. Wie würde sich das Training verändern, wie die Mannschaftsbesprechung, wie die Rolle des Trainers, wie die Rollen der Spieler?
Versuchen Sie, diesen Vorschlag auf das Fußballspiel zu übertragen, und überprüfen Sie Ihre Übertragung mittels eines Vergleichs mit M 68, Seite 138 ff.
Welche Regeln könnte man den Schwimmregeln zufügen, so daß Schwimmwettkämpfe (a) für Zuschauer, (b) für die Schwimmer attraktiver werden?

Ähnliches wie in unserem Beispiel Handball ereignete sich, als die «Neue-Spiele-Bewegung» (New Games Foundation) sich in den Vereinigten Staaten des Volleyballspiels annahm. Aus Volleyball wurde Rotationsball (die Rotation wird nicht nur innerhalb einer Mannschaft vorgenommen; vielmehr wird bei Aufschlagwechsel von Position 2 der einen Mannschaft zur Position 4 der anderen gewechselt), Volley-Volleyball (jede Mannschaft kann zwischen einem und drei Punkten in Abhängigkeit der Ballberührungen innerhalb einer Mannschaft gewinnen), Volley-Volley-Volleyball (jedes Mannschaftsmitglied muß den Ball mindestens einmal berührt haben, bevor der Ball zurückgespielt werden darf), Infinity-Ball (es wird gezählt, wie oft der Ball über das Netz gespielt wird, ohne daß er auf den Boden fällt, jede Zahl über 50 ist gut) und schließlich Creative-Ball (darunter wird jene Spielweise verstanden, die die beste der Vorgestellten ist. Sie zeichnet sich dadurch aus, daß sie beim nächstenmal selbst erfunden und mit Freunden gespielt wird).

Übertragen Sie den Ansatz der New Games Foundation auf Fußball, Basketball und Handball. Welche neuen Spiele können dabei entstehen? Mit welchen Namen können sie am treffendsten bezeichnet werden?

Ausgangspunkt für die Erfindung neuer Spiele kann auch ein Gegenstand sein, der sich durch unsere Erfindungsgabe zum Spielobjekt verwandeln läßt. Ein Schwamm, ein Schal, ein Plastiksack oder ein Holzstab können Spielobjekt für zahlreiche Spiele werden. Es können uns bekannte Spielobjekte, wie die zahlreichen Trimmgeräte, zu neuen Sportwettspielen veranlassen. Auch hier gibt die New Games Foundation ein Beispiel. Aus Old Frisbee wurde New Frisbee. Vor dem Fangen und Werfen muß jeweils die Wurf- und Fanghand festgelegt werden. Die Flugbahn wird dabei vorgeschrieben; Aufgabe des Fängers ist es, die Frisbeescheibe mit der ausgewiesenen Hand zu fangen. Schlecht geworfene Würfe, Nichtfangen, akrobatisches Fangen etc. werden dabei mit Punkten belohnt und bestraft. Frisbee Golf ist eine weitere Variante des Old Frisbee. Ähnlich wie beim Golf sind mittels der Frisbeescheibe Ziele in einem Parcours anzuwerfen; die Zahl der benötigten Würfe entscheidet über den Sieg.

Entwickeln Sie zum üblichen Indiaka-, Badminton- und Ringtennisspiel jeweils drei Spielvarianten.
Entwickeln Sie aus Geräten, wie sie in jeder Turnhalle anzutreffen sind (Medizinbälle, Keulen, Seile, Gymnastikbälle, Stäbe, Kastenteile etc.), ein akrobatisches Spiel, ein schnelles Spiel und ein besonders lustiges Spiel.

Innerhalb wenig bekannter bzw. unbekannter Sportdisziplinen kann sich das Erfinden und Experimentieren auch auf die Regeln einer Disziplin beziehen. Als Grundlage sind vor allem die Inventarregeln geeignet.

In M 107 werden vier Bereiche einer Sportdisziplin über Regelbeschreibungen festgelegt. Ergänzen Sie Inventar-, Raum-, Zeit-, Personal- und Handlungsregeln, ohne die Vorgaben zu verändern. Entwickeln Sie zwei verschiedene Wettspiele.

1. MANNSCHAFTSSTÄRKE

Einzel- und Doppelspiel.

2. SPIELDAUER

2×5 Minuten.

3. SPIELWERTUNG

Punktwertung.

Es werden die Fehler für die Gegenmannschaft als Gutpunkte gewertet.

4. SPIELFELDAUSMASSE

s. Spielfeldskizze

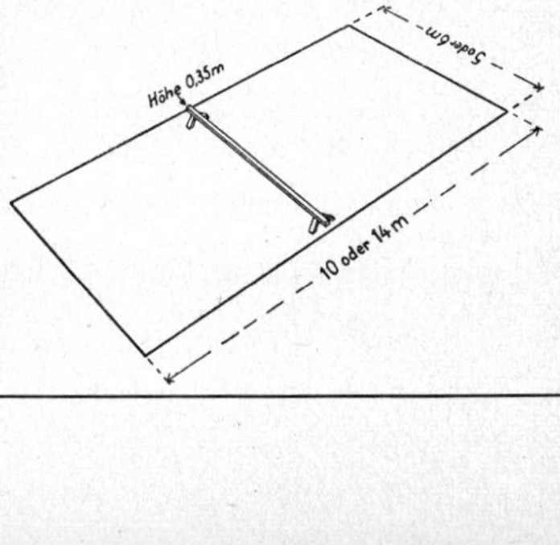

M 107
(WEITZDÖRFER 1950, S. 97)

1. MANNSCHAFTSSTÄRKE

4 Spieler.

Nach Übereinkunft kann die Spielerzahl auch vergrößert werden.

2. SPIELDAUER

s. Ziffer 3, Spielwertung.

3. SPIELWERTUNG

Die Partei hat gewonnen, deren Kugel zuerst ein vorher bestimmtes Ziel erreicht hat oder in einer vorher bestimmten Anzahl von Gängen am weitesten vorliegt.

4. SPIELFELD

Das Spielfeld ist weites Wiesenfeld, möglichst ohne Einfriedung. Gräben bilden kein Hindernis.

Die Größe des Spielfeldes ist sehr verschieden und richtet sich nach vereinbarten Bedingungen und dem Verlaufe des Spieles.

5. SPIELGERÄT

Die Kugel besteht aus Pockholz, ist dreimal durchbohrt und mit Blei ausgegossen.

Durchmesser: 59 mm

Gewicht: 475 g

M 108 (Weitzdörfer 1950, S. 106)

In M 108 sind fünf Bereiche einer Sportdisziplin geregelt. Entwickeln Sie auf deren Grundlage drei verschiedene Sportdisziplinen.

Die Skizzen und die Angaben aus M 107 und M 108 lassen die Einführung beliebigen Inventars zu. Die Behandlung des Spielgeräts ist so offen, daß die Variationsmöglichkeiten nahezu unendlich sind.

In M 109 sind acht Bereiche einer Sportdisziplin geregelt. Entwickeln Sie auf deren Grundlage zwei verschiedene Wettspiele.

M 109 (Weitzdörfer 1950, S. 95/96)

1. MANNSCHAFTSSTÄRKE

4 Spielerinnen, davon müssen bei Spielbeginn mindestens 3 Spielerinnen anwesend sein.

2. SPIELDAUER

2×15 Minuten.

3. SPIELWERTUNG

Punktwertung.

Ein über die Leine zurückgeschlagener Ball wird als Punkt gewertet.

Fehlangaben werden als „Minus-Punkte“ gewertet und von den Ergebnispunkten abgezogen.

4. SPIELFELDAUSMASSE

s. Spielfeldskizze

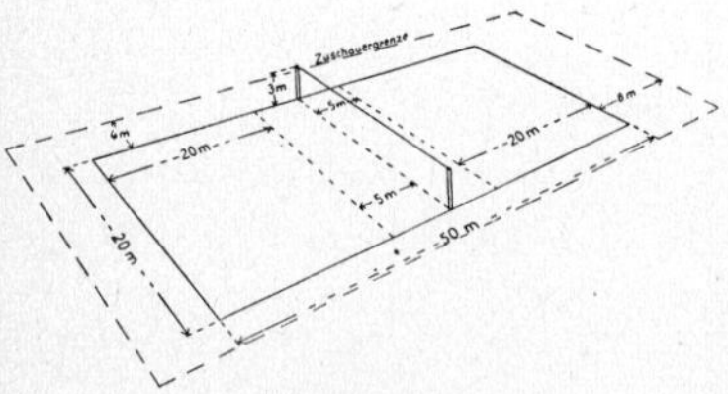

5. BALL

Der Trommelball ist ein hohler Gummiball.

Durchmesser: von 55 bis 58 mm

Gewicht: von 34 bis 38 g

Für Wettspiele hat jede Mannschaft einen Ball zu stellen.

6. SCHLÄGER

Die Trommel (s. Abb. 63) hat eine Schlagfläche aus ungekalktem, dünnem, geschmeidigem Kalb- oder Schaffell mit einem Durchmesser von 26 cm. Der Holzgriff ist 5,0 bis 5,5 cm breit und zweckmäßig an der Innenseite mit Griffen versehen.

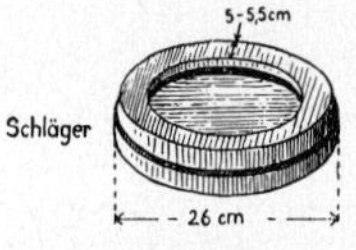

Abb. 63

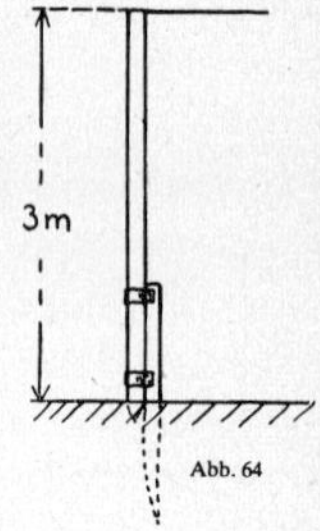

Abb. 64

Gewicht der Trommel etwa 380 g.

7. STÄNDER

Die Trommelballständer dürfen nicht mehr als 3 m aus dem Boden herausragen und müssen im Boden fest verankert werden (s. Abb. 64).

8. LEINE

Die Leine ist eine 3 bis 5 mm starke Hanfleine (Faustballeine) und ist in 3 m Höhe zwischen den Ständern zu spannen.

Anders ist es bei M 109, wo durch die Beschreibung des Schlägers (die Trommel kann durch andere Geräte ersetzt werden) und des Balls die Behandlung des Balls mit dem Schläger beinahe vorgeschrieben wird.

1. MANNSCHAFTSSTÄRKE

12 Spieler.

2. SPIELDAUER

50 Minuten, zu 2 mal 25 Minuten mit einer 10-Minuten-Pause.

Spielunterbrechungen werden am Schluß der Halbzeiten nachgespielt.

3. SPIELFELDAUSMASSE

s. Spielfeldskizze

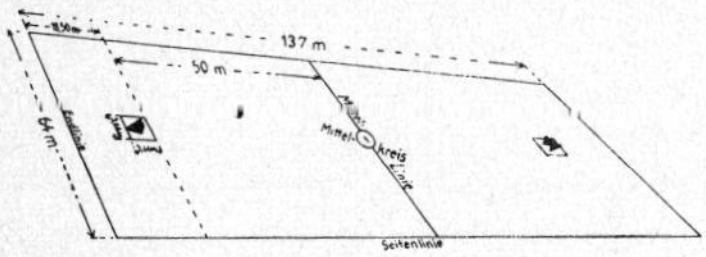

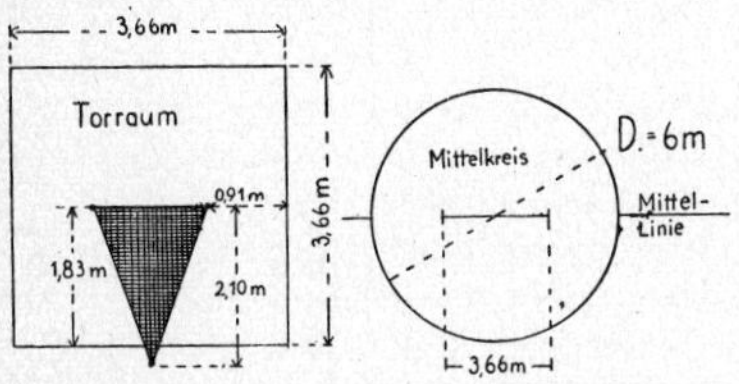

4. BALL

Gummiball mit einem Schwammgummikern.
Umfang: von 19,68 bis 20,32 cm
Gewicht: von 127,15 bis 142 g

5. SCHLÄGER

Schläger für Frauen etwas kürzer und leichter.

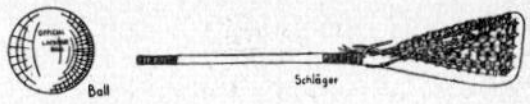

6. TORAUSMASSE

Breite: 1,83 m
Höhe: 1,83 m
Netz: Hanfgeflecht, Pyramidenform.

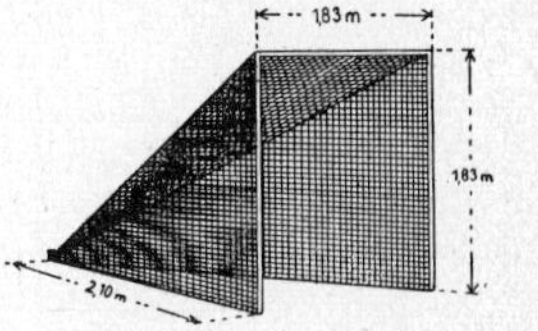

M 110 (WEITZDÖRFER 1950, S. 46/47)

In M 110 sind sechs Bereiche einer Sportdisziplin geregelt. Entwickeln Sie auf deren Grundlage eine Ihnen nicht bekannte Sportdisziplin.
Vergleichen Sie die Regeln Ihrer ‹neuen› Disziplin mit denen des Lacrosse.
Worin liegen die Unterschiede, worin die Gemeinsamkeiten?
Warum kann man zu Recht behaupten, daß man ein neues Spiel gemacht hat, obgleich es viel Ähnlichkeit mit dem Lacrosse-Wettkampf hat?

Die Vorgaben in M 110 unterscheiden sich von M 108 und M 109 insofern, als durch die Beschreibung der Torausmaße das Ziel des Spiels, nämlich Tore zu erzielen und darin den Gegner zu überbieten, das Finden der Handlungsregeln geleitet bzw. eingeengt wird.

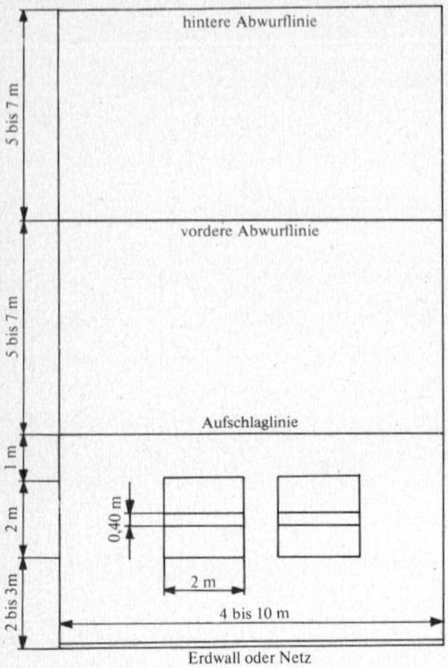

Gorodki kann von zwei Spielern oder von zwei Mannschaften gespielt werden.
Insgesamt können zwei bis zehn Spieler teilnehmen. In jeder Mannschaft sollten sich nicht mehr als fünf Spieler befinden.
Zu jeder Mannschaft gehört ein Quadrat oder eine Plattform mit fünf Zielfiguren. Die Quadrate werden vor Spielbeginn ausgelost.
Jeder Spieler erhält zwei Wurfhölzer.
Es beginnt die Mannschaft, die auf das rechte Quadrat wirft.
Begonnen wird von der hinteren Abwurflinie.
Wird eine Figur getroffen, jedoch nicht vernichtet, weil die Wurfhölzer noch auf der Plattform liegen, so darf man den Abstand um die Hälfte – bis zur vorderen Abwurflinie – verkürzen.
Ist eine Figur vernichtet, dann wird die nächste aufgebaut. Jetzt wird das Spiel wieder von der hinteren Abwurflinie aus fortgesetzt usw.
Jeder Teilnehmer wirft seine zwei Hölzer sofort nacheinander.
Ist die Mannschaft des rechten Quadrats fertig, so beginnt die linke ihr Spiel.
Wenn auch diese Mannschaft ihre Wurfhölzer verschossen hat, gehen beide Mannschaften nach vorn und sammeln die Wurfhölzer für den nächsten Durchgang ein.
Beide Mannschaften werfen auf die gleiche Anzahl und Art von Figuren.
Für den Anfänger sollte ein Durchgang aus sechs, für den Fortgeschrittenen aus zehn und für den sehr guten Spieler aus fünfzehn Figuren bestehen.

M 111

M 111 zeichnet sich vor allem dadurch aus, daß über die Raumregeln ein Zielwurfspiel nahegelegt ist. Die Regeln sind aber soweit offen, daß zumindest innerhalb der Wettspiele sich einige Varianten eröffnen.

Welche Bereiche sind durch die vorgegebenen Regeln definiert? Was könnte ergänzend geregelt werden? Welche Wurfgeräte können eingeführt werden? Wie läßt sich das Ziel verändern?

In allen Beispielen liegen unzählige Möglichkeiten, motorische Handlungen zuzulassen, zu verbieten, Sanktionen zu unterwerfen und qualitativ zu bewerten, so daß vermutlich jeder Experimentierende bei gleicher Vorgabe immer eine eigene Disziplin finden wird.

Unzählige ‹neue› Spiele lassen sich auf diese Weise – durch Regelveränderung, Regelabschaffung und Regelfindung – erfinden und spielen.
Die Frage, ob die so gefundenen Spiele spielbar sind, ob sie auf Dauer interessant sind oder ob nicht die traditionellen Sportspiele gerade deshalb so viel Tradition haben, weil ihre Regeln langfristige Interessen erzeugen, ist in diesem Zusammenhang zweitrangig. Beantworten kann man sie allerdings ohnehin nur, wenn man beides erfahren hat, wenn man also neue Spiele erfunden und erprobt sowie alte Spiele übernommen und gespielt hat. Eines müßte freilich in diesem Zusammenhang ohne Argwohn akzeptiert werden können: Der Kanon der traditionellen Sportspiele kann und sollte nicht endlich definiert werden. Im Interesse des Sports ist es wünschenswert, daß seine Spiele sich mit den Ansprüchen und Bedürfnissen der Akteure und der Gesellschaft wandeln.

Berücksichtigte, einführende und weiterführende Literatur

DLV: Amtliche Leichtathletik-Bestimmungen, Wettkampfbestimmungen, Deutsche Leichtathletik-Ordnung. Ausgabe 1969.
DSB: Freizeitsportartikel im Test, 1976.
Wehlen, R.: DUDEN. Wortschatz und Regeln des Sports. Ballspiel. Mannheim 1972.
Weitzdörfer, R.: Spielfeld- und Gerätemaße. Köln 1950.
Leichtathletik, Jahrgang 1974.

rororo Sportbücher

sachbuch rororo

Wilke, Kurt
Anfängerschwimmen (7032)
Hanstein, Fritz Huschke von
Automobilsport (7015)
Niesner, Hans Werner / Ranzmayer, Jürgen H.
Badminton (7042)
Waldowski, Lothar
Basketball (7023)
Harder, Gustav
Bergsteigen Vom Bergwandern zum Felsklettern (7041)
Brinkmann, Andreas / Treeß, Uwe
Bewegungsspiele (7043)
Podhajsky, Alois
Die klassische Reitkunst Eine Reitlehre von den Anfängen bis zur Vollendung (7037)
Kauth, Hans Georg
Fahrtensegeln (7021)
Bisanz, Gero / Gerisch, Gunnar
Fußball (7039)
Friedrich, Eduard / Nilsson, Manfred
Gerätturnen 1: Grundlagen (7028)
Friedrich, Eduard / Brüggemann, Peter
Gerätturnen 2: Wettkampf (7029)
Mißmahl-Brunner, Inge
Gymnastik (7044)
Trosse, Hans Dieter
Handball (7004)
Budinger / Hillmann / Strödter
Hockey (7035)
Mißmahl-Brunner, Inge
Jazztanz (7025)
Beissner, Claus / Birod, Manfred
Judo (7012)
Birod, Manfred
Judokurs (7033)
Obstoj / Knap / Suchotzki
Kajak und Canadier (7018)
Jonath, Ulrich / Krempel, Rolf
Konditionstraining (7038)
Jonath / Haag / Krempel
Leichtathletik 1 Laufen und Springen (7008)
Leichtathletik 2 Werfen und Mehrkampf (7009)
Diesch, Jörg
Regattasegeln (7046)
Schröder, Walter
Rudern (7010)
Freitag, Werner
Schwimmen (7003)
Schlichting, Horst
Segeln (7005)
Johnson, Peter
Segelsport Bilder, Daten, Fakten und Rekorde (7031)
Brehm, Walter
Skifahren für Kinder und Jugendliche (7026)
Skigymnastik (7014)
Vorderwülbecke, Manfred
Skilanglauf (7002)
Brehm, Walter
Skisport (7001)
Beissner, Claus / Blödorn, Manfred
Sportabzeichen (7019)
Ihle, Siegfried
Sportfischen (7017)
Schumann, Walter
Sportschießen (7016)
Hasselbach / Härtel
Squash (7040)
Schulz, Erhard
Tauchen und Schnorcheln (7020)
Bohlens, Klaas
Tennis (7006)
Bohlens, Klaas / Hamann, Rainer
Tenniskurs (7022)
Harst, Heinz / Giesecke, Hans / Schlaf, Jupp
Tischtennis (7013)
Harder, Gustav
Tourenskifahren (7036)
Blödorn, Manfred / Schmidt, Paul
Trablaufen Ein Ausdauersport für Herz und Kreislauf (7007)
Letzelter, Manfred
Trainingsgrundlagen (7024)
Gebhardt / Holzwarth / Nohe / Wagner / Stanciu
Trickskifahren (7027)
Blume, Günter
Volleyball (7011)
Blume, Günter / Lange, Klaus
Volleyball und Handball Organisations- und Übungsformen für Schule und Verein (7034)
Brockhaus, Peter / Stanciu, Ulrich
Windsurfing (7030)

903/1g/81

1092/1